MIT DER SPASSGESELLSCHAFT
IN DEN BILDUNGSNOTSTAND

C. Ludwig/ A. Mannes (Hrsg.)

Mit der Spaßgesellschaft in den Bildungsnotstand

17 streitbare Beiträge für einen Aufbruch aus der Bildungsmisere

*Mit einem Vorwort von Gertrud Höhler
und Beiträgen von*
Wolfram Ellinghaus, Michael Felten, Thelma von Freymann, Manfred Fuhrmann, Jörg Gauger, Hermann Giesecke, Jürgen Kaube, Donate Kluxen-Pyta, Josef Kraus, Günter Loew, Claudia Ludwig, Astrid L. Mannes, Christa Meves, Renate Sander-Schmidt, Hans A. Schieser, Reinhard Schmidt-Rost, Ulrich Sprenger

LEIBNIZ VERLAG
ST. GOAR

Umschlag: Ausschnitt aus einer Graphik von Gerhard Mester

Für interessierte Leser wurde anläßlich des Erscheinens dieses Buches
unter
www.bildung-erziehung.de
ein Forum eingerichtet zum Gedankenaustausch untereinander.
Zu den Themen Bildung und Erziehung werden unter dieser Adresse
im Laufe der Zeit auch andere Dokumente bereitgestellt werden.

---

2. Auflage 2004

2. - 3. Tsd.

© 2004 by Leibniz Verlag, 56329 St. Goar
Gesamtherstellung: Druck- und Verlagsgesellschaft Bietigheim
Schrift: Stempel Garamond von Linotype
Gedruckt auf säurefreiem, alterungsbeständigem Papier (Demeter)

ISBN 3-931155-20-X

INHALT

Ein Wort vorweg
Claudia Ludwig und Astrid Luise Mannes 9

Vorwort
Gertrud Höhler 11

Nach PISA ist vor PISA – eine Einführung
Astrid Luise Mannes 17

Das PISA-Ergebnis war keine Überraschung
Günter Loew 29

Von PISA erneut aufgedeckt:
Die zwölf Lebenslügen deutscher Schulpolitik
Josef Kraus 37

Wozu ist die Schule da?
Prof. Dr. Hermann Giesecke 83

Voraussetzungen für Sozialisation und Leistungsfähigkeit
Christa Meves 99

Ohne Kulturtechniken keine Bildung
Claudia Ludwig 117

Pädagogische Strenge – eine vergessene Bildungshilfe
Michael Felten 141

Warum Lehrer Supervision brauchen – ein Plädoyer zur
Unterscheidung von Professionalität und Versagen
Renate Sander-Schmidt 157

...und was ist mit den Schwachen?
Fördern in Deutschland und in Finnland
Thelma von Freymann 165

Die Nase der Kleopatra...
Ulrich Sprenger 187

Ganztagsschule – notwendiges Übel, aber doch ein Übel
Prof. Dr. Hans A. Schieser 197

Computer in Schulen
Jürgen Kaube 219

Schwamm drüber? oder: Bildung ohne „Ein-Bildung"
macht Ausbildung zur Einbildung
Prof. Dr. Reinhard Schmidt-Rost 231

Allgemeinbildung in der heutigen Schule
Prof. Dr. Manfred Fuhrmann 243

Christliche Glaubensbindung als Grundlage einer
menschlichen Bildung
Wolfram Ellinghaus 259

Bildungsauftrag Werteerziehung
Dr. Donate Kluxen-Pyta 295

Kinder brauchen Vorbilder
Astrid Luise Mannes 303

Lehrerbild und Lehrerbildung:
Beobachtungen zur aktuellen Diskussion
Prof. Dr. Jörg-Dieter Gauger 313

EIN WORT VORWEG

Liebe Leserin, lieber Leser!

„Dumm – dümmer – deutsch?" Soll dies die Beurteilung sein, mit der sich Schüler in Deutschland zukünftig abfinden müssen? „Nein" sagen übereinstimmend alle 17 Autoren dieses Buches.

Warum aber haben dann unsere 15jährigen Schüler im internationalen Vergleich (PISA-Studie 2000) so schlecht abgeschnitten? Dieser Frage gehen die Autoren unabhängig voneinander und aus individueller Sichtweise nach. Sie haben sich zu diesem Projekt zusammengeschlossen, weil in der öffentlichen Diskussion viele grundlegende Ursachen für die erschreckenden Leistungsdefizite unserer Schüler bisher gar nicht angesprochen wurden. Die Diskussion ist viel zu sehr von Ideologien bestimmt.

Damit wir die Chancen, die bekanntlich in jeder Krise liegen, auch nutzen und nicht verspielen, wollen wir mit diesem Buch die Diskussion in eine andere Richtung lenken und neu anstoßen.

Viele der Autoren kennen den Schulalltag und unser Bildungssystem aus ihrer beruflichen Praxis und damit aus der Nähe. Dies ist die Stärke dieses Buches und unterscheidet es von anderen – oftmals theoretischen oder politischen – Publikationen zu diesem Thema.

Die Autoren beleuchten Ursachen und Fehlentwicklungen im Schul- und Bildungssystem aus unterschiedlichen Blickwinkeln und unter verschiedenen Gesichtspunkten. Wie ein Mosaik ergeben die einzelnen Beiträge ein geschlossenes Gesamtbild unseres Bildungssystems. Neben der Analyse der Fehlentwicklungen aber werden auch Lösungsansätze für einen Aufbruch aus der Bildungsmisere aufgezeigt.

Claudia Ludwig und Astrid Luise Mannes

Hamburg/Bickenbach, im Mai 2003

Vorwort

Die Wissensgesellschaft verstört ihre Kinder. Nie waren die Labels so widersprüchlich, mit denen die Wohlstandskultur sich selbst beschreibt: Risikogesellschaft – Spaßkultur – Wissensgesellschaft. Ob wir uns über Risiko, Spaß oder Wissen definieren – eins haben alle Diagnosen gemeinsam: Der Sinn wird knapp. Niemand nennt uns eine „sinnerfüllte Gesellschaft".

Wissen, das Kapital und Produkt der Zukunft, die schon Gegenwart ist: Das Verhältnis der Menschen zum Wissen ist genauso widersprüchlich wie die Epochennamen, mit denen wir uns selbst einzufangen versuchen: Risiko, durch Spaß kompensiert, und Wissen als Medienspaß.

Während die Ressource Wissen zum Überflußgut wird, entsteht Knappheit bei Gütern, die so kostbar sind, daß wir nur in Stellvertretersätzen von ihnen reden. Die sinn-entwöhnte Gesellschaft braucht Zeit, um ihren Mangel zu beschreiben. Lustlos, desinteressiert finden die Analytiker das Verhalten der Jugend. Für eine handfeste Auseinandersetzung zwischen den Generationen reicht das wechselseitige Interesse aber nicht aus.

Doch wer die Jugend vernachlässigt, braucht sich über die Arbeitswelt der Zukunft keine Gedanken zu machen. Wer die Ergebnisse der Medizin und Psychiatrie zugunsten planwirtschaftlich infizierter Massenmenschhaltung für Kinder und Jugendliche beiseite schiebt, um Karrieren für Erwachsene störungsfrei zu halten, plant eine Zukunft ohne Jugend.

PISA gibt uns erste Hinweise, daß Gleichheit, vor Freiheit gesetzt, Motivation kostet. Hier muß die Schlußlichtgesellschaft ansetzen, nicht erst bei Erwachsenen und deren Leistungsblockaden. Sie muß dem Beruf des Lehrers wieder den hohen Rang geben, der ihm zukommt. Dazu gehört eine Revolution der Lehrerausbildung, die von Bund und Ländern mit nie gekanntem Tempo ins Werk gesetzt werden muß. Sie muß Eltern beistehen: zu jeder Firma gehören Kinderbetreuungsplätze, die räumliche Nähe zwischen Eltern und Kindern gewährleisten. Elternschulen sollten helfen, Bedürfnisse von Kindern besser zu verstehen.

Soziale Gerechtigkeit muß an den Bedürfnissen derer gemessen werden, denen sie dienen soll. Gerechtigkeit muß jedem seine Chance geben, nicht aber allen dieselbe. PISA zeigt: unzählige Schüler beenden ihre Lernzeit ohne stimulierende Erkenntnis eigener Talente. Ihre Intelligenz wird unterfordert. So schädigen wir die Arbeitswelt, und – was schwerer wiegt – wir vernachlässigen die Grundrechte junger Menschen auf Entfaltung, Lebenslust und Selbstvertrauen – kurz gesagt: wir vernachlässigen ihre Würde.

Kinder verbringen durchschnittlich neun Stunden pro Tag im Sitzen. Schulsport wird zugunsten vermeintlich wichtigerer „Kopfinhalte" zurückgedrängt. Ergebnis: Ausdauer, Koordination, Beweglichkeit nehmen ab. Immer mehr Kinder haben keine Chance mehr, Bewegungslust zu erleben, ihre physische Leistungsfähigkeit kennenzulernen. Laufen, Klettern, Springen machen immer mehr Kindern Mühe. Erwachsene korrigieren das bei sich mit viel Genuß in Wellness- und Fitness-Übungen. Bei Kindern lassen dieselben Erwachsenen alles laufen – Gelenk- und Skelettveränderungen, Bluthochdruck, „Alters"-Diabetes sind „Kinderkrankheiten" geworden. Die „Ich-AG" ist längst gegründet, ihr Zitat im Hartz-Papier traurige Ironie.

Die notleidende Bewegungskultur im kindlichen Lebenslauf wird erwartungsgemäß von aufgestauten Aggressionen begleitet. Erstmals, so die Forscher, wächst eine Generation heran, deren Entwicklung von Versäumnissen ihrer erwachsenen Betreuer und

Begleiter gekennzeichnet ist. Wer seine Kräfte nicht erproben kann, kommt buchstäblich nicht zu Kräften. Das gilt auch für die Sinne, mit denen wir hören, sehen, tasten, schmecken. Auch die Sinne entfalten sich durch Übung und Ansporn. Immer mehr Kinder leben mit gestörter Wahrnehmung, sie können rauhe nicht von glatten Oberflächen unterscheiden, ihr Gleichgewichtssinn ist ebenso unterentwickelt wie ihr Reaktionsvermögen. Obendrein fehlen die Worte, um Unbehagen auszudrücken: „Bauchweh, Kopfweh" schickt Ärzte auf schwirige Diagnosewege – wenn sie sich die Zeit nehmen.

Längst wird in der Wirtschaft emotionale Intelligenz geschätzt – bei Kindern bleibt sie unbelohnt. Immer mehr Kindern fehlt vor Computerspielen und Fernsehprogrammen der Beistand Erwachsener, die ihnen helfen, Symbol- und Bildermüll sprachlich zu sortieren. Mangelnde Sprachkompetenz, wie von PISA diagnostiziert, bedeutet einen dramatischen doppelten Verlust: es gelingt nicht, ängstigende Bilder zu beherrschen und unschädlich zu machen und zweitens, sich durch Austausch mit Erwachsenen davon zu befreien. Sprachloses Lernen ist Konditionierung wie bei Pawlows Hunden. Es entstehen Reflexe, die weit unter dem Niveau menschlicher Reaktionen liegen. Traumata steuern die Reaktionen vieler Kinder, ohne daß sie uns mitteilen können, was sie bewegt.

Wenn keiner diese Zukunft will, warum brechen wir nicht endlich auf, um sie zu verhindern? Warum redet kein Politiker Klartext? Massenversorgung bringt niemandem zum Bewußtsein, einzigartig statt nur ein Getrieberädchen zu sein. Wer sich nicht einzigartig fühlt, kann der Gesellschaft nicht viel geben: Ein Lump, sagt Shakespeare, wer mehr gibt, als er hat. Solange die politischen Botschaften Leichtfertigkeit statt Sorgfalt stärken, gibt die Gesellschaft ihren Kindern weniger, als sie hat. Ihre Kinder werden, wenn das so weitergeht, noch weniger haben, als sie heute bekommen. Auch materiell, denn der

Mangel an Liebe und Geborgenheit schlägt immer in Mangel an Leistung und Ertrag um.

Kinderfreundliche Gesellschaften zeigen uns, worum es geht: die jüngsten, schutzbedürftigsten Mitglieder werden gemäß dem evolutionären Programm in unseren Köpfen mit spontanem Entzücken, mit großer Zuneigung behandelt. In Deutschland fällt auf, wie entschieden wir Mütter und Eltern mit ihren Kindern allein lassen. Kinder sind „Privatsache", gewissermaßen Privateigentum, mit dem die Besitzer zurechtkommen müssen. Deshalb gelingen auch nachbarschaftliche Verabredungen viel seltener. Abgrenzung ist die Regel. Sie verbirgt auch Abwehr von Mitverantwortung: Schmerzensschreie von Nachbarskindern werden nach diesem Prinzip lange überhört, manchmal bis zum Tode.

Wir haben kein klares Wissen und Fühlen mehr für die Tatsache, daß die Kinder, von denen der christliche Mittler sagt: „Lasset die Kindlein zu mir kommen" und: „Wenn Ihr nur würdet wie die Kinder", die kostbarsten und zugleich schutzbedürftigsten Lebewesen in unserer Mitte sind.

Unsere Zukunft ist dort, wo Kinder sind – mit ihrem beschädigten oder noch heilen Urvertrauen, mit ihrem Liebesverlangen, ihrem unbändigen Glauben an erwachsene Beschützer, ihrem unersättlichen Lernwillen. Wäre das in diesem Lande noch eine verkäufliche Botschaft von Politikern?

Wieviel Sorgfalt Kinder uns heute wert sind, ob wir sie überhaupt ins Leben lassen, das entscheidet morgen über unseren Platz in der Welt – über unser und ihr Wohlergehen. Wie ernst wir Schülerschicksale nehmen, wie hoch wir die Ausbildung der Lehrer auf unserer Rangskala ansiedeln, wieviel Geld dem Staat kleine Klassen, reichhaltige Lehrpläne und vielfältige Schulformen wert sind: daran entscheidet sich die wirtschaftliche Stärke dieses Landes in den nächsten Jahren und Jahrzehnten. Eltern könnten wissen: die Regierung stellt das Zukunftsbündnis zwischen Erwachsenen und Kindern in den Mittelpunkt. Um diesen Mittelpunkt herum organisieren wir Arbeit und Freizeit. Die Bedürfnisse des Lebens selbst geben den Takt an.

So muß sie aussehen, die Gesellschaft von morgen: glaubwürdig, von Achtung vor den Menschen bestimmt. Raubtierkapitalismus versus Human Economy – wir haben die Wahl – aber nicht viel Zeit.

Deshalb geht dieses Buch in die richtige Richtung. Es analysiert, deckt auf – läßt aber nicht stehen, wo Hilfe gebraucht wird. Es zeigt Möglichkeiten des Umdenkens. Ein guter Anfang!

Berlin, im Mai 2003 *Gertrud Höhler*

Astrid Luise Mannes

Nach PISA ist vor PISA
Die ehrliche Fehlersuche blieb aus

Eine Einführung

Seit vielen Jahren wird in Deutschland darüber diskutiert, wann Kinder was lernen sollen. Soll man mit dem Lernen so früh wie möglich beginnen, also die Kinder von klein auf an den Ernst des Lebens gewöhnen, oder soll man sie in der Kindheit lieber spielen lassen und von Zwängen fernhalten, um ihnen eine glückliche Kindheit zu bescheren? Die Diskussion um den Zeitpunkt des Lernbeginns hat sich seit der Veröffentlichung der Ergebnisse der PISA-Studie verstärkt.

Mehr und mehr wird der Ruf nach einem Curriculum für den Kindergarten laut und die Forderung erhoben, bereits im Kindergarten solle mit dem Erlernen von Fremdsprachen begonnen werden.

Der Streit um die Frage „Bewahren oder Befähigen" scheint sich zugunsten des Befähigens zu entscheiden. Immer häufiger werden daher auch Forderungen nach einer Kindergartenpflicht erhoben. Daß das Verhältnis zwischen Bewahren und Befähigen ausgewogen sein muß und nicht allzu einseitig entschieden werden darf, wird im Eifer des Gefechts leider häufiger übersehen. Allzu oft werden Bewahren und Befähigen als sich ausschließende Gegensätze dargestellt. Daß frühes Bewahren und Geborgenheit die Basis für spätere Lernerfolge sind, bestätigt nicht nur die PISA-Studie selbst. Die Länder Bayern und Baden-Württemberg, die bei der innerdeutschen Pisa-Studie am besten abschnitten, haben die geringste Zahl der Kinderbetreuungsmöglichkeiten. Auch wird sich eine Mutter um ihr eigenes Kind in der wichtigen und entscheidenden Phase der frühkindlichen Entwicklung intensiver und individueller kümmern können als eine Erzieherin um eine Vielzahl fremder Kinder. Studien belegen klar, daß Kinder im Kindergarten in sprachlicher Hinsicht unzureichend gefördert werden und die deutsche Sprache nicht besser beherrschen als Nicht-Kindergartenkinder.

Doch seit dieser Vergleichsstudie ist in Deutschland ein klarer Trend zur Entfamilisierung der Kinder sowie zur Verschulung der Kindheit durch die Bildungspolitik erkennbar. SPD-Generalsekretär Olaf Scholz hat die Beweggründe mittlerweile deutlich artikuliert: Es geht der SPD um „die Lufthoheit über den Kinderbetten", also um die Unterordnung der Kinder und ihrer Erziehung unter ideologische Ziele. Nun formiert sich langsam das Lager der Familienvertreter. Der Kulturkampf beginnt.

Neben der Kindergartenpflicht wird der Ruf nach dem Ausbau ganztägiger Betreuungsangebote und der Krippenplätze für die Kinder unter drei Jahren erhoben. Dabei wird gerne auf das gut ausgebaute Kinderbetreuungsangebot der DDR verwiesen, welches nun zum Vorbild erhoben wird. Daß wir vor dem Hintergrund vieler berufstätiger und alleinerziehender Mütter Betreuungsangebote benötigen, steht außer Frage. Diese als frühkindliche Bildung zu titulieren und als Voraussetzung für spätere Lern- und Bildungserfolge darzustellen, wird der Realität jedoch kaum gerecht. Eines ist auch klar: Zumindest in der DDR haben die guten Betreuungsangebote für Kinder nicht dazu geführt, daß sich mehr Frauen für Kinder entschieden haben. Im Gegenteil: Die Frauen in der DDR, die sich um die Kinderbetreuung nicht zu sorgen brauchten und sich nicht zwischen Karriere und Beruf entscheiden mußten, haben kaum noch Kinder geboren.

In den Bildungsdiskussionen der jüngsten Zeit fällt weiter auf, daß der Computer zum Allheilmittel mutiert ist. PC, Internet und Handy haben längst Einzug in die deutschen Kinderzimmer gehalten. Kinder starren viele Stunden am Tag auf die flimmernden Bildschirme von Computer und Fernseher. Bundesbildungsministerin Bulmahn erhob die Forderung, jeder Schüler sollte einen eigenen Laptop haben. Das Bundesministerium für Bildung und Forschung initiierte in Zusammenarbeit mit der Telekom das Projekt „Schulen ans Netz". Nun rühmt sich die Bundesregierung damit, daß jede Schule über einen Internetanschluß verfügt. Mittlerweile ist klar: Es wurde zwar viel Geld für die Anschaffung der Hardware und Internetanschlüsse ausgegeben, doch nun fehlen die Gelder, um die Software anzuschaffen bzw. zu aktualisieren. Die Folgekosten scheint niemand in seinem Multimediarausch bedacht zu haben.

Während man also auf die Computerisierung setzt, ist Latein auf dem Prüfstand. Die Angriffe auf diese Sprache sind nicht neu. Viele fragen nur noch nach dem Nutzen von Erlerntem für das spätere Berufsleben und halten Latein daher für überflüssig. Dabei übersehen sie nicht nur, daß in sehr vielen Berufen wie zum Beispiel bei Archäologen, Historikern, Theologen, Ärzten oder Kunsthistorikern Latein zum Berufsalltag gehört, sondern auch, daß Kenntnisse der lateinischen Sprache zum humanistischen Bildungsideal gehören und das Erlernen vieler moderner Sprachen erleichtern. Zudem fördert das Erlernen der lateinischen Sprache auch die Kenntnisse in deutscher Grammatik sowie systematisches Arbeiten und abstrakt-logisches Denken.

Im Dezember 2001 wurde das Ergebnis des internationalen Schüler-Vergleichstests PISA veröffentlicht. Deutschland belegte unter den insgesamt 31 Ländern je nach Lernfeld die Plätze 21 bis 25. Zu Recht ging ein Aufschrei durch Deutschland – das Ergebnis für das Land der Dichter und Denker war in allen Bereichen niederschmetternd. Niederschmetternd deshalb, weil das Ergebnis den Deutschen kein schlechteres fachspezifisches Schulwissen bescheinigt, sondern weil es Defizite in den Basisbereichen Lesekompetenz und Textverständnis, Reflexion, Problemlöse- und Anwendungsfähigkeit und damit im Bereich der Grundlagen des lebenslangen Lernens ans Tageslicht brachte. Ohne diese grundlegenden Kompetenzen jedoch verlieren auch alle weiteren an Wert. Dabei konnte dieses Ergebnis eigentlich gar nicht überraschen, denn bereits im Winter 1997/98 brachte die internationale Vergleichsstudie TIMSS III die schlechten Leistungen der deutschen Schüler in Mathematik und Naturwissenschaften ans Licht – auch wenn man hier sagen muß, daß die Vergleichbarkeit zwischen den Ländern nur eingeschränkt gegeben ist, weil unterschiedliche Schultypen miteinander verglichen wurden. Dennoch: Es gab in der Vergangenheit eine Vielzahl von Vergleichstests – nationale wie internationale –, auf welche von seiten der Politik nicht reagiert wurde.

Der Qualität der Diskussion um Konsequenzen aus der PISA-Studie hat es sicherlich nicht gut getan, daß das Ergebnis unmittelbar vor Beginn des Bundestagswahljahres veröffentlicht wurde. Denn ausgerechnet der Ministerpräsident des Freistaates Bayern, Dr. Edmund Stoiber, war der Herausforderer des Kanzlers. Da scheute man sich in Bundesregierungskreisen natürlich besonders, den Blick auf das Land zu richten, das aus dem innerdeutschen Vergleich als Sieger hervorgegangen ist. Bundesministerin Bulmahn ließ daher nicht die geringste Bereitschaft erkennen, nach den Ursachen für das bessere Abschneiden des Freistaates zu suchen, um das Erfolgsrezept zu übertragen. Nein, nur ins Ausland wurde geschaut. Schließlich war Wahlkampf. Das weiß-blaue Musterland, so wurde argumentiert, würde im internationalen Vergleich auch nicht den Spitzenreiterplatz einnehmen, es sei nur das „Bremen Kanadas". Im Klartext heißt das: Wir wollen nicht von Guten bzw. Besseren lernen, sondern nur vom Besten. Nicht die geringste Anerkennung für das durchweg gute Abschneiden aller Schultypen wurde Bayern gezollt. Bundesministerin Bulmahn kritisierte ausschließlich die geringe Abiturientenquote in Bayern und warf dem Freistaat Benachteiligungen von sozial schwachen Schülern vor. So wenig also hat uns PISA wirklich erschüttert. So wenig, daß wir nach wie vor immer noch nicht bereit sind, die eigenen Ideologien zu überprüfen und bei Nichtbestehen über Bord zu werfen. Parteipolitik und Ideologie bleiben im Vordergrund.

Die PISA-E-Studie, der innerdeutsche Vergleich, bietet durch ihr Ergebnis eine einmalige Chance, diese Gräben zu überwinden. Denn auch Bayern hat nicht überall die Nase vorn. Steht es auch insgesamt gut da, so haben im Bereich der naturwissenschaftlichen Leistungen im Gymnasium die Länder Schleswig-Holstein und Mecklenburg-Vorpommern besonders gut abgeschnitten. Je nach Teilbereich sehen die Ranglisten der Länder immer wieder anders aus. Also geht es nicht um die Frage, welches Land besser ist und wessen Gesamtpolitik auf alle anderen Länder übertragen werden soll. Analysiert werden müssen die erfolgreichen Konzepte in jedem einzelnen Bereich. Bayern kann sich mit einem hohen Lernniveau bei allen Schülern, auch den leistungsschwächeren, rühmen. Sachsen und Thüringen haben weniger schwache Schüler als die Länder Sachsen-Anhalt und Brandenburg. Baden-Württemberg überwindet die sozialen Grenzen besser als andere Länder.

Ein Blick ins Ausland kann nie schaden. Die Übertragbarkeit ausländischer Erfahrungen und Modelle ist jedoch sehr viel problematischer als innerdeutsche Vergleiche. Es ist wohl kaum zu leugnen, daß Mentalität, Lebensverhältnisse oder gesetzliche Rahmenbedingungen eines Schleswig-Holsteiners einem Bayern ähnlicher sind als einem Finnen oder Japaner. Zudem wird in der breiten Diskussion, vor allem von seiten der Sozialdemokratie, nur das positiv und als auf Deutschland übertragenswert herausgestellt, was in die eigene Ideologie hineinpaßt.

So wird das späte Selektieren und die Ganztagsschule in Finnland gelobt und als Ursache des guten Abschneidens gepriesen. Daß die Kinder in Finnland später eingeschult und auch vorher nur 40 % eine vorschulische Förderung erhalten – in Deutschland sind es doppelt so viel –, wird nicht groß thematisiert. Daß übrigens die Länder, die im internationalen Vergleichstest noch schlechter als Deutschland abgeschnitten haben, ebenfalls die Ganztagsschule haben, wird in der Debatte genauso wenig erwähnt. Die Ganztagsschule scheint als Weg aus der Krise entdeckt zu sein. Wie in Zeiten leerer Kassen und Lehrermangels eine Ganztagsschule funktionieren soll, bleibt offen. Vor dem Hintergrund, daß es die meisten deutschen Länder bislang noch nicht einmal geschafft haben, für Halbtagsschulen eine Unterrichtsgarantie einzuhalten, ist diese Frage durchaus berechtigt. Zudem wird uns mehr schlechter Unterricht nicht aus der Misere führen.

Zur Vergleichbarkeit zwischen Finnland und Deutschland sei nur kurz angemerkt, daß Finnland sehr wenige Ausländer hat, zudem eine geringere Konsumorientierung und niedrigeren Lebensstandard. Da das dünnbesiedelte Nordland sich die Synchronisation der Filme nicht leisten kann, ist es dort üblich, daß Filme aus Deutschland, England oder USA im Original mit finnischen Untertiteln ausgestrahlt werden. Dem Umgang mit Fremdsprachen kommt diese „Armut" sehr zugute. Auch wird Lehrern in Finnland ein anderer Respekt entgegengebracht – von der Gesellschaft und von den Schülern. Die Energien des Lehrers werden nicht durch permanente Unterrichtsstörer verbraucht.

Zudem geht es nicht nur um das Wo und Wie, sondern um das Was. Die Inhalte sind entscheidend. Verwenden die Finnen ihre Mathematikstunden für Themen wie Friedenserziehung? Nutzen sie den Computer in der Schule, um eine Internet-Galerie aufzubauen oder anhand von speziellen Computerprogrammen

Comics zu erstellen? Behandeln sie „Kleidung als Agenda 21-Thema" im Unterricht? Oder legen sie mehr Wert auf die Kernfächer und Kernkompetenzen? Das sind die fundamentalen Fragen, die es zu klären gilt. Wir müssen uns selbstkritisch fragen, ob wir nicht zu viele dieser Modethemen und Elemente aus dem Bereich der Erlebnispädagogik in die Schule hineingenommen haben. Zu wessen Lasten ging die Aufnahme solcher gesellschaftskritischen oder erlebnisorientierten Inhalte? Da die Unterrichtsstunden nicht erhöht wurden, gingen diese Moden zu Lasten der Basisfächer. Der Vorstoß der Bundesfamilienministerin Schmidt vom November 2002, Familienkunde als neues Fach einzuführen, in dem die Schüler zum Beispiel lernen sollen, wie später die Hausarbeit in einer Partnerschaft aufgeteilt werden muß/sollte, zielt leider wieder in genau diese Richtung. Die Botschaft von PISA wurde offensichtlich nicht verstanden.

Generell muß man in der nun gut anderthalbjährigen Debatte um die Schlußfolgerungen aus der PISA-Studie feststellen, daß gerne das herausgegriffen wird, was ideologisch gefällt. Im Vordergrund der diskutierten Lösungsansätze standen die Ganztagsschulen, das spätere Selektieren nach Begabungsgrad, früheres Einschulen und die Kindergartenpflicht sowie bessere Ausstattungen der Schulen mit Computern. Auch über größere Selbständigkeiten der Schulen meint man die erforderliche Qualitätssteigerung erreichen zu können. Durch mehr Praxisbezug in der Lehrerausbildung soll – zu Lasten der Fachkompetenz – die Qualität der Lehrkräfte verbessert werden. Auf diese Ansätze wird im folgenden noch einzugehen sein.

Immerhin ist mittlerweile auch den Vertretern rot-grüner Politik aufgegangen, daß wir mit der Lobpreisung der multikulturellen Gesellschaft ohne „deutsche Leitkultur" allen schaden – den Ausländerkindern und den deutschen Kindern. Hat man früher noch entrüstet auf die Forderung nach besserer Integration der Ausländer reagiert und die Verfechter der Integration bezichtigt, ‚Zwangsgermanisierung' betreiben zu wollen – die Entrüstung über die Forderung des damaligen Vorsitzenden der CDU/CSU-Bundestagsfraktion Friedrich Merz nach einer deutschen Leitkultur ist noch nicht lange verhallt –, so hat man durch PISA doch immerhin begriffen, daß auch ausländische Schüler die deutsche Sprache beherrschen müssen. Sie müssen es letztlich schon deshalb, weil sie sonst um die eigene Zukunftschance gebracht werden. Und die steht jedem zu.

Daß ein hoher Ausländeranteil im schulischen Bereich unproblematisch ist, wenn die Immigranten die Sprache des Gastlandes beherrschen, zeigt sich in Frankreich. In Deutschland hat Hessen einen Weg aus der Krise aufgezeigt: Dort wurde die Anmeldung zur Einschulung zeitlich weit vorverlegt und mit einem Sprachtest des einzuschulenden Kindes verbunden. Kommen bei diesem Test mangelnde Deutschkenntnisse zutage, so wird das Kind in speziellem Förderunterricht bis zur Einschulung unterrichtet, um zum Zeitpunkt der Einschulung die deutsche Sprache ausreichend zu beherrschen.

Ebenso wie in der Diskussion um PISA das herausgegriffen wird, was der eigenen Ideologie schon immer entsprach, geschieht dies auch umgekehrt: Es werden aus den Überlegungen die Ansätze herausgehalten, die der eigenen Ideologie nicht entsprechen.

Interessant ist, daß die PISA-Studie eine breite Debatte über Bildungspolitik entfacht hat, während in der Vergangenheit die Ergebnisse anderer Vergleichsstudien außer acht gelassen wurden. So kam eine Vergleichsstudie des Max-Planck-Instituts bereits 1970 zu dem Ergebnis, daß Schüler in Bundesländern mit früher Selektion (wie in Bayern) leistungsmäßig besser dastehen als Schüler in Ländern mit 6jähriger Grundschule. Daß Gesamtschüler im Leistungsvergleich schlechter als ihre Altersgenossen aus Realschule oder Gymnasium abschneiden, wurde in Studien ebenfalls längst ermittelt.*

1982 hat das Kölner Institut für Wirtschaft auf eine große Diskrepanz zwischen den Schulleistungen und den Anforderungen der Ausbildungsbetriebe hingewiesen.

Die Ergebnisse der bisherigen Studien sind aus ideologischen Gründen nicht umgesetzt worden. Wäre man bereit gewesen, aus den bisherigen Untersuchungsergebnissen die Konsequenzen zu ziehen, dann hätte man die Gesamtschule als gescheitert erklären und diesen Schultyp einstellen müssen. Dies ist nicht geschehen, weil die Gesamtschule ein politisches Naturschutzgebiet der Linken ist.

Aus verschiedenen Gründen sind internationale Vergleiche problematisch. Eine offene Auseinandersetzung mit innerdeutschen Leistungsvergleichen hingegen ist angebracht und steht weitestgehend noch aus.

Was angesichts des schlechten deutschen PISA-Ergebnisses überrascht, ist die Tatsache, daß die Gewerkschaft Erziehung und Wissenschaft (GEW) zu Beginn des Jahres 2002 eine Kampagne gegen das Sitzenbleiben in den Schulen führte, unterstützt vom Bundeselternrat. Die Notwendigkeit zu mehr Leistungsbereitschaft scheint also auch jetzt noch nicht überall gesehen zu werden. Die Frage, wie Kinder, die den Schulstoff nicht verstanden haben, den darauf aufbauenden Lernstoff beherrschen können sollen, wird nicht beantwortet. Das Ideal der Kuschelpädagogik ist in so manchem Kopf offensichtlich noch verankert.

Auch die Forderung der rot-grünen Bundesregierung, die Abiturienten- und Studentenquote auf mindestens 40 % eines Jahrgangs zu heben, zeigt, daß es nicht um die Anhebung des Leistungsniveaus, sondern nach wie vor um das Festhalten an

---

* Vgl. Jürgen Baumert/Olaf Köller: Nationale und internationale Schulleistungsstudien – Was können sie leisten, wo sind die Grenzen? in: PÄDAGOGIK 6/98.

eigentlich längst gescheiterten Ideologien geht. PISA bescheinigt uns ein zu niedriges Niveau im Bildungsbereich. Wie soll denn die Erhöhung der Abiturientenquote erreicht werden? Die Quote wird sich nur über eine weitere Absenkung des Niveaus erreichen lassen. Hilft uns das weiter? Muß alles quotiert werden? Schon jetzt ist die Studienabbrecherquote an Universitäten viel zu hoch, weil zu viele Abiturienten ein Studium aufnehmen, ohne diesen Ansprüchen gewachsen zu sein.

PISA bescheinigt uns, daß selbst unsere 15jährigen Schüler nicht über ausreichende Deutschkenntnisse und Lesekompetenz verfügen. Ein viel zu großer Anteil der Schulanfänger hat nur unzureichende Deutschkenntnisse – ein Problem, das in vielen Grundschulen dazu führt, daß in keinem Fach effektiver Unterricht abgehalten werden kann. Dennoch werden immer wieder Forderungen laut, bereits im Kindergarten mit Englischunterricht zu beginnen. Wäre es nicht naheliegender, alle Bemühungen zunächst einmal darauf zu konzentrieren, die Deutschkenntnisse als Basis und Nährboden jeden weiteren Lernens zu verstärken? Wird hier nicht gefordert, den zweiten Schritt vor dem ersten zu tun? Das PISA-Ergebnis fordert uns auf, den muttersprachlichen Unterricht zu intensivieren. Diese Botschaft wird offensichtlich nicht ausreichend wahrgenommen.

Nach über einem Jahr bildungspolitischer Diskussion kommt das Gefühl auf, daß sich nicht viel verändern wird oder gar verändert hat. Positiv sind die Bemühungen der Kultusminister um Vergleichstests und einheitliche Leistungsstandards zu bewerten. Ob das allerdings reichen wird, um Deutschland wieder zum Land der Dichter und Denker zu machen, ist mehr als fraglich.

Dennoch sind die Bemühungen richtig und wichtig, denn auch in einem Staat mit Länder-Kulturhoheit sollten Bildung und Ausbildungsfähigkeit nicht an der Zufälligkeit des Geburtsortes hängen. Gerade in Zeiten immer stärkerer Mobilität kann es nicht angehen, daß manche Bundesländer anderen im Schulstoff um Jahre voraus sind und umgekehrt.

Problematisch sind die Angriffe auf die Kulturhoheit der Länder, die seit Veröffentlichung der Ergebnisse der PISA-Studie seitens der Bundesregierung gemacht werden. Die Föderalismusdebatte ist wohl als Ablenkung vom schlechten Abschneiden der linksregierten Länder zu werten. Da die seit langem CDU-regierten Länder im innerdeutschen Vergleich am besten abgeschnitten haben, würde eine zentrale sozialdemokratische Bildungspolitik das Niveau sicherlich nicht anheben. Der Erfolg der CDU-regierten Länder resultiert wohl in erster Linie aus den höheren Ansprüchen an die Schüler und dem stärkeren Entrümpeln der Lehrpläne und Methoden von den Ideen der 68er.

Fachleute aus verschiedenen Bildungsbereichen haben sich zu diesem Buchprojekt zusammengeschlossen, um aufzuzeigen, welche Aspekte in der Diskussion um bzw. nach PISA bislang zu wenig berücksichtigt wurden bzw. in welche Sackgassen die Diskussion gelaufen ist. Damit soll die Debatte bereichert bzw. auf einigen Feldern angestoßen werden. Eines zeigen die Beiträge deutlich: Theoretische Debatten über Schulsysteme und Zuständigkeiten werden nicht zu einer besseren Schulbildung führen.

Zudem ist klar: Es muß sich dringend etwas ändern. PISA hat es bescheinigt: Es wächst eine Generation heran, die des Lesens, des verstehenden Lesens, nicht mächtig ist und damit für jede höhere Leistung ausscheidet. Die Probleme, die PISA ans Licht gebracht hat, treffen nicht nur die Schule. Sie wirken in alle Lebensbereiche hinein: in die Hochschulen, die Ausbildungsstätten, auf die Arbeitsplätze. Schon jetzt klagen Universitätsprofessoren über die unzureichende sprachliche Ausdrucksfähigkeit und die mangelnde Studierfähigkeit der Studienanfänger; Betriebe klagen über die mangelnden Kenntnisse, die die Auszubildenden mitbringen.

Deutschland als rohstoffarmes Land ist auf einen hohen Qualifizierungsgrad seiner Bevölkerung angewiesen. Es geht bei der Bildungsdiskussion also nicht nur um PISA und schlechte Schüler, es geht um Deutschland als Wirtschaftsstandort, um unsere Arbeitsplätze und die Zukunft eines ganzen Landes.

Günter Loew, geb. am 23.10.1937 in Grävenwiesbach, Kreis Usingen (heute: Hochtaunuskreis).
Einschulung im September 1944 in Limburg an der Lahn (ab Ende September [einklassige] Grundschule in Mönstadt, Kreis Usingen, bis Kriegsende 1945, danach Grundschule Weilmünster im Oberlahnkreis). Von 1949–1958 Gymnasium Philippinum in Weilburg an der Lahn.
Nach dem Abitur Studium der Germanistik und Romanistik an der Johann-Wolfgang-Goethe-Universität in Frankfurt a.M., Abschluß mit dem 1. Staatsexamen 1964. Referendariat am Studienseminar in Offenbach am Main, 2. Staatsexamen. Von 1966–1976 Lehrtätigkeit an der Hohen Landesschule in Hanau. Von 1976–1991 an der Ludwig-Geißler-Schule in Hanau und seit 1991 an der Otto-Hahn-Schule in Hanau Oberstudienrat mit Unterrichtsfächern Deutsch und Französisch.
Teilnahme am Kampf gegen die hessischen Rahmenrichtlinien der 70er Jahre und gegen die „Rechtschreibreform".

Günter Loew

Das PISA-Ergebnis war keine Überraschung

Die PISA-Studie hat die jahrzehntelang vertuschten Mängel im deutschen Bildungssystem endlich zutage gefördert. In der darüber heftig entbrannten öffentlichen Diskussion werden nach meinem Eindruck die wirklichen Ursachen der Misere allerdings eher vernebelt als aufgedeckt. Das gilt leider auch für die meisten Diskussionsbeiträge der für das Bildungswesen zuständigen Politiker und der allzuständigen Parteistrategen. Sie selber fühlen sich anscheinend gar nicht für das schlechte Abschneiden der deutschen Schüler verantwortlich, sondern schieben je nach Interessenlage entweder dem politischen Gegner oder der ganzen Gesellschaft die Schuld zu oder schwadronieren in den Medien hemmungslos über das Versagen der Eltern oder die Unfähigkeit der Lehrer. Sie machen kostspielige Auslandsreisen, angeblich, um herauszufinden, warum die Ergebnisse anderswo besser sind, obwohl sie gar nichts dazugelernt haben können, weil sie der besorgten Öffentlichkeit hinterher doch nur wieder ihre alten Hüte in einer neuen Verpackung als Patentrezepte verkaufen wollen.

Wer alt genug ist, um sich noch an die staatlichen Bildungsreformen Ende der 60er und in den 70er Jahren erinnern zu können, wird aber nicht an der Feststellung vorbeikommen, daß die heutige Misere das vorhersehbare (und von vielen auch exakt prognostizierte) Ergebnis der damals in Gang gesetzten staatlichen Reformen ist: das Resultat einer politisch-ideologisch motivierten Bildungspolitik, die sich an der neomarxistischen Gesellschaftskritik der Frankfurter Schule und den „alternativen" Denk- und Verhaltensmustern der sogenannten 68er Generation orientierte.

Die pädagogische Spielart dieses alternativen politischen Denkens gab sich selbst den Namen „kritisch-emanzipatorische Pädagogik". Sie stellte die überkommenen pädagogischen Leitvorstellungen radikal in Frage, weil die 68er die bestehenden Herrschaftsverhältnisse in der „spätkapitalistischen" Gesellschaft beseitigen und durch eine sozialistische Gesellschaft (mit humanem Antlitz) ersetzen wollten. Die Schule begriffen sie als eine Art Sozialagentur zur Sicherung der bestehenden Verhältnisse (als Herrschaftsinstrument) und übten Kritik an ihrer Selektionsfunktion durch die Infragestellung der Notengebung. In Frage gestellt wurden natürlich auch die pädagogische Autorität der bis dahin unterrichtenden Lehrer (weil man sie als Handlanger des „Systems" ansah) und die von ihnen zur Sicherung eines ungestörten Unterrichts verwendeten disziplinarischen Mittel. An einer hessischen Schule bot damals z. B. einer der neuen „progressiven" Lehrer interessierten Schülern am Schwarzen Brett eine Arbeitsgemeinschaft zum Thema „Wie störe ich am wirkungsvollsten den Unterricht?" an.

Vor dem Hintergrund der heftigen gesellschaftspolitischen Auseinandersetzungen in den späten 60er und in den 70er Jahren ist es natürlich nicht verwunderlich, daß sich die neue „kritisch-emanzipatorische Pädagogik" nur in den sozialdemokratisch regierten Bundesländern durchsetzen konnte und dort bald zur „herrschenden Lehre" wurde. Ihre „Umsetzung" geschah hauptsächlich durch ganz neuartige Lehrpläne, sogenannte Rahmenrichtlinien, die den Lehrern nur noch bei der Wahl der Methode pädagogische Freiheit ließen, sie aber zur Vermittlung der als Lernziele deklarierten einseitigen ideologisch-politischen Inhalte verpflichten wollten.

Ihr Auftauchen führte in den 70er Jahren verständlicherweise zu den schärfsten bildungspolitischen Kontroversen der Nachkriegszeit zwischen den politischen Lagern und zu erbittertem Widerstand von seiten der mehrheitlich mit den Zielen der 68er überhaupt nicht einverstandenen Eltern. Zum Stein des Anstoßes wurden vor allem die hessischen Rahmenrichtlinien Sekundarstufe I des sozialdemokratischen Kultusministers Ludwig von Friedeburg, vor allem die 1972 veröffentlichten Lehrpläne für das Fach Deutsch, in denen man am liebsten sogar das in „Hochsprache" umbenannte und als Sprache der herrschenden Schichten verstandene Hochdeutsche in der Schule durch den (ebenfalls als Soziolekt interpretierten) Sprachgebrauch der unteren sozialen Schichten* abgelöst hätte. Zur Veranschaulichung erlaube ich mir, an dieser Stelle zwei längere, aber besonders charakteristische Zitate einzufügen:

---

* Die Rahmenrichtlinien sprechen meistens von den „Unterprivilegierten".

Günter Loew

Die Rede von der besonders normgerechten, reinen Ausprägung der deutschen Sprache in der „Hochsprache" wird unter sprachwissenschaftlichen Gesichtspunkten in zweifacher Weise problematisch: sie übersieht, daß diese „Hochsprache" bislang stets eine Gruppensprache gewesen ist, die als verbindliche Sprache durchgesetzt und bei der Schichtung der Gesellschaft als Mittel zur Stabilisierung benutzt worden ist; sie übersieht, daß „die deutsche Sprache" ein aus dem realen Sprachverhalten erschlossenes Konstrukt ist, das je nach den ausgewählten Sprechertätigkeiten, die als empirisches Ausgangsmaterial der Untersuchung dienen, anders ausfällt. [...] Folglich kann die Aufgabe der Schule, die sprachliche Kommunikationsfähigkeit der Schüler zu differenzieren und sie zum „richtigen" Sprachverhalten anzuleiten, nicht als Einübung in die „Hochsprache" verstanden werden. Handelt die Schule dennoch so, dann bedeutet dies für eine Gruppe von Schülern eine konsequente Weiterentwicklung ihrer Kommunikationsfähigkeit innerhalb ihres schichtenspezifischen Erfahrungsfeldes, für die weitaus größere Zahl der Schüler dagegen den Zwang, neue Formen der Verständigung, des Sprach- und Sozialverhaltens, der Interpretation von Erfahrungen zu erlernen. [a.a.O. S. 6 f.]

Nicht zuletzt wegen solcher Torheiten mußten die sozialdemokratisch regierten Länder ihre Rahmenrichtlinien zuerst entschärfen und am Ende schließlich ganz aufgeben. Auch die politischen Träumereien der 68er erwiesen sich als unrealisierbar, und so kam es in den 80er Jahren auf dem bildungspolitischen Sektor schließlich wieder zu einer Annäherung der beiden großen politischen Parteien mit der Bereitschaft zur Zusammenarbeit, z. B. in der KMK. Von den Folgen der alternativen Pädagogik hat sich das deutsche Bildungswesen aber bis heute noch nicht wieder erholt. Der Autoritätsverlust der Lehrer ist ebenso zurückgeblieben wie der Verfall der Schülerdisziplin. Beide Faktoren spielen gerade auf der Mittelstufe eine wichtige Rolle und

Das PISA-Ergebnis war keine Überraschung

dürfen bei der Auseinandersetzung mit der PISA-Studie nicht übersehen werden. Auch der anscheinend nicht mehr aufzuhaltende Verfall der sprachlichen Kenntnisse und Fertigkeiten ist auf das Betreiben der kritisch-emanzipatorischen Pädagogik zurückzuführen. Und in einem Punkt haben sich die 68er sogar bis heute beim politischen Gegner durchgesetzt: es ist ihnen gelungen, die Herstellung von Chancengleichheit im Bewußtsein der Allgemeinheit als oberstes Bildungsziel zu verankern.

Ohne daß es den politischen Akteuren und einer breiteren Öffentlichkeit je richtig bewußt geworden wäre, ist die Bildungspolitik damit bis heute in der von den 68ern erstmals etablierten fatalen Abhängigkeit von der Gesellschaftspolitik geblieben und hat dadurch ihre Autonomie eingebüßt. Chancengleichheit ist nämlich gar kein genuin bildungspolitisches, sondern ein sozialpolitisches Ziel. Diese freiwillige Unterordnung der Bildungspolitik unter die Gesellschaftspolitik bewirkt aber in jedem Falle eine Änderung der bildungspolitischen Prioritäten, mit weitreichenden Folgen.

Vor allem für sozialdemokratische Bildungspolitiker kam es seitdem nicht mehr in erster Linie darauf an, den Schulabgängern ein Höchstmaß an Wissen und Bildung zu vermitteln, sondern sie sahen ihre wichtigste Aufgabe darin, einer möglichst großen Zahl von Kindern aus sozial benachteiligten Schichten den Zugang zu den weiterführenden Schulen zu eröffnen, um ihnen den sozialen Aufstieg zu ermöglichen.

Die rasante Vermehrung der Schülerzahlen in den weiterführenden Schulen führte allerdings zwangsläufig zu einer allmählichen Aushöhlung der bis dahin gültigen Prüfungsanforderungen und Leistungsmaßstäbe, weil die neu hinzugekommenen Kinder aus politischen Gründen natürlich nicht daran scheitern durften. Sie waren ihnen aus eigener Kraft aber nicht wirklich gewachsen, und man konnte sie (im wesentlichen aus finanziellen Gründen) auch gar nicht in dem nötigen Umfang unterstützen.

Im Gegenteil. Statt Fördermaßnahmen durchzuführen und eine individuellere Betreuung durch die Bildung kleinerer Klassen zu ermöglichen, wurde die Schülerzahl in den Klassen wegen der enorm wachsenden Bildungskosten in der Folgezeit drastisch erhöht und die Stundenzahl wichtiger Fächer gleichzeitig ebenso drastisch reduziert, weil man wegen der Finanzlage mit immer weniger Lehrern auszukommen suchte und trotzdem nicht auf die Etablierung neuer, den eigenen bildungspolitischen Visionen entsprechender Inhalte und Fächer verzichten wollte.

Die in der PISA-Studie festgestellten Mängel sind insofern auf eine ganz simple Weise zustande gekommen:

In immer kürzerer Zeit sollten immer mehr Schüler mit immer weniger Vorkenntnissen unter immer ungünstigeren Lernbedingungen immer mehr Lerninhalte geistig bewältigen.

Daß dabei gerade das gründliche Einüben elementarer Fertigkeiten wie Lesen, Schreiben und Rechnen auf der Strecke bleiben mußte, ist alles andere als verwunderlich.

Hinzu kommt, daß vor allem die Rechtschreibung schon den 68ern ein Dorn im Auge war, weil viele Kinder aus den unteren Schichten daran scheiterten. Also versuchte man das Problem dadurch zu lösen, daß man ihre Bedeutung für den Bildungsprozeß bewußt herunterspielte und per Erlaß oder per Lehrplan dafür Sorge trug, daß sie nicht mehr „versetzungsrelevant" sein durfte.

Einen sehr schönen Beleg dafür findet man wieder in den hessischen Rahmenrichtlinien Deutsch Sekundarstufe I von 1972. Nach einer langatmigen didaktischen Analyse heißt es dort auf Seite 24: „Daraus folgt, daß die Überbewertung der Rechtschreibung in Schule und Öffentlichkeit korrigiert werden muß und daß die Schule die Beherrschung der Rechtschreibung nicht zum Kriterium für Eignungsbeurteilungen und Versetzungen machen darf."

Das PISA-Ergebnis war keine Überraschung

Auf derselben Seite steht übrigens auch der erste Entwurf zu der sprachwidrigen Rechtschreibreform, mit der die deutschen Kultusminister in der törichten Annahme, sie erleichtere das Erlernen der Rechtschreibung, die orthographischen Kenntnisse der Schüler und die Fähigkeit zum sinnerschließenden Lesen* auf unabsehbare Zeit ruiniert haben.**

Das peinlichste Ergebnis der PISA-Studie ist jedoch die Tatsache, daß ausgerechnet die Nation, die die Chancengleichheit zum obersten Bildungsziel erklärt hat, diesem Anspruch am allerwenigsten gerecht geworden ist. Nirgendwo sonst korrelieren die Ergebnisse des Leistungsvergleichs so genau mit der sozialen Schichtung wie im deutschen Bildungswesen. Deswegen sind die für dieses Bildungswesen verantwortlichen Politiker im Sinne von Friedrich Dürrenmatts Bemerkungen zu seinen „Physikern" komödienreif geworden. Sie haben gerade durch ihre Maßnahmen zur Herstellung von Chancengleichheit das Gegenteil des angestrebten Ziels erreicht. Das sollte ihnen zu denken geben!

---

* Dazu reichte schon allein der Wegfall des Kommas bei der Satzreihe und dem erweiterten Infinitiv aus. Bei der Satzanalyse zeigt sich, daß die Kinder jetzt die syntaktischen Zusammenhänge nicht mehr verstehen.
** 1972 glaubte man vor allem mit der (übrigens 1974 noch am Widerstand der Kultusminister gescheiterten!) Beseitigung der Groß- und Kleinschreibung ein Patentrezept zur Fehlerverminderung gefunden zu haben. Der Rest entspricht weitgehend dem Konzept der heutigen Reformer, ist in der Funktionsbeschreibung der Orthographie sogar vernünftiger:
„Als legitime Funktion von Rechtschreibung kann angesehen werden, Mißverständnisse beim Lesen von Texten zu verhindern. Im Hinblick auf diese Zielsetzung müßten Rechtschreibreformen öffentlich diskutiert werden (z. B. Groß- und Kleinschreibung, Zusammen- und Getrenntschreibung, Schreiben des s-Lautes, Schreibung von Fremdwörtern, Zeichensetzung (Komma), Kennzeichnung langer und kurzer Vokale)."

Josef Kraus, geb. am 4.8.1949, verheiratet, ein Sohn.
   Ausbildung: 1971 bis 1977 Studium Deutsch und Sport für das Lehramt an Gymnasien in Würzburg. 1977 zweites Staatsexamen in Ingolstadt. 1978 Diplom in Psychologie in Würzburg.
   Beruflicher Werdegang: bis 1995 Gymnasiallehrer in Landshut sowie für den Regierungsbezirk Niederbayern als Schulpsychologe tätig. Seit Februar 1995 Oberstudiendirektor am Maximilian-von-Montgelas-Gymnasium in Vilsbiburg, Landkreis Landshut. Seit 1987 Präsident des Deutschen Lehrerverbandes.
   Veröffentlichungen (Auswahl): „Spaßpädagogik – Sackgassen deutscher Schulpolitik", Universitas, ISBN 3-8004-1374-4
   E-mail: josef.kraus@Landshut.org

Josef Kraus

Von PISA erneut aufgedeckt: Die zwölf Lebenslügen deutscher Schulpolitik

Weder die Ergebnisse der internationalen PISA-Studie noch die Ergebnisse der innerdeutschen PISA-E-Studie kamen überraschend. Es hätte niemanden verwundern dürfen, daß Deutschland im internationalen Vergleich in Sachen Schulleistung allenfalls Mittelmaß ist und daß international nur die innerdeutschen Spitzenreiter Bayern und Baden-Württemberg mithalten können. Wer die Schulpolitik über 30 Jahre hinweg begleitete, wußte um den Zustand des Schulsystems in Deutschland Bescheid, zumal um den Zustand in bestimmten Bundesländern. Die Ursachen des Problems reichen also weit zurück. Sie haben zu tun mit einer Politik und mit einer Pädagogik, die die jungen Menschen, die Schulstrukturen, die Inhalte, die Notenmaßstäbe sowie die Zuständigkeiten unter dem Heiligenschein der „Gerechtigkeit", der „Modernität" und der „Kindgerechtigkeit" nach unten nivellieren wollten und tatsächlich nivellierten; sie haben wohl auch mit der seltsamen Attitüde zu tun, sogar Schulen des weiterführenden Bildungsbereiches für um so innovativer zu halten, je mehr sich diese Schulen Methoden des Kindergartens aneignen.

Kein Wunder also, daß in der deutschen Schulpolitik nach wie vor die Angst vor der Wahrheit umgeht. Deshalb werden schulische Leistungsvergleiche, die nach Bundesländern und Schulformen spezifiziert sind, seit eh und je mit sehr spitzen Fingern angefaßt. Man hat Angst vor Ent-Täuschungen, vor allem vor der Zerstörung der Täuschung, daß alle sechzehn Bundesländer gleiche Bildungsqualität produzierten und daß „autonome", „offene", „integrierte" Schulen ohne Stundenplan, ohne Fächertafel und ohne Ziffernzeugnis das Rezept für die Zukunft seien. Gerade „Reform"-Länder blieben schier resistent gegen Erfahrung; man weigerte sich, empirische Daten zur Kenntnis zu nehmen. Es wäre sonst zu einem bösen Erwachen gekommen. Bezeichnenderweise – oder deshalb? – ist in Deutschland auch noch kaum ein Schulversuch für gescheitert erklärt worden. Das Wahlvolk macht freilich sukzessive damit Schluß. Die Regierungswechsel in Hessen 1999 und in Niedersachsen 2003 sind auch Reflex auf eine „rote" oder „rot-grüne" Schulpolitik, die immer mehr Menschen satt hatten.

Trotzdem herrscht allerorten nach wie vor unendlich viel pseudo- und quasi-pädagogische Geschwätzigkeit, ja Hochstapelei! Jeder redet mit und bald jeder kennt die Patentrezepte. „Pädagogische" Kartelle, auch Zitierkartelle sind daraus geworden. Dabei wissen die selbst- oder von der Presse ernannten

„Experten" von Bildung und Schule oft genug nichts, aber sie meinen, alles erklären zu können. Das hat die Bodenständigen und Vernünftigen nicht selten resignieren lassen. Die Folge war eine schulpolitische Schweigespirale. Eine „schweigende" Mehrheit sagte nichts mehr gegen den Verfall schulischer Ansprüche, weil man befürchtete, daß man sich damit außerhalb des pädagogischen und politischen „Mainstream" stellte, weil man gar annehmen mußte, daß man sich mit seinem Bekenntnis zu schulischer Leistung einem Selektionsverdacht aussetzte. Man schielte vielmehr nach den Sprachregelungen einer „educational correctness" (EC). War die eigene Meinung damit konform, artikulierte man sich; „paßte" sie nicht, so schwieg man, oder man sagte es in EC-Sprache. Aus „faulen" Schülern wurden dann „demotivierte". Die Folge war, daß sich der „Mainstream" in Sachen Schule mehr und mehr unwidersprochen durchsetzte.

Da konnten eindeutige Leistungsbilanzen nur stören. Der Widerstand gegen Leistungsmessung hat zudem eine lange Tradition in Deutschland. Helmut Schelsky schrieb bereits 1961 in seiner Schrift „Anpassung und Widerstand – Zwischenbemerkungen zu den Denkweisen des Rahmenplans": „Daß der Bericht des Ausschusses (gemeint ist der von 1953 bis 1965 existierende Deutsche Ausschuß für das Erziehungs- und Bildungswesen) ... den Versuch unterläßt, seine Ausgangspunkte wissenschaftlich auch quantitativ beweiskräftig zu belegen, spiegelt leider den Schrecken speziell der deutschen Pädagogik vor Zahlen wider." Karlheinz Ingenkamp klagt 1989 in der Streitschrift „Die Test-Aversion des deutschen Intellektuellen": „Es gibt keine westliche Industrienation mit einem so niedrigen Standard der Pädagogischen Diagnostik wie in der Bundesrepublik ... Es wird Planung durch wortgewaltige Absichtserklärungen ersetzt, für die die politische Akzeptanz wichtiger ist als pädagogische Qualität. Unsere Test-Aversion hat dadurch zum Niedergang der bildungspolitischen Diskussion beigetragen, die sich immer weniger an nachprüfbaren Fakten orientieren muß und kann und immer stärker auf Emotionen und medienwirksame Klischees zurückgreift."

Seit Jahren also spielen schulpolitische und schulpädagogische Verdrängungen eine entscheidende Rolle – bis hinein in die PISA-Debatte. Daraus sind Lebenslügen geworden, denn hier wurden willentlich oder unbewußt psychologische Tricks genutzt, um andere oder um sich selbst täuschen zu können. Man will andere oder sich in Sicherheit wiegen, und dazu streut man anderen oder sich selbst Sand in die Augen. Dabei wissen die Lehrer seit langem, was los ist. Wer zwanzig Jahre Schulerfahrung hat, der weiß, daß er heute in keiner Jahrgangsstufe mehr das verlangen darf, was er noch Anfang der 80er Jahre verlangen konnte, weil es sonst ein Notengemetzel gibt. Zu oft sind diese Beobachtungen als Larmoyanz eines Berufsstandes angesehen worden. Man will seitens der Politik und seitens gewisser Teile der sog. Bildungsforschung Realitäten ausblenden, denn Wahrheiten können bisweilen recht traumatisch sein. Die Schulpolitik der letzten Jahrzehnte ist voll von solchen Lebenslügen, Verdrängungen und Vernebelungen. Dabei gab es schon geraume Zeit vor PISA genügend Alarmsignale.

Beispiel 1: Eine OECD-Studie kam 1992 zum Ergebnis, daß das Lese- und Sprachverständnis in Bundesländern mit Gesamtschulstrukturen und mit hoher Abiturientenquote signifikant unter dem entsprechenden Niveau in Bundesländern mit gegliederter Schulstruktur und geringerer Abiturientenquote liegt. Ins Brutale übersetzt heißt das: Je mehr Gymnasiasten und Abiturienten produziert werden, desto dümmer sind alle.

Beispiel 2: In der Studie „Schulleistungsvergleiche zwischen Bundesländern" von 1992 kam der bereits zitierte Schulforschungs-„Papst" Karlheinz Ingenkamp im bundesweiten Vergleich der Leistungen von Grundschülern zu bezeichnenden Ergebnissen. Mit Hilfe des „Allgemeinen Schulleistungstests für

4. Klassen – AST 4" wurden Leistungen in Rechtschreibung, Sprachverständnis, Mathematik und Sachkunde untersucht. Ingenkamp stellte fest: „In den Deutschleistungen befand sich Bayern zu beiden Zeitpunkten auf dem ersten Rangplatz. Auch in den Gesamttestwertungen des AST 4 von 1991 nahm Bayern den ersten und Hessen den letzten Rangplatz ein."

Beispiel 3: Als Ende 1996 die Ergebnisse der Third International Mathematics and Science Study (TIMSS II) aufgetischt wurden, kam für die 7. und 8. Klassen heraus: Deutschland befinde sich international nur auf mittleren Rangplätzen. Aber: Die Studie enthielt auch Ergebnisse, die zunächst nur den Kultusministerien, nicht aber der Öffentlichkeit zugänglich gemacht werden sollten, nämlich daß es innerhalb Deutschlands Differenzen zwischen den Bundesländern von eineinhalb Jahren gebe (es handelt sich bei den verglichenen Bundesländern um Bayern und Nordrhein-Westfalen) und daß die Ergebnisse der Gesamtschule deutlich hinter der Realschule und weit hinter dem Gymnasium rangierten.

Beispiel 4: Auch die TIMSS III des Jahres 1998 war brisant, denn das innerdeutsche Leistungsgefälle hatte sich hier erneut verifiziert. NRW-Schüler des Leistungskurses Mathematik erreichten in TIMSS III durchschnittlich 113, bayerische 126 und baden-württembergische 133 Punkte. Man geht davon aus, daß eine Differenz von 10 Punkten etwa einem Schuljahr entspricht. Ferner stellte sich heraus, daß quer durch die Republik für eine und dieselbe Leistung um bis zu zwei Noten unterschiedlich streng bewertet wird. Dazu sagte Jürgen Baumert vom Max-Planck-Institut für Bildungsforschung 1998 in einem Interview: „Man kann je nach Bundesland für dieselben Leistungen unterschiedliche Zensuren bekommen. Im unteren Bereich beträgt die Differenz eher zwei Noten, im oberen eine Zensurenstufe." Das heißt konkret: Eine Sechs in Bayern oder Baden-Württemberg kann in NRW eine Vier sein und umgekehrt.

Beispiel 5: Das Wegdrücken von Ergebnissen der Schulforschung ist aber nicht erst ein Kind der 90er Jahre, es wurde vielmehr bereits in den 70er Jahren praktiziert. So geschah es beispielsweise mit Daten, die vom Max-Planck-Institut für Bildungsforschung (MPIB) 1969/70 erhoben wurden und die für die heftig diskutierte Frage einer vier- versus sechsjährigen Grundschulzeit von großem Interesse sind: Die Ergebnisse dieser Untersuchungen kamen erst 1986 in einem Fachaufsatz ans Licht; und erst 1994 (!) fanden sie Eingang in den Bildungsbericht des MPIB. Konkret war festzuhalten: Schüler einer sechsjährigen Grundschule haben nach sechs Jahren einen deutlichen Rückstand gegenüber Schülern, die nach einer vierjährigen Grundschulzeit bereits zwei Jahre eine weiterführende Schulform besuchten.

Beispiel 6: Ansonsten ist es leider Alltag und damit ebenfalls Empirie in süddeutschen Schulen, daß Kinder, die mit ihren Eltern aus anderen Bundesländern zuziehen, oft erhebliche Probleme bei der schulischen Integration haben. Ohne daß diese Kinder dümmer wären, verlieren sie oft ein Schuljahr. Sie müssen nicht selten ein Wiederholungsjahr einschieben, um Anschluß an die entsprechende Klassenstufe in Bayern oder Baden-Württemberg zu finden. Diese Probleme werden um so größer, je höher die Klassenstufe ist. Aber auch „unten" gelingt der Anschluß nicht immer: Ein Kind etwa, das aus der sechsten Klasse der Grundschule Brandenburgs oder der sechsten Klasse der Orientierungsstufe Niedersachsens in die siebte Klasse eines süddeutschen Gymnasiums will, erleidet in vielen Fällen Schiffbruch. Einen umgekehrten Schulwechsel hatte der damalige Innenminister von Niedersachsen, Gerhard Glogowski (SPD), im Auge, als er Mitte April 1998 in den Zeitungen mit der drastischen Aussage zitiert wurde: „Zieht ein bayerisches Kind hierher, muß es sich erst mal zwei Jahre hängenlassen, damit es das niedrige niedersächsische Niveau erreicht."

Die zwölf Lebenslügen deutscher Schulpolitik

Beispiel 7: Nur die Minderzahl der sechzehn Bundesländer hat ein Zentralabitur, noch weniger Bundesländer verlangen von ihren Schülern zum Erwerb des Mittleren Schulabschlusses oder eines qualifizierten Abschlusses der Hauptschule eine Abschlußprüfung. Auch das hat – verbrämt mit dem Anspruch auf pädagogische Freiheiten – zu tun mit der Angst vor der Wahrheit. Die Ergebnisse solcher Prüfungen könnten ja Transparenz in die schulischen Ansprüche bringen und diese bundesweit vergleichbar machen. Deshalb betrachten die „reformerischen" Bundesländer eine zentrale schulische Abschlußprüfung wie Teufelszeug, wiewohl sie bezeichnenderweise in den PISA-Siegerländern Finnland und Japan Standard ist.

Bei so viel Realitätsverweigerung stellt sich die Frage, ob alle Agenten der Schulpolitik und der Schulpädagogik die Wahrheit überhaupt wissen wollen. Als PISA anstand, konnte man vorher bereits prognostizieren, daß die Realitätsverweigerungsreflexe wieder in Gang kommen würden. Denn daß vor allem die Ergebnisse des innerdeutschen PISA-Vergleichs für einige Bundesländer peinlich würden, ahnten die Gegner solcher Vergleiche längst. Deshalb haben sie im August 1999 bei den SPD-Ministern der Kultusministerkonferenz ihren Protest gegen diesen innerdeutschen Vergleich angemeldet. Die Arbeitsgemeinschaft der Sozialdemokraten für Bildung (AfB) schrieb: „Es ist ohne Test vorher zu sagen, daß Länder mit selektiven Schulsystemen, die den Schulstrukturreformen der letzten dreißig Jahre widerstanden haben, bessere Schülerleistungen in allen Schulformen haben werden." Die Gewerkschaft Erziehung und Wissenschaft (GEW) konzertierte damals: Solche Vergleiche seien „unseriös und tendenziös, weil Bundesländer mit hochselektiven Schulsystemen auf der Basis eines Schulformvergleichs besser abschneiden müssen, nicht weil sie im repräsentativen Mittel besser sind, sondern weil der schulformbasierte Mittelwert in hochselektiven Schulsystemen besser sein muß als bei niedrigschwelliger

Selektivität – alles andere wäre eine Sensation." Welch eine Eruption an Realismus!

Ehrlichkeit ist nun tatsächlich angesagt. Denn alle Post-PISA-Reformdebatten bleiben auf Sand gebaut, wenn die Fehler der Vergangenheit nicht beseitigt werden. Vor allem um das Bewußtmachen von zwölf schulpolitischen Lebenslügen geht es und um deren Überwindung.

Lebenslüge Nr. 1: Die Egalisierung

Das Grundübel deutscher Schulpolitik und Schulpädagogik ist eine Mehrfach-Gleichmacherei. Auf vier verschiedenen Wegen fand sie als weitreichende Egalisierung schulischer Strukturen und Ansprüche statt.

Erstens als Egalisierung durch Diskreditierung schulischer Leistung: Was nicht alle leisten können, darf keiner leisten. Dieser implizite Grundsatz galt weit über 1968 hinaus. Entsprechend heftig polemisierten „progressive" Schulpolitiker und Schulpädagogen gegen das schulische Leistungsprinzip. Noch Mitte der 90er Jahre mußte die Faschismus-Keule herhalten, denn Leistung sei ja etwas zutiefst Selektives, Zynisches und Menschenverachtendes. Die Folge: Manche Bundesländer schafften die Noten gänzlich ab, oder sie annullierten ihre Wirkung.

Zweitens als Egalisierung durch eine Abitur-Vollkasko-Politik: „Progressive" Schulpolitik stand und steht für eine permanente Senkung der Abituransprüche und – als beginne der Mensch erst mit dem Abitur – für eine Fixierung auf die Abiturientenquote. Damit das Abitur aber eine vermeintliche soziale Errungenschaft werden konnte, mußte die Schraube gymnasialer Ansprüche kräftig zurückgedreht werden. In Nordrhein-Westfalen etwa konnte man sich ab 1987 für eine Zeitlang an einer

Die zwölf Lebenslügen deutscher Schulpolitik

sogenannten Kollegschule mit dem „Struwwelpeter" als Jugendbuchlektüre auf das Abitur vorbereiten. Brandenburg erlaubt seit 1997, daß „auf Wunsch eines Schülers" pro Schulhalbjahr bis zu vier Klausuren (in zwei Schuljahren also sechzehn!) durch „andere Leistungsnachweise" ersetzt werden. Das sind: „Einbringen außerschulischer Erfahrungen", „Gruppenarbeit" und so weiter.

Drittens als Egalisierung durch curriculare Beliebigkeit: Unter Berufung auf „Schlüsselqualifikationen" findet seit einigen Jahren vor allem in SPD-regierten Ländern eine fortschreitende Abkehr von den Schulfächern und konkreten Curricula statt. An deren Stelle traten „Lernbereiche", „Lernfelder" und dergleichen mehr. Untermauert wird dies mit der angeblich notwendigen Abschaffung des „starren" Fächerprinzips und des „Lektionismus".

Viertens als Egalisierung durch eine Abkehr von der Hochsprache: In den berühmt-berüchtigten hessischen Richtlinien für das Fach Deutsch des Jahres 1972 etwa geht es den Initiatoren darum, Sprache – auch Rechtschreibung – als „Ausübung von Herrschaft" zu begreifen; dementsprechend müsse die „Unterwerfung der Schule unter herrschende Normen" überwunden werden. Von Literatur oder Hochsprache war kaum noch die Rede. Selbst Poetik sollte hinsichtlich ihrer „emanzipatorischen Möglichkeiten" diskutiert werden. Die Literatur insgesamt rangierte unter „Text", in einer Kategorie mit Werbetexten. Die PISA-Studie liefert die Quittung dafür, daß der Sprachunterricht solchermaßen verfiel.

Als neueste, *fünfte* Egalisierungsvariante hat sich eine auch hier sichtlich überforderte sogenannte Bundesregierung ab 2002 den Bildungszentralismus ausgedacht: Gleichwohl bleibt es gut, daß der Bund noch nie Gestaltungsrechte im Schulbereich hatte, sonst wäre es ab 1969 deutschlandweit zu einer Sozialdemokratisierung der Schulpolitik mit all ihren Folgen gekommen.

Josef Kraus

Wahrscheinlich hätten wir dann heute von Flensburg bis Passau die PISA-Ergebnisse des deutschen PISA-Schlußlichtes Bremen. Zu einer Bundeshoheit wird es freilich und gottlob nicht kommen, da mag ein Bundeskanzler Schröder, assistiert von einer Bundesbildungsministerin Bulmahn, noch so sehr mit einem „Rahmengesetz" drohen, das einheitliche Bildungsstandards festlegt. Es wird auch in Zukunft keine Zweidrittelmehrheit des Bundestages und des Bundesrates für eine entsprechende Verfassungsänderung geben, nicht einmal die SPD-regierten Länder lassen an ihrer Schulhoheit rütteln.

Lebenslüge Nr. 2: Der Dinosaurier Gesamtschule

Gesamtschule in Deutschland ist „out", das weiß sogar die SPD, bei der die Gesamtschule ab 2001 in den Grundsatzpapieren nicht einmal mehr als Begriff vorkommt. Die Tatsache, daß im internationalen Vergleich Länder mit Einheitsschulen gut abgeschnitten haben (mit Brasilien und Mexiko sind zwei Gesamtschulländer freilich auch die Schlußlichter), sagt überhaupt nichts aus über das Leistungsvermögen der Gesamtschule in Deutschland. Wenn linke Kräfte nach PISA also erneut von der Gesamtschule schwärmen, weil sie soziale Selektion vermeide, dann verschweigen sie, daß eine solche knallhart, und zwar nach dem Geldbeutel der Eltern, nicht in Deutschland, sondern in Ländern mit Gesamtschulen stattfindet: In England, Frankreich und in den USA laufen die Eltern der Gesamtschule davon, wenn sie es sich leisten können, ihr Kind für Jahresgebühren von 15.000 Euro in eine Privatschule zu schicken. Und in Japan, das ebenfalls eine Gesamtschule nach US-Vorbild hat, besuchen für teures Geld 65 % der Schüler regelmäßig eine private Nachhilfeschule („juku").

Die empirischen Befunde, daß deutsche Gesamtschüler bei

weitem nicht das leisten, was Realschüler und Gymnasiasten leisten, sind Legion. Besonders erhellend ist die Studie „Bildungsverläufe und psychosoziale Entwicklung im Jugendalter" (BIJU) des Max-Planck-Instituts für Bildungsforschung (MPIB) von 1998. Dabei waren im Schuljahr 1991/92 und dann erneut 1996 Schüler von Hauptschulen, Gesamtschulen, Realschulen und Gymnasien in den Fächern Englisch, Mathematik, Biologie und Physik getestet worden – und zwar in den Ländern NRW, Mecklenburg-Vorpommern, Sachsen-Anhalt und Berlin (Ost und West). Für NRW wird anhand der Stichproben aus 14 Gesamtschulen mit 778 Schülern und aus 19 Realschulen mit 990 Schülern folgendes Ergebnis festgehalten: Am Ende der 10. Klasse liegen Gesamtschüler in Mathematik im Vergleich mit Realschülern um zwei, im Vergleich mit Gymnasiasten um mehr als zwei Jahre zurück – und das trotz einer Schülerklientel der Gesamtschule, die sich von der Schülerklientel der Realschule weder hinsichtlich sozialer Herkunft noch hinsichtlich intellektueller Fähigkeiten unterscheidet. Außerdem wird vom MPIB darauf hingewiesen, daß es zwischen Hauptschule und Gesamtschule keine Leistungsunterschiede gebe. Zugleich können die Gesamtschüler hinsichtlich sozialen Lernens nicht mit den Schülern der anderen Schulformen mithalten. Das Institut geht davon aus, daß das sog. altruistische Motiv der Gesamtschüler niedriger ausfällt als bei Schülern anderer Schulformen. Man beachte: Gesamtschule ist personell und sächlich um nachweislich dreißig Prozent besser ausgestattet, als es die Schulformen des gegliederten Systems sind.

Solche und andere Erkenntnisse des Scheiterns der Gesamtschule werden von den Gesamtschulpropheten ignoriert. Die Diskussion um diese Schulform ist damit seitens ihrer Befürworter zu einer gigantischen Ablenkungsmaschinerie verkommen. Die Ausrede lautet: Nicht die Idee Gesamtschule sei gescheitert, sondern ihre reale Existenz, weil Gesamtschule nur

„halbherzig" gewollt worden sei. Auf die Idee aber, daß die Idee nichts taugt, kommt keiner.

Daran ändert auch die Hofberichterstattung der Deutschen Presseagentur und mehrerer Tageszeitungen vom November/Dezember 2002 über das angeblich herausragende Abschneiden zweier deutscher „Struwwelpeter"- und Reform-Gesamtschulen nichts. Was die PISA-Ergebnisse der Laborschule Bielefeld und der Helene-Lange-Schule Wiesbaden nämlich betrifft, so sind deren Ergebnisse schlicht und einfach falsch dargestellt; zudem haben es einige Magazine und Zeitungen grob fahrlässig unterlassen, eine Presseerklärung des Max-Planck-Instituts für Bildungsforschung (MPIB) vom 26. November 2002 zu verbreiten, in der sich das Institut von den Inhalten und der Art der öffentlichen Darstellung der beiden Schulergebnisse distanziert. In keinem Fall aber taugen die PISA-Ergebnisse der beiden Schulen in Bielefeld und in Wiesbaden als Beleg für die angebliche Überlegenheit von Gesamtschulen. Wer solches behauptet, betrieb Propaganda oder zumindest Wahlkampf (siehe die Landtagswahlen vom 2. Februar 2003 in Niedersachsen und Hessen).

Über die Helene-Lange-Schule (HLS, ehemals ein Gymnasium) war lanciert worden, daß sie gerade als integrierte Gesamtschule im PISA-Subtest Lesen einen Wert von 579 erreicht habe, damit Spitze sei und Finnland wie auch Bayern übertreffe. Hierzu ist festzuhalten: Die HLS war an der PISA-Untersuchung mit ganzen 23 Schülern beteiligt. Das ist keine repräsentative Stichprobe, um eine Schule mit einem ganzen Land vergleichen zu können. Der berichtete Wert liegt – gemessen an einer Gymnasiastenpopulation – keineswegs an der Spitze, sondern im hinteren Drittel. Zahlreiche Gymnasien und sogar einzelne Realschulen haben einen Wert von mehr als 600 erreicht, ohne daß sie es für nötig gehalten hätten, sich öffentlich zu inszenieren. Die HLS-Schülerschaft setzt sich zudem zu 55 % aus Gymnasialempfohlenen, zu 30 % aus Realschulempfohlenen und zu 15 % aus Hauptschulempfohlenen zusammen. (Zum Vergleich: Die deutsche PISA-Gesamtstichprobe hat einen Gymnasiastenanteil von 27,5 %.) Die HLS hat ferner nach wie vor das in die SPD-Vorgängerregierung zurückreichende Vorrecht, die Schulanfänger vier Wochen vor den Nachbarschulen aufzunehmen. Außerdem ist die HLS nach wie vor nicht an die Klassenbildungsrichtlinien gebunden; im Endeffekt hat sie damit – gemessen an vergleichbaren Schülerzahlen – sieben Lehrer mehr als andere Schulen.

Auch die Darstellung der Laborschule Bielefeld als Schule mit angeblich überragenden PISA-Werten ist falsch. Das MPIB schreibt dazu am 26. November 2002 lapidar: „Wie auch in der am 14.11.2002 . . . veröffentlichten Dokumentation nachzulesen, erzielten die Schülerinnen und Schüler der Laborschule Bielefeld im Lesen und in Naturwissenschaften ähnliche Leistungen wie vergleichbare Schülerinnen und Schüler anderer Schulen. Diese Ergebnisse verweisen also weder auf besondere Stärken noch auf besondere Schwächen der Laborschule. In Mathematik liegen die Leistungen etwas unterhalb des Wertes, den man aufgrund der Zusammensetzung der Schülerschaft in der Laborschule erwarten würde." Die Laborschule Bielefeld wurde ansonsten auf eigenen Wunsch ein Jahr nach dem PISA-Hauptdurchlauf nachgetestet. Zu diesem Zeitpunkt war ein Teil der PISA-Aufgaben bereits bekannt. Und: Der Leiter der wissenschaftlichen Begleitkommission der Laborschule, Prof. Dr. Tillmann, ist zugleich Mitglied des nationalen PISA-Konsortiums. *Honni soit qui mal y pense.*

Josef Kraus

Lebenslüge Nr. 3: Das Gerede von der angeblichen Antiquiertheit des mehrgliedrigen Schulwesens

Mehrere Bundesländer haben sich in den vergangenen Jahrzehnten ganz oder zu erheblichen Teilen vom gegliederten Schulwesen verabschiedet. Mit PISA bekamen sie die Quittung. Dennoch irrlichtern auch nach PISA Horrorbilder vom gegliederten Schulwesen durch Deutschland: Antiquiert sei es und selektiv ohnehin, so heißt es. Dabei stellt sich auch bei der Gestaltung eines Schulwesens die uralte Frage: Freiheit oder Gleichheit? Variante 1 – die Schule der Freiheit für jeden einzelnen – ist finanziell nicht machbar. Variante 2 – die Schule der Gleichheit für alle – ist realisiert in Form der integrierten Gesamtschule, die wiederum weltweit sehr unterschiedliche Ausformungen aufweist; sie mag durchaus in einigen Ländern der Welt funktionieren, in den vergangenen 30 Jahren deutscher Schulgeschichte aber erwies sie sich als schwer kränkelnder Dinosaurier.

Deutschland braucht keine neue Debatte wie 1990 zur Wiedervereinigung um sog. dritte Wege. Im Schulwesen beschreitet Deutschland mit dem gegliederten Schulwesen längst einen dritten Weg, nämlich den Weg zwischen der Schule der totalen Freiheit und der Schule der totalen Gleichheit. Ein gegliedertes, differenziertes Schulwesen ist der dritte Weg, weil es in gelungener Weise die Vorzüge der beiden Extremvarianten vereint (Individualisierung hier, Gleichbehandlung dort) und deren Nachteile (Vereinzelung hier, Kollektivierung dort) vermeidet. Es ist ein Kompromiß aus den Prinzipien der Chancengerechtigkeit und der Begabungsgerechtigkeit. Vor allem aber realisiert ein gegliedertes Schulsystem Durchlässigkeit – und zwar in vertikaler und in horizontaler Hinsicht. Horizontal durchlässig ist es, weil es einen Wechsel der Schulformen unter entsprechenden

Die zwölf Lebenslügen deutscher Schulpolitik

Leistungsvoraussetzungen zuläßt, und vertikal durchlässig ist es, indem es keine Sackgassen kennt. Auch die Abschlüsse der immer wieder zu Unrecht gescholtenen Hauptschule stellen keine Sackgassen dar, sondern sie sind Anschlüsse an anspruchsvolle berufliche Bildung oder an weiterführende Schulbesuche bis hin zum Erwerb einer Hochschulreife. Schließlich – das wird oft übersehen – besteht das mehrfach gegliederte Schulwesen ja aus mindestens vier allgemeinbildenden Schulformen (Sonderschule, Hauptschule, Realschule, Gymnasium), aus mindestens sieben berufsbildenden (Berufsschule, Fachschule, Berufsfachschule, Wirtschaftsschule, Fachakademie, Fachoberschule, Berufsoberschule) und aus einer Reihe von Schulen des Zweiten Bildungsweges (Abendrealschule, Abendgymnasium, Kolleg).

Spätestens seit der innerdeutschen PISA-E (E = Erweiterungsstudie) müßte auch klar sein, daß ein gegliedertes Schulwesen in Deutschland die vernünftigere und die kindgerechtere Variante ist. Sonst hätten Bayern und Baden-Württemberg nicht so eindeutig die beiden nationalen Spitzenplätze eingenommen – Bayern mit einem Wert, der Plätzen der internationalen PISA-Spitzengruppe im vorderen Drittel entspricht. Das hat manche Interpreten dazu verleitet, den Süddeutschen soziale schulische Selektivität vorzuhalten. Auch dem muß einiges entgegengehalten werden: Spitze in Deutschland sind offenbar auch die bayerischen Haupt- und Realschüler. Die Bayern haben nicht allein deshalb so gut abgeschnitten, weil sie gute, angeblich „selektierte" Gymnasiasten haben, sondern weil sogar Bayerns Hauptschüler und Realschüler ausgesprochen gut dastehen. Der innerdeutsche Vorsprung der Bayern reicht so weit, daß Bayern ohne (!) seine – fiktiv aus PISA herausgerechneten – Gymnasiasten bundesweit zumindest in der Mitte stünde (mit 480 PISA-Punkten). Es rangierte nämlich ohne Gymnasiasten vor sieben anderen Bundesländern inklusive (!) deren Gymnasiasten – etwa auf der Höhe von NRW inkl. dessen Gymnasiasten (482 Punkte).

Josef Kraus

Zudem: Die Leistungsunterschiede zwischen den Gymnasien und den nicht-gymnasialen Schulformen sind auf der „Südschiene" geringer als in vielen anderen Bundesländern. Die Differenz zwischen den fünf Prozent besten und den fünf Prozent schwächsten Schülern ist zum Beispiel im Lesen in Bayern mit 339 Differenzpunkten erheblich geringer als in NRW (384). Auch die schulische Integration von Kindern mit Migrationshintergrund, also mit zumindest einem ausländischen Elternteil, scheint in Bayern erheblich besser zu gelingen: Bayerische Schüler aller Schularten mit im Ausland geborenen Eltern erzielen (hier im Lesen) bessere Werte als Schüler mit deutschen Eltern in den Bundesländern Hessen, Saarland, Mecklenburg-Vorpommern, Schleswig-Holstein, Bremen und Sachsen-Anhalt. Ferner erreichen bayerische Gymnasiasten mit Migrationshintergrund bessere Ergebnisse als deutsche Gymnasiasten etwa in Sachsen-Anhalt oder Brandenburg. Offenbar kann auch in dieser Hinsicht der Vorwurf nicht aufrechterhalten bleiben, Bayern „selektiere" mehr nach Herkunft als andere.

Interessanterweise ist das auch die Überzeugung der Mehrheit der Bundesbürger. Eine Umfrage von Infratest „dimap" förderte im Juli 2002 folgende Meinungen zutage: 61 % der Bürger meinten, die Schulpolitik in Deutschland solle sich stärker an Bayern orientierten; 27 % votierten dagegen. Selbst SPD-Anhänger sehen Bayern mit einem Anteil von 55 % als Vorbild. Die Deutschen würden deshalb gut daran tun, sich selbstbewußt wieder der Stärken zu besinnen, die einst ihr Schulsystem zu einem weltweit beneideten machten. Zu diesen Stärken gehört vor allem der hohe Differenzierungsgrad des Schulwesens, d. h. das gegliederte Schulwesen. Der mittlerweile auch von manch Konservativem aufgelegte Topos, daß die Schulstruktur keine Rolle spiele, ist ein Phantom.

Eines macht den Vorsprung der Bayern nicht aus: die Ganztagsbetreuung bzw. die Ganztagsschule. Bayern gehört hier zur Schlußgruppe der Bundesländer. Das sollte vor allem die Bundesregierung zur Kenntnis nehmen, wenn sie meint, ab 2003 mit vier Milliarden Euro die Ganztagsschule fördern zu müssen – einer Summe übrigens, die den Kommunen vom Bund durch die Wegnahme großer Teile der Gewerbesteuer zuletzt vorenthalten wurde und die nicht einmal ausreicht, um in allen vorgesehenen 10.000 Schulen eine Kantine einzurichten.

Die Alternative zu einem gegliederten Schulsystem kann also nicht die integrierte Gesamtschule, sondern nur ein weiter verbessertes gegliedertes Schulsystem sein. Verbesserungen sind auch hier möglich, wenn man etwa bereit ist, die unterrichtliche Differenzierung weiter auszubauen – vor allem zugunsten schwächerer Schüler und zugunsten von Schülern mit Migrationshintergrund.

Lebenslüge Nr. 4: Die Steigerung der Abiturienten- und Studierquote

Gerade im Zuge der PISA-Diskussion taten sich manche Vertreter der Bundesregierung im Jahr 2002 mit der Forderung nach einer drastischen Steigerung der Abiturienten- und Studierquote hervor. Die nicht unbedingt günstigen Erfahrungen mit der Verfünffachung der Abiturientenquote in den vergangenen drei Jahrzehnten, ferner die hohen Studienwechsler- und Studienabbrecherquoten lassen eine solche Steigerung freilich zumindest im Zwielicht erscheinen. Hier wird einmal mehr Quantität, in diesem Fall Quote, schier planwirtschaftlich für Qualität gehalten.

Man sollte aufgrund der ungünstigen Erfahrungen mit vielerorts explodierenden Abiturientenquoten endlich einsehen, daß das Abitur oder das Hochschulstudium nicht Mindeststandard der Zukunft sind. Vielmehr sollte zu denken geben, daß Länder mit höchsten Abiturientenquoten international zumeist die höchsten Quoten arbeitsloser Jugendlicher haben. Man darf außerdem annehmen, daß das, was andere Nationen als „Abitur" oder als Studium „verkaufen", in Deutschland nicht einmal einer Fachschulausbildung entspräche. Eine „Verhochschulung" unserer Gesellschaft wird der Forderung nach Höherqualifizierung also nicht gerecht. Wenn Höherqualifizierung, dann muß und kann diese ebenso stattfinden in der Realschule, in der Hauptschule, in der beruflichen Bildung und nicht zuletzt in einer lebenslangen Weiterbildung. Auch in Zukunft werden mindestens zwei Drittel der jungen Deutschen über die berufliche Bildung den Einstieg in einen Beruf finden. Diese jungen Menschen dürfen nicht als Außenseiter betrachtet und bildungspolitisch vernachlässigt werden. Deshalb wird es Zeit, die Gymnasial- und Akademisierungseuphorie zu überwinden und mehr dafür zu tun, daß die berufliche Bildung im öffentlichen Bewußtsein den gleichen Rang bekommt wie der allgemeinbildende und der akademische Bereich. Insgesamt sind auch nur 30% der Bürger und selbst eben nur 33% der SPD-Anhänger – so Infratest „dimap" im Juli 2002 – der Meinung, daß die Abiturientenquote erhöht werden müsse. Aber anscheinend ist manchem sog. Bildungspolitiker ein Mensch mit dünnem Abiturzeugnis wichtiger als ein Mensch mit solidem Hauptschul- oder Realschulabschluß.

Es zielt zudem an der Sache vorbei, wenn behauptet wird, Bayern etwa habe zwar vielleicht den höchsten deutschen PISA-Wert, andererseits aber die niedrigste Abiturientenquote, also tauge das System dort nicht. Aber es geht bei PISA nicht allein um Gymnasiasten. Die PISA-Studie hat 15jährige Schüler aller Schulformen getestet. Bayern etwa hat nicht deshalb so gut abgeschnitten, weil es gute, „selektierte" Gymnasiasten hat, sondern weil auch seine Haupt- und Realschüler gut dastehen. Und bezeichnenderweise haben die beiden innerdeutschen PISA-Spitzenreiter „trotz" vergleichsweise niedriger Abiturientenquoten auch die niedrigste Rate an Jugendarbeitslosigkeit.

Der internationale Vergleich von Studierquoten hilft überhaupt wenig weiter. Es mag ja sein, daß die USA und Finnland eine höhere „Akademisierungsrate" als die Deutschen haben; aber diese Vergleiche hinken, schließlich ist in Finnland und in den USA zum Beispiel auch eine Ausbildung zur Krankenschwester eine akademische Ausbildung; und bis heute konnte noch niemand nachweisen, daß die dortigen Krankenschwestern besser qualifiziert seien als die deutschen. Es ist ferner zu einem erheblichen Teil ein statistisches Artefakt, wenn behauptet wird, in Deutschland hätten sog. Arbeiterkinder geringere und in anderen PISA-Ländern bessere Chancen, Akademiker zu werden. In Deutschland gibt es nun einmal zahlreiche Berufe, die eine qualifizierte Berufsbildung voraussetzen, die in anderen Ländern aber als Berufe mit Hochschulabschluß gelten. Wenn die Tochter eines deutschen Industriearbeiters also Krankenschwester wird, dann nimmt man sie als Beispiel für die soziale Selektion des deutschen Bildungswesens; wird aber die Tochter eines finnischen oder eines US-amerikanischen Hafenarbeiters Krankenschwester, dann gilt sie als Hochschulabsolventin und zugleich als Beispiel für die soziale Durchlässigkeit der dortigen Bildungssysteme.

Lebenslüge Nr. 5: Die spielerische Grundschule

PISA hat mit der Grundschule zu tun, auch wenn die Grundschulleistungen bei PISA nicht gemessen wurden. Schließlich hat die Grundschule die Fundamente zu schaffen, auf denen die weiterführenden Schulen aufbauen. Daran hapert es aber offenbar. Wer mit Blick auf die schulpolitischen Debatten der letzten Jahre auf einer Strichliste registrierte, wie oft welche Schulform bzw. welche Schulstufe in der öffentlichen Debatte „dran" war, könnte feststellen, daß ein Schulbereich völlig außerhalb jeder Kritik blieb: eben die Grundschule. Grundschule erschien geradezu als sakrosankt. Gymnasium, Hauptschule, Gesamtschule, Realschule – alle kriegen sie laufend „ihr Fett" ab. Kritische Diskussion über Grundschule aber gilt als Tabubruch. Dieser Tabubruch ist nach PISA fällig. Denn ohne große öffentliche Resonanz hat in den vergangenen zwanzig bis dreißig Jahren in der Grundschule – je nach Bundesland mehr oder weniger – der unter allen Schulformen wohl weitestreichende Wandel stattgefunden: von der ergebnis- zur erlebnisorientierten Schule; von der Schule mit eindeutigen Fächerstrukturen zur Schule der Projekte und der Freiarbeit; von der benotenden Schule zur Schule ohne Noten; vom lehrergesteuerten Unterricht zur völligen Schülerzentrierung; von der Schule mit professionellem Urteil über die weitere Schullaufbahn zur Mißachtung dieses Urteils.

An dieser kritischen Einschätzung ist auch nach Veröffentlichung der IGLU/PERLS-Studie (IGLU = Internationale Grundschul-Lese-Untersuchung, PERLS = Progress in International Reading Literacy Study) von Anfang April 2003 nichts zurückzunehmen. Deutsche Grundschüler, so diese Schulstudie, liegen im Gegensatz zum unterdurchschnittlichen PISA-Abschneiden ihrer fünfzehnjährigen Landsleute (Platz 20 bis 22) auf einem vorderen Mittelplatz, nämlich auf Platz 11. Daß Deutschlands Grundschulen nun mit IGLU nicht so sehr in die Kritik geraten wie zuvor die weiterführenden Schulen, ist ihnen zu gönnen. Allerdings taugt IGLU nicht dazu, um die Grundschulen gegen die weiterführenden auszuspielen. Deshalb vollführen diejenigen nichts anderes als seltsame Verrenkungen, die meinen, IGLU sei der Beweis dafür, daß die Idee der einheitlichen Beschulung überlegen und die Idee des gegliederten Schulwesens gescheitert sei. Es hat keinerlei Sinn, das deutsche IGLU-Ergebnis schönzureden. Insgesamt waren nur 15 Nationen zugleich an PISA und an IGLU beteiligt; das ist jeweils weniger

Die zwölf Lebenslügen deutscher Schulpolitik

als die Hälfte der einzeln an einer der Studien beteiligten Länder. Von den 20 Ländern, die in PISA vor den Deutschen lagen, haben sich zehn nicht an IGLU beteiligt. Allein dies ergibt Verzerrungen beim Vergleich von Rangplätzen. Zudem stehen mehrere PISA-Länder auf der IGLU-Skala um bis zu elf Rangplätze schlechter bzw. um bis zu 23 Rangplätze besser da. Bei PISA wurden ferner Fünfzehnjährige unabhängig von der besuchten Klasse getestet, bei IGLU Viertkläßler unabhängig vom Lebensalter. Da deutsche Schüler im internationalen Vergleich deutlich später eingeschult werden, hängen die bei PISA getesteten deutschen Schüler schulisch hinterher, während die bei IGLU getesteten älter sind als ihre Klassenkollegen in anderen Ländern. Wäre bei PISA ebenfalls nach Klassen getestet worden, hätten die Deutschen besser, und wäre bei IGLU nach Alter getestet worden, hätten die Deutschen schlechter abgeschnitten. IGLU eignet sich also keineswegs als Pille zur Beruhigung der Grundschulskeptiker.

Lehrer weiterführender Schulen registrieren jedenfalls zunehmend Defizite bei ihren Neuankömmlingen aus der Grundschule: Der Wortschatz ist zu eng, Grammatik und Syntax wackeln, die Orthographie ohnehin; der sog. Zehnerübergang sitzt nicht; mit der Ausdauer und Konzentrationsfähigkeit geht es dahin.

Und die Folgen? Weiterführende Schulen mußten ihr Anspruchsniveau anpassen, sie müssen bei der Vermittlung von Arbeitsmethoden und Kulturtechniken heute etwas leisten, was noch vor kurzem selbstverständliche Aufgabe der Grundschule war. Und es hat das Spielerische in der Grundschule überhand genommen. Die Kinder unterliegen damit der Täuschung, die Aneignung von Fertigkeiten und Kenntnissen könne stets ohne Anstrengung, Ausdauer und Enttäuschungen geschehen. Damit die Grundschule aber wieder den ihr gemäßen Auftrag als „Grund" legende Schule erfüllen kann, bedarf es der Veränderungen. Dazu gehört die Besinnung auf die Kulturtechniken;

auf die Förderung der Ausdauer und der Arbeits- und Lerntechniken; auf die Förderung der Neugier. Eine herausragende Bedeutung mit einem Anteil von der Hälfte der Stundentafel müßten in der Grundschule deshalb Deutsch und Rechnen haben. Wichtig wäre es zudem, Grundschüler sukzessive an die Prinzipien Anstrengung und Leistung zu gewöhnen. Leistungsmessung gehört dazu. Die sog. Berichtszeugnisse haben sich zumindest in der dritten und vierten Klasse nicht bewährt. Ab Ende der zweiten Klasse sollte deshalb in den Zeugnissen neben einer Verbalbewertung eine Benotung mittels Ziffernnoten erfolgen.

Für das, was Grundschule leisten soll, sind ansonsten vier Grundschuljahre ausreichend. Am Ende der 4. Klasse ist bei 90 % der Grundschüler eine solide Empfehlung möglich, welcher der nachfolgenden Bildungswege der geeignete für einen Grundschüler ist. Die Schere in der kognitiven Entwicklung weitet sich ab da noch mehr. Die prognostische Validität einer Eignungsempfehlung ist am Ende der 4. Klasse zudem höher als am Ende der 6. Klasse inmitten der Vorpubertät. Eine Verlängerung der Grundschule (als sechsjährige Grundschule oder als integrierte Orientierungs-, Beobachtungs- oder Förderstufe) ist aus entwicklungspsychologischen und pädagogischen Gründen nicht vertretbar. Dergleichen provoziert massenhaft Unterforderung und Überforderung in der 5. und 6. Jahrgangsstufe. Eine solche Verlängerung läßt außerdem das vor Beginn der Vorpubertät sehr ausgeprägte Lernvermögen Elf- und Zwölfjähriger und deren ausgeprägte Lernbereitschaft brachliegen. Am Ende der 4. Klasse ist vor allem bei differenzierter Betrachtung des Leistungsvermögens der Kinder in Deutsch und Rechnen eine solide Bildungsempfehlung bzw. Eignungsaussage möglich. Eine hohe prognostische Validität haben die Grundschulnoten in Aufsatzschreiben, in Grammatik/Rechtschreiben sowie im Zahlenrechnen und im Textrechnen. Schüler, die am Ende der

Die zwölf Lebenslügen deutscher Schulpolitik

4. Klasse hier einen Notendurchschnitt von 2,0 erreichen, kommen mit höchster Wahrscheinlichkeit zum Abitur; Grundschüler, die durchweg mit Note 3 in den genannten Bereichen ans Gymnasium übertreten, finden sich unter Abiturienten kaum wieder. Die Grundschulempfehlung zum weiteren Bildungsweg eines Kindes ist insofern aufzuwerten, zumal es sich hier um ein professionelles Urteil von Lehrern handelt, die ein Kind in der Regel mehr als ein Jahr lang kennen.

Eine besondere Aufgabe haben Schule und Kindergarten ferner bei der sprachlichen Schulung der Kinder mit „Migrationshintergrund", die im Deutschen noch zu wenig sattelfest sind oder aufgrund einer selbstgewählten Ghettoisierung auch gar keinen Wert darauf legen. Reine Förderklassen mit hochintensivem Unterricht in Deutsch als Fremdsprache oder „Sprachlernklassen" wie ab Herbst 2002 in Bayern sind vielversprechende Ansätze.

Ebenso wie sich die weiterführenden Schulen auf die Grundschulen verlassen müssen, müssen sich die Grundschulen darauf verlassen können, daß der Kindergarten gewisse Vorleistungen erbringt. Zu überdenken sind deshalb die Vorschulkonzepte, denn in der heutigen Kindergartenpädagogik herrscht bis ins letzte Vorschuljahr hinauf eher der Betreuungsauftrag, aber viel zu wenig der Bildungs- und Erziehungsauftrag des Kindergartens vor. Wenn ansonsten jedes vierte Kind mit einer verzögerten Sprachentwicklung in der ersten Klasse der Grundschule ankommt, dann müssen davon neben den Eltern auch die Kindergartenerzieherinnen aufgerüttelt werden. Es wäre an der Zeit, gerade mit den Fünfjährigen gezielt sprachliche Erziehung zu betreiben und damit eine gezielte Förderung auf die Einschulung zu veranstalten. Die entsprechenden Möglichkeiten des Kindergartens sind äußerst vielfältig, man muß nur die Scheu vor dem vorgelesenen Text, vor dem erzählten Wort, dem auswendig gelernten Gedicht oder Lied und dem konzentrierten, gelenkten Gespräch ablegen.

Josef Kraus

Lebenslüge Nr. 6: Die Verdrängung der schulischen Inhalte und Fächer

Seit Ende der 60er Jahre wird von vielen Schulpolitikern und Schulpädagogen eine Aversion gegen konkretes Wissen, gegen jeden Fächerkanon und gegen konkretes Können gepflegt. Einige Bundesländer sind auf diesen Trip eingeschwenkt. Das damals SPD-regierte Hessen hat mit seinem Schulgesetz von 1993 „Lernbereiche" eingeführt. Physik, Chemie und Biologie wurden zum Lernbereich „Naturwissenschaften" vereint, Geschichte, Erdkunde und Sozialkunde zum Lernbereich „Gesellschaftslehre". Schleswig-Holstein orientierte Mitte der 90er Jahre die Lehrpläne aller Schulformen und aller Altersstufen an fünf „Kernproblemen", an denen sich jedes Fach und jeder Einzelstoff auszurichten habe.

Zuletzt diente der Schulpolitik und Schulpädagogik die Berufung auf „Schlüsselqualifikationen" sowie auf „Methodenkompetenzen", „Handlungskompetenzen" und „Problemlösekompetenzen" als Argument gegen konkrete Inhalte und Fächer. An deren Stelle sollten treten: „Lernbereiche", „Lernfelder", „Lerndimensionen", „Fächerverbünde", „Kernprobleme", „Schlüsselprobleme", „Projekte", „Vernetzung", „Ganzheitlichkeit", „Interdisziplinarität" und dergleichen mehr. Außerdem soll jedes aktuelle Gesellschafts- oder Jugendthema sofort zum Schulprojekt befördert werden: Freizeiterziehung, Medienerziehung, Verbrauchererziehung, Gesundheitserziehung, Umwelterziehung usw. Die Schuldebatte wird davon seit mehreren Jahren in erheblichem Maße beherrscht. Es ist die Rede von der Abschaffung des „starren" Fächerprinzips, des „zergliederten Lernens", der „Stoffhuberei", der „Lehrplanüberfrachtung" des „Lektionismus" und des „Frontalunterrichts". Der 45-Minuten-Takt solle weichen, und Lehrer sollten „neue Arbeitszeitmodelle" bekommen –

Die zwölf Lebenslügen deutscher Schulpolitik

damit sie als „Moderatoren", als Lern- und Projekt-„Manager", als „Lernprozeßorganisatoren" tätig werden können. Das Einzelfachliche wird geradezu wie lästige Zeitvergeudung erachtet.

Nun wird niemand bezweifeln, daß Unterrichtsfächer nach dem Prinzip der didaktischen Reduktion auf das Wesentliche und nach dem Prinzip des Exemplarischen auf das Transferierbare angelegt sein müssen. Die triviale New-Age-Einsicht, daß alles mit allem irgendwie zusammenhänge, hilft aber nicht weiter. Der eigentliche Bildungsauftrag der Schule, die Schüler nämlich unterrichtlich mit fachlicher Qualifikation auszustatten, gerät mit ausschließlich „ganzheitlichen" Ansätzen in erheblichem Maße aus dem Blickfeld.

Bildung ohne Inhalte bleibt leer. Zu diesen Inhalten gehört notwendigerweise ausgewähltes „Faktenwissen" als strukturbildendes und gedächtnistrainierendes Gerüst. Die Leidtragenden eines Anti-Inhalte-Affekts sind schließlich die Heranwachsenden, denen der Unterbau für nachfolgende Schuljahre, für Berufsausbildung, Studium und Berufstätigkeit fehlt. Schule und Unterricht aber brauchen klare Fächerstrukturen. Fachübergreifende Ansätze haben erst unter der Voraussetzung Sinn, daß zuvor die einzelfachlichen Grundlagen geschaffen sind. Der Primat muß dem Fachlichen gelten. Das ist wie beim Bauen eines Hauses. Erst müssen die Fundamente, der Keller und die oberen Geschosse errichtet sein, dann kommt das übergreifende, das Dach. Unterrichtlich sofort oder nur mit Projekten einzuschweben, das käme dem Versuch gleich, ein Haus vom Dach her zu bauen. Es wäre dies eine Vernetzung von Nullmengen, denn ohne fachliche Folie gibt es auch keine Zusammenschau. Auch die Third International Mathematics and Science Study (TIMSS) ist diesbezüglich eindeutig: „Denn wir wissen, daß Schlüsselqualifikationen nicht direkt erwerbbar oder gar vermittelbar sind, sondern der Weg zu ihnen über den mühsamen Aufbau einer breiten und gut vernetzten Wissensbasis in spezifischen

Josef Kraus

Wissensdomänen führt, die auch den Ausgangspunkt für die Übertragung erworbenen Wissens in andere Anwendungsgebiete darstellen."

Der in der Bildungsdebatte regelmäßig wiederkehrende Hinweis auf die immer kürzeren Halbwertszeiten des Wissens ist für die allgemeinbildenden Schulen nur von begrenzter Bedeutung. Dieser Hinweis ist berechtigt, wenn es sich um bestimmte Fachbereiche, wie beispielsweise die Computertechnik oder Werkstofftechnik, handelt. Hier liegt eine Halbwertszeit von drei Jahren vor, das heißt, daß das Wissen des Jahres 2003 im Jahr 2006 zur Hälfte überholt ist. Aber es gibt sehr viel, ja unendlich viel Wissen, das sich nicht überholt: religiöses, philosophisches, ethisches, historisches, literarisches, ästhetisches, sprachliches, mathematisches, auch naturwissenschaftliches. Schulpolitik muß gerade angesichts der Dynamik der Wissensentwicklung vermeiden, daß Bildung überspezialisiert, ja atomisiert wird. Die Schule kann im Wettlauf der Wissenschaften und Technologien, der Trends und Moden nicht mithalten – und sie muß es auch nicht. Die Schule sollte sich vielmehr darauf besinnen, was Bestand hat und was nach dem Prinzip „multum non multa" jene Grundausstattung ist, mit deren Hilfe jede noch so expansive Wissensentwicklung in der späteren Berufsbildung, im späteren Studium oder in der späteren Berufstätigkeit bewältigt werden kann. Der Grundsatz muß also heißen: breite Allgemeinbildung und breites Wissen! Mit anderen Worten: Auch zukünftig gibt es unendlich viel wichtiges Wissen, das sich nicht überholt. Dieses Wissen gilt es als Vorratswissen zu vermitteln. Breites Wissen und umfassendes Können sind zudem die unerläßliche Voraussetzung für die Fähigkeit zur Zusammenschau und für kreative Leistungen. Wer erfinderisch und innovativ sein möchte, der muß erst einmal viel wissen und können.

Wissen hat zudem eine staatsbürgerliche Funktion. Wer nichts weiß, muß alles glauben! Wissen aber schafft geistige

Die zwölf Lebenslügen deutscher Schulpolitik

Unabhängigkeit. Erst durch Wissen wird der Mensch zum Individuum, das seine Freiheit nutzen kann. Ein Mensch ohne Wissensfundus wäre das Lieblingsobjekt eines jeden Diktators oder Demagogen. Er wäre verführbar für jede Lüge und Halbwahrheit; er wäre anfällig für jedes Angstmachen und für jedes Propagieren von Vorurteilen. Deshalb ist der unwissende oder gar lügenmanipulierte, der indoktrinierte Mensch das Ziel totalitärer Systeme, die alles mögliche weismachen und die alles vorgeben wollen – eben auch Vorurteile, nach der Devise: „Ich weiß, daß du ein Linker/Rechter, ein Mann/eine Frau, ein Weißer/Schwarzer bist. Das reicht mir, dann weiß ich den Rest auch." Nicht umsonst nennt George Orwell in seiner düsteren, totalitären Vision „1984" als einen der drei Wahlsprüche des Wahrheitsministeriums (des „Miniwahr"): Unwissenheit ist Stärke!

Auch die ab 1970 verbreitete Vorstellung von einer Gleichwertigkeit der Fächer und Inhalte ist eine Fiktion. Die zentralen Inhalte der Fächer Deutsch, Fremdsprachen, Mathematik, Naturwissenschaften und Geschichte leisten das Entscheidende, wenn es um die Zugänge zur Welt und um die Gestaltung von Welt geht. Schule und Unterricht brauchen also klare Fächer- und Inhaltsstrukturen, denn solche Strukturen erleichtern die Orientierung in einer Flut an Informationen. Die Wissenschaften und die Unterrichtsfächer untergliedern sich in Einzelbereiche, die nicht umsonst „Disziplinen" heißen, weil sie eben auch das „disziplinierte" Herangehen an Sachverhalte fordern und fördern.

Allein die methodische Kompetenz zu wissen, wo man etwas nachlesen, nachschlagen oder „downloaden" kann, reicht nicht aus. Zwar ist es wichtig zu wissen, wo man etwas findet. Deshalb ist es wichtiger Bestandteil schulischer Bildung, dies jungen Leuten zu demonstrieren. Schule aber muß jenes Wissen und jene Wissensstrukturen vermitteln, in die alles Neue eingeordnet werden kann. Ansonsten wäre eine Download-Gesellschaft mit bloßem „Just-in-time"-Wissen eine Gesellschaft ohne Vorrat und „ohne Keller", eine Gesellschaft auch, die nicht mehr zwischen Wichtigem und Unwichtigem unterscheiden kann.

Wir brauchen vor allem für Kernfächer wieder Kern-Curricula, weil es Inhalte gibt, die sich nicht überholen, die wichtig sind für die spätere Schul- und Berufslaufbahn und die kulturelle Identität begründen. Die Konrad-Adenauer-Stiftung (KAS) hat hier den richtigen Weg eingeschlagen. Seit dem Jahr 2000 arbeitet sie an sog. Kern-Curricula, die sie den 16 Bundesländern nahelegt. Bis Mitte 2003 sind Kern-Curricula für die Fächer Deutsch, Geschichte, Politik/Sozialkunde, Mathematik und Physik erschienen (im Internet zu finden über HYPERLINK „http://www.lehrerverband.de" und den Link zur Adenauer-Stiftung bzw. direkt über HYPERLINK „http://www.kas.de").

Lebenslüge Nr. 7: Die Sprachbarbarei und die Vernachlässigung sprachlicher Bildung

Die Aversion „moderner" Schulpolitik und Schulpädagogik gegen Inhalte und Fächer hat vor der Muttersprache nicht haltgemacht. Schon vor PISA hätte man aber sehen können, daß die Deutschen hier schwer gesündigt haben, zum Beispiel indem sie ihrer Muttersprache als Schulfach zwischen der ersten und zehnten Klasse nur ganze 16 % der Wochenstunden gönnen, dagegen die Polen 22, die Schweden 24, die Franzosen 26 und die Chinesen 26 %. Mehr noch: Keine andere Kulturnation entläßt Schüler aus der Schule, ohne ihnen nicht auch in der Muttersprache eine Prüfung abzuverlangen; in Deutschland jedoch kann man sich im Abitur um das Fach Deutsch drücken. Nicht wenige Bundesländer beförderten darüber hinaus simple Gebrauchstexte in den Rang wichtiger Textsorten. Immer mehr

Die zwölf Lebenslügen deutscher Schulpolitik

Bundesländer reduzieren bereits den Grundschulwortschatz; angesagt sind jetzt nur noch 700 Wörter selbst für Zehnjährige! Dabei ist bekannt, daß schon Sechsjährige über einen Wortschatz von 2.000 bis 3.000 Wörtern verfügen und daß sich ein vierjähriges Kind aufgrund der in diesem Alter weit offenen sog. neuronalen Fenster bis zu 30 neue Wörter pro Tag einprägt. An vielen Schulen begnügt man sich zudem – anstatt von den Schülern das Durchbeißen durch ein paar Reclam-Hefte zu verlangen – mit der haarkleinen Analyse kopierter Textauszüge. Das ist Leseverhinderungspädagogik. Da hat sich wohl der alte J. J. Rousseau erneut mit seinem Verdikt gegen das Lesen durchgesetzt („Lesen ist die Geißel der Kindheit").

Auch die sog. Rechtschreibreform ist – neben der Anglifizierung selbst des Pädagogen- und des kultusministeriellen „Deutsch" – ein Beispiel für die Entfernung dieser sog. Kulturnation von ihrer Sprache. Ohne Rücksicht auf Sprachtradition und Linguistik wurde die Orthographie einem erleichterungspädagogischen Diktat unterworfen. Daß darunter die Vielfalt der semantischen Differenzierung leiden mußte, daß die neuen Interpunktionsregeln das Lesen erschweren, daß die s-Schreibung um keinen Deut leichter geworden ist, daß aus der Zusammen- und Getrenntschreibung sowie aus der Groß- und Kleinschreibung ein Chaos wurde, daß die sog. Volksetymologien vielfach die Worthistorie auf den Kopf stellen, daß junge Leute angesichts von mehr als zwanzig verschiedenen Verlagsschreibungen Orthographie für etwas Beliebiges halten usw. – all dies wurde in Kauf genommen um eines billigen Vorteils willen: nämlich als reformerisch dastehen zu können. Dabei hätte es, anstelle den Kniefall vor einer fortschreitenden Legasthenisierung der Gesellschaft zu üben, ein ganz simples Mittel gegeben, die Rechtschreibleistungen der Heranwachsenden zu verbessern: die Rechtschreibung in den Schulen einfach ernster zu nehmen, intensiver einzuüben und konsequenter zu bewerten.

Josef Kraus

Wenn aber Sprache und sprachliche Bildung in so vielen Bereichen vernachlässigt werden, verschlechtern sich für junge Menschen die Entwicklungschancen, und es wird damit einer Dekultivierung Vorschub geleistet. Gerade Sprache ist die „via regia" zur Kultur. Sprache und Literatur sind Speicher kultureller Erfahrungen. Sprache und Literatur sind Vehikel zur Aneignung von Welt und zur Teilhabe an Welt, Sprache ist zudem Vehikel für die Entfaltung der Innerlichkeit des Erlebens. Und Sprache ist das wichtigste Werkzeug des Menschen, um Kultur zu schaffen. Erst die Alphabetisierung erlaubt ja eine Teilhabe an zivilisatorischen Errungenschaften (etwa an Wissenschaft und Technik). Das Beherrschen der Sprache ist unter allen sog. Schlüsselqualifikationen überhaupt die zentrale, denn nahezu alle Schlüsselqualifikationen haben mit Sprachbeherrschung und Sprachanwendung zu tun. Die Schulen müssen deshalb der sprachlichen und literarischen Bildung wieder mehr Aufmerksamkeit widmen. Das sprachliche Vermögen ist damit für die Bildung und für die Sozialisation jedes einzelnen wie auch für unser Selbstverständnis als Kulturnation überhaupt die wesentliche Grundlage.

Das heißt: Ein Bildungswesen, das die junge Generation zukunftsfähig in Leben, Ausbildung und Beruf entlassen und zugleich seinen kulturellen Auftrag erfüllen soll, muß der sprachlichen Schulung größte Bedeutung beimessen. Dem Deutschunterricht kommt also eine exponierte Stellung zu. Das gilt für so ganz bzw. leider nicht mehr so ganz selbstverständliche Dinge wie eine intensive Unterrichtung in Orthographie und Grammatik – auch im Zeitalter von Rechtschreib- und Diktierprogrammen. Zugleich bleibt das Fach Deutsch maßgebliche Grundlage für einen erfolgreichen Fremdsprachenunterricht. Deutschunterricht – das ist ferner die Chance, ein Gespür für künstlerische Leistung zu entwickeln. Zu den Charakteristika des Deutschunterrichts gehört es, daß er Kreativität zu fördern vermag.

Die zwölf Lebenslügen deutscher Schulpolitik

Zu überlegen ist auch, ob man im Deutschunterricht das Lesen nicht in einem noch umfassenderen Sinne als herkömmlich verstehen will: Das „Lesen" von Tabellen und Graphiken ist schließlich auch ein Lesen. Die daraus entnommenen Daten wollen erst einmal gewichtet, bewertet und verbalisiert werden. Warum also nicht auch ein Lernziel im Deutschunterricht, das „Verbalisieren von Schaubildern" heißt? Gäbe es ein solches Lernziel bereits, die darin geschulten Kinder hätten in PISA besser abgeschnitten.

Und insgesamt dürfte es in Deutschland zukünftig keinen Schulabschluß mehr ohne eine Prüfung im Fach Deutsch geben. Überlegen müssen sich schließlich die Lehrer aller Fächer, ob sie das Sprachliche nicht zu sehr vernachlässigt haben in ihrer Neigung, nur noch mit Spiegelstrichen und Schaubildern zu arbeiten.

Symptom der Vernachlässigung schulischer Grundlagen, hier der mutter- und landessprachlichen Bildung, ist schließlich auch die Tatsache, daß es an den meisten Schulen in Deutschland – im Gegensatz zu Skandinavien – keine Schulbibliotheken gibt, die diesen Namen verdienen. Würde beispielsweise für Schulbibliotheken der gleiche Betrag aufgewendet, wie er seitens der Bundesregierung angeblich von 2003 bis 2007 mit vier Milliarden Euro für die Förderung schulischer Ganztagsbetreuung oder wie er für die sog. Vernetzungen aufgebracht wird, dann wäre der Effekt für die zukünftigen Testleistungen deutscher Schüler gewiß eindeutig meßbar. Was die Lesekultur und übrigens auch den Stolz auf die eigene Sprache betrifft, so könnten wir uns ansonsten ein Stück von den Finnen abschneiden!

Ganz besonders ist schließlich das Elternhaus gefordert. Denn der Medienkonsum Heranwachsender wird im ersten Lebensjahrzehnt geprägt. Für das Lesen heißt das: Es beginnt mit dem Erzählen und mit dem Vorlesen zu Hause. Und es setzt sich mit dem elterlichen Vorbild fort. Interessant ist, was eine

Josef Kraus

OECD-Studie bereits 1992 dazu eruierte, nämlich daß die Lesefreude und Leseintensität der Kinder abhängt vom Vorhandensein von Büchern im Elternhaus und daß die gesamte schulische Leistung der Kinder eng mit deren außerschulischer Lektüre zusammenhängt. Das ist implizit eine Schelte an Eltern, die selbst nichts lesen und die allenfalls – erdnußmampfend vor der Glotze sitzend – ins Kinderzimmer rufen: „Nun lies doch mal ein Buch!" *Verba docent, exempla trahunt.*

Lebenslüge Nr. 8: Die Spaßpädagogik

In der jüngeren deutschen Pädagogik gibt es offenbar keinen ernsteren Grundsatz als den: Schule muß Spaß machen! Die Folgen liegen auf der Hand, siehe PISA! Natürlich brauchen wir keine freudlosen, sterilen Paukschulen. Wir brauchen vielmehr Schulen, die den Kindern Freude machen. Solche Freude-Erlebnisse sind aber nie ein Geschenk, das wie der Lottotreffer plötzlich da ist. Letzteres wäre das flüchtige Ergebnis eines Zufalls. Gemeint ist hier Freude vielmehr als ein Geschenk, für deren Erwerb man aktiv etwas tun kann – nämlich Fleiß, Anstrengung und Ausdauer zu investieren. Nur bei solcher Investition – Psychoanalytiker würden sagen: unter Triebaufschub – ist das tiefere Erleben von Freude, von Stolz oder gar von Glücklichsein möglich.

Spaß ist etwas anderes als Freude. Spaß ist augenblicksorientiert und im Kern selbstsüchtig. Außerdem bedarf der Spaß der steten Reizerneuerung, sonst kehrt ja permanent Langeweile ein. Spaß ist das Vertreiben von Zeit. So jedenfalls erschließt sich auch sprachgeschichtlich das Wort Spaß. Es kommt nämlich vom italienischen „spasso" (lat. *ex-passare* = zerstreuen; *expandere* = ausbreiten), was nichts anderes heißt als „Vergnügen und Zeitvertreib". Zum Zeitvertreib aber ist die Zeit in der Schule zu kostbar. Von daher ist Skepsis gegenüber einer Spaß-Schule angebracht. In eine Analogie gebracht, heißt das: Spaß verhält sich zu Freude wie Oberfläche zu Tiefgang. Spaß verhält sich zu Freude wie Flüchtigkeit zu Dauerhaftigkeit. Deshalb, wegen des Tiefgangs und wegen der Dauerhaftigkeit, ist eine Schule der Freude an Leistung einer Schule des Zeitvertreibs unbedingt vorzuziehen.

Der Zwang zum Spaß scheint aber nicht nur ein Phänomen quasi-progressiver Schulpädagogik zu sein. Denn wenn wir mit unseren jungen Leuten und deren Bildungsniveau nicht zufrieden sein können, dann hat das auch damit zu tun, daß sich das Verhältnis von Ernst und Spaß, von Arbeit und Freizeit bereits in der Erwachsenenwelt drastisch gewandelt hat. Wir hatten noch vor eineinhalb Generationen die 48/50-Stunden-Woche, jetzt haben wir die 30-Stunden-Woche voll im Blick. Seit den 90er Jahren haben die Menschen in Deutschland erstmals mehr Stunden zur freien Verfügung, als sie für den Erwerb ihres Unterhalts aufwenden müssen. Folge: Der weltweit sprichwörtliche fleißige deutsche Michel ist „out". Bei den Begriffen „Fleiß" und „Arbeit" denkt man heute oft eher an die Japaner und die „vier kleinen Tiger" Singapur, Hongkong, Taiwan und Südkorea als an die Deutschen. Man kennt die böse Redensart: „Die Japaner arbeiten mit unlauteren Mitteln, sie arbeiten während der Arbeitszeit."

Will sagen: Die Deutschen steigen mehr und mehr aus der Arbeit aus. In den 90er Jahren betrug die Jahresarbeitszeit eines Deutschen 1600 Stunden, die eines Briten oder Franzosen ca. 1700 Stunden, die eines US-Amerikaners 1900 Stunden und die eines Japaners 2100 Stunden. Das „Limers"-Ideal ist auf dem Vormarsch: „Less income more excitement". Ein anderes böses Wort sagt: Die Deutschen – die sind in der Freizeit Hedonisten, in der Arbeitszeit Spartaner. Da ist es mehr als logisch, daß eine solche Spaßgesellschaft eine Spaßpädagogik erzeugt. Wir brauchen uns also nicht zu wundern, wenn unsere jungen Leute keine 40-Stunden-Schul-und-Hausaufgabenwoche wollen.

Außerdem erleben wir seit ca. 30 Jahren einen dramatischen Wandel der Werteprioritäten: weg von den Pflicht- und Akzeptanzwerten (z. B. Disziplin, Gehorsam, Pflichterfüllung, Treue, Unterordnung) hin zu den Selbstentfaltungswerten (z. B. Emanzipation, Partizipation, Individualismus, Autonomie). Aber: Alles zu dürfen und nichts zu sollen, das funktioniert nirgends, weder in der Gesellschaft noch in der Erziehung.

Lebenslüge Nr. 9: Die „modernen" Unterrichtsmethoden

In Deutschlands Schulen haben sich seit rund zwanzig Jahren heimlich, still und leise ein manischer Methodenzauber und ein eigenwilliger Primat der Unterrichtsform, das heißt eine Dominanz der Methodik über die Inhalte, breitgemacht. In zahlreichen Ausbildungseinrichtungen für angehende Lehrer war es nicht mehr möglich, ein „gut" oder auch nur ein „befriedigend" auf eine Lehrprobe zu bekommen, wenn die Lehrkraft länger als 90 Sekunden auch noch so anregenden Lehrervortrag praktizierte und nicht mindestens zehnmal die Unterrichts- und Demonstrationsmethode wechselte. Der sog. Frontalunterricht wurde verteufelt, die Schülerzentrierung zum Götzen erhoben, inflationär hielten Projektarbeit, Freiarbeit, Lernzirkel oder Materialtheke Einzug. Selbst kritische Amerikaner haben die negativen Folgen davon erkannt, wie zum Beispiel Eric Donald Hirsch, der in seinem Buch „The Schools We Need and Why We Don't Have Them" 1996 zu dem Urteil kommt: Daß wir nicht die Schulen haben, die wir brauchen, liegt daran, daß wir der unterrichtlichen Kenntnis- und Wissensvermittlung zu wenig Bedeutung beimessen. Wörtlich schreibt er: „The anti-subject-matter principles of progressivism have demonstrably triumphed in our schools."

Die zwölf Lebenslügen deutscher Schulpolitik

Hinter solchen Modernismen verbirgt sich ein seltsames Verständnis von Kindzentrierung. Alle pädagogische Welt scheint ja geradezu paralysiert vom Selbst der Schüler. Angesagt sind dementsprechend für Schule und Unterricht: Selbsterfahrung, Selbsterziehung, Selbstevaluation, Selbstqualifizierung, Selbstregulierung, Selbststeuerung, Selbstunterricht, Selbstverwirklichung, Selbstzensierung, Selbstzentrierung usw. Nicht angesagt sind leider: Selbstbeherrschung, Selbstbesinnung, Selbstdisziplin, Selbstironie, Selbstkritik, Selbstlosigkeit. Darüber aber grämen sich egomanisch infizierte Unterrichtsvisionäre nicht. Autismus wird damit zur (Unterrichts-) Methode. Dagegen ist zu setzen: Diese sog. kindzentrierte Schule raubt den Schülern die Zukunft, weil sie die Kinder in der kindlichen Gegenwart einkerkert. Und Kindgemäßheit darf auch nicht heißen, daß man komplexe Sachverhalte so manipuliert, bis sie kindgemäß sind. Das verhindert Tiefgang.

„IT" – das scheint ein anderer Götze zu sein, dem schulische Unterrichtsmethodik mehr und mehr ausgeliefert wird: Unterricht als Edutainment, könnte man meinen. Tatsächlich verbirgt sich dahinter die Wiederkehr eines technizistischen Bildungsverständnisses. In den zwanziger Jahren meinte man ja, Radios könnten Lehrer ersetzen. In den Fünfzigern traute man selbiges den Fernsehern zu. Dann kam in den Sechzigern der Glaube an das programmierte Lernen und an das Sprachlabor. Nach diesen längst verflogenen Euphorien haben sich progressive Schulpolitiker und Pädagogen jetzt eine neue technizistische Vision von angeblich mühelosem Lernen angelacht. Laptop statt Schulranzen heißt die Parole. Damit ist – offenbar in Anlehnung an den „Poetischen Trichter" der Barockliteratur – ein neues Trichter-Stadium angesagt: das Stadium des elektronischen Nürnberger Trichters. Die Rezepte heißen dementsprechend: Educ@ation, elektronisches Klassenzimmer, didaktische Hyperlinks, knowledge-machines, Lern-Animation, Online-Learning, virtuelle Bildung usw.

Josef Kraus

Schöne Visionen, die da heraufziehen – Visionen von einer Schule, in der der Computer für das Kognitive zuständig sein soll und in der sich Lehrer voll auf das (Sozial-) Pädagogische konzentrieren könnten! Aber es sind – wie viele Visionen – Trugbilder! Vor allem sind es Vorstellungen, die die unterrichtliche Vermittlung der wichtigsten, nämlich der sprachlichen Qualifikationen verhindern. Inwieweit ein elektronisches Klassenzimmer vielleicht sogar die Vereinzelung junger Menschen fördert, sei einmal dahingestellt. Besonders schwer nachvollziehbar aber ist, worin der Vorzug einer „vernetzten" Schule mit ihrer Häppchen-Kultur liegen soll, wenn ein Schüler das meiste, was das Internet überhaupt an Sinnvollem bietet, auch in einem Brockhaus nachschlagen bzw. in einer Tageszeitung nachlesen kann. Im übrigen: Wer sich in einem Buch oder in einer Bibliothek nicht auskennt, der kennt sich auch auf dem Computerbildschirm und im Internet nicht aus. Anders ausgedrückt: Der computerisierte Unterricht wird das deutsche PISA-Ergebnis nicht um einen Wertungspunkt verbessern.

Dabei ist es doch gar nicht so schwer, sich guten Unterricht vorzustellen. Mehrere Studien des Max-Planck-Instituts für psychologische Forschung (München) der Jahre 1996 bis 1998 widerlegen die reformpädagogischen Visionen von einem völlig neuen Unterricht. Wörtlich: „Zum Entsetzen vieler Reformpädagogen erwies sich in den meisten seriösen Studien eine Lehrform als überdurchschnittlich effektiv, die gelegentlich als ‚direkte Instruktion' bezeichnet wird ... Direkte Instruktion verbessert die Leistungen fast aller Schüler, erhöht deren Selbstvertrauen in die eigene Tüchtigkeit und reduziert ihre Leistungsängstlichkeit ..."

In einem Interview mit dem Rheinischen Merkur vom 21. November 1997 formuliert der mittlerweile verstorbene, damalige Institutsdirektor Prof. Franz Weinert seine Skepsis gegenüber „neuen" Lernformen so: „Was derzeit als neue Lernformen diskutiert wird, ist so radikal neu nicht. Diese Lernformen wurden von guten Lehrern zu allen Zeiten angewandt ... Unterricht, Lehren und Lernen sind dann gut, wenn die Schüler dabei aktiv sein können und sein müssen, wenn sie zur produktiven Verarbeitung des Neuen, zur Verknüpfung des Bekannten mit dem Neuen sowie zur Verknüpfung des Allgemeinen mit dem Situativen angehalten werden." Der gute Lehrer zeichne sich durch Merkmale aus, die „stärker auf die zielgerichtete Orientierung, Steuerung und Unterstützung der Lernenden und weniger auf den emotionalen Gehalt der sozialen Interaktion im Klassenzimmer gerichtet waren." „Bemerkenswert ist schließlich, daß die pädagogischen Vorzüge guter Lehrer nach unseren Befunden eher in kognitiven als in sozio-emotionalen Aspekten der Unterrichtsgestaltung liegen."

Lebenslüge Nr. 10: Die omnipotente Schule

Progressive Pädagogik arbeitet seit Jahrzehnten an Schule „total". Die Sehnsucht, die Gesellschaft via Schule, zum Beispiel Ganztagsschulmodelle, zu reformieren, ist Symptom dieser Arbeit. Eine Inflation an Bindestrich- und Segmenterziehungen kam hinzu: Medien-, Konsum-, Freizeit-, Gesundheits-, Sexual- und Umwelterziehung hätten die Schulen zu leisten, Gewaltprophylaxe und AIDS-Prophylaxe ohnehin. Da drängt sich der Verdacht auf, daß eine solchermaßen rundum sozialpädagogisierte Schule vieles an Bildung auf der Strecke lassen muß.

Der schönen neuen Schulwelt aber, die manche Schulpolitiker und Erziehungswissenschaftler nahezu tagtäglich neu erfinden, stehen Realitäten gegenüber, die keine Raritäten sind und gegen die die Schulen machtlos sind: Elfjährige, die morgens mit nichts außer Cola im Bauch in die Schule kommen; Dreizehnjährige, die von ihren Eltern für eine Woche „krank" geschrieben werden, weil das Ticket in die Karibik dann um 400 Mark billiger ist; Fünfzehnjährige, die keinen Werktag vor Mitternacht zu Hause sind; Siebzehnjährige, die zur Finanzierung von Handy und Designerjacke mehr Zeit beim Jobben an der Tankstelle verbringen als am häuslichen Schreibtisch; Achtzehnjährige, die ihre Volljährigkeit dazu nutzen, sich pro Quartal per eigene Unterschrift an die sechzig Freistunden zu gönnen; Eltern, die aber bereits bei einer Vier in einem Extemporale die Schulaufsicht bemühen oder zumindest ständig auf der Suche beispielsweise nach einem Legasthenie-Attest sind, um für das Kind noch mehr herauszuholen.

Allein diese Beispiele zeigen: Es ist vermehrt das Umfeld einzubeziehen, in dem Bildung und Erziehung stattfinden (müssen); denn wir machen uns etwas vor, wenn wir meinen: Die Schule soll mal machen, dafür ist sie da, dafür zahlen wir ja. Anders ausgedrückt: Ohne Erziehungsoffensive zu Hause kann es keine Bildungsoffensive in den Schulen und auch keine besseren PISA-Ergebnisse geben. Es wäre überhaupt zu wünschen, die Gesellschaft würde mit dem gleichen Engagement wie die anderen Bürger- und Menschenrechte auch die Erziehungsrechte und -pflichten (vgl. GG Artikel 6) sowie eine Erziehung im Interesse des Kindeswohls (vgl. BGB 1627) einfordern. Gerade für die Ansprüche des Artikels 6 des Grundgesetzes, demzufolge Pflege und Erziehung der Kinder „das natürliche Recht der Eltern und die zuvörderst ihnen obliegende Pflicht" sind, ist oft kein Platz in der Familie mehr. Eine Offensive elterlicher Erziehung ist also überfällig. Die Schule kann aus sich allein heraus jedenfalls keine Steigerung des Bildungsanspruchs erzielen, wenn sich immer mehr Eltern aus ihrer erzieherischen Verantwortung verabschieden. Nach wie vor nimmt zwar der größere Teil der Elternschaft die erzieherische Verantwortung des Elternhauses ernst. Es ist aber wohlbekannt, daß häusliche Erziehung heute vielfach unter erschwerten Bedingungen stattfinden muß.

Die zwölf Lebenslügen deutscher Schulpolitik

Zugleich kommen vermehrt die Ergebnisse familiärer Erziehungsdefizite in der Schule an. Die Schulen müssen sich tagtäglich in Hunderttausenden von Fällen herumschlagen mit Schülerinnen und Schülern, die weder im Unterricht mitarbeiten, noch die benötigten Materialien mitbringen, noch zu Hause einen Finger krumm machen für den nachfolgenden Schultag. Wenn der Anteil der Eltern, die ureigene Aufgaben an die Schule delegieren oder die aus Gründen der Bequemlichkeit auf erzieherische Einflußnahme verzichten, immer größer wird, dann hat die Schule keine Chance, die Bildungsqualität zu verbessern. Schulerfolg kommt schließlich nicht nur aus dem Klassenzimmer, sondern er braucht eine entsprechende familiäre Atmosphäre. Deshalb ist es für Lehrer ein Horror zu erleben, wenn manche Eltern sogar zehn und mehr schriftliche Mahnungen der Schule abschütteln und ihre Kinder tags darauf wieder ohne erledigte Matheaufgaben in die Schule kommen. Wenn also die häusliche Vorbereitung der Schüler nicht „klappt", dann „klappt" es in der Schule nicht. Und grundsätzlich muß die Schule Priorität vor Freizeit- oder Jobinteressen haben. So einfach ist das.

Es ist mit Blick auf PISA jedenfalls kein Nachteil, kein flächendeckendes Ganztagsschulsystem zu haben. Unser Halbtagsschulsystem hat sich bewährt. Es gibt den Kindern auch außerhalb der Schule Raum zu Entfaltung. Nur Schule oder gar Schule total – das wäre eine drastische Verarmung der Entwicklungschancen unserer Kinder. Und auch als Staatsbürger sollte man etwas gegen eine weitere Verstaatlichung der Erziehung haben. Lassen wir uns auch nicht vom Ausland blenden: Wo es Ganztagsschule gibt, gibt es eben nicht das breite und vielfältige Spektrum der Jugendarbeit wie bei uns in Deutschland.

Josef Kraus

Lebenslüge Nr. 11: Die „autonome" Schule

Seit Anfang der 90er Jahre geht in Deutschland die Vision von der „autonomen" Schule um. Linke und Liberale schwärmen von der basisdemokratischen Schule „von unten", von Partizipation, von individueller Profilbildung, von Budgetierung u.a.m. Aus „autonomer" Schule droht damit aber eine atomisierte Schullandschaft zu werden. Eine „autonome" Schule mit einer weitreichenden Kompetenzausstattung paritätisch besetzter Schulgremien bedeutet, daß sich der Staat aus der Verantwortung für die Schule schrittweise zurückzöge und sich Schule außerhalb geltenden Rechts entwickelte. Eine Verlagerung von schulischen Kompetenzen auf Nicht-Lehrer führt zudem zu einer Entprofessionalisierung schulischer Entscheidungen. Es wäre dies geradezu ein „Räte"-System, bei dem „Nicht-Profis" über Hoheitsakte verfügten. Bezüglich der dem Staat obliegenden Bildungsaufgabe tragen jedoch Legislative und Exekutive gegenüber dem Souverän Verantwortung.

Bildung und Erziehung in der Schule brauchen Freiräume, gewiß! Sinnvolle Freiräume der Schule entstehen aber nur, wenn die Schulen Rahmenbedingungen haben, die ihnen Spielraum einräumen. In Zeiten allgemeinen öffentlichen Sparens dagegen ist Mißtrauen angebracht, wenn der Staat den Schulen mehr Personal- und Finanzhoheit zugestehen will. Die jüngsten Beispiele von Stundenbudgetierung zeigen, daß es sich dabei um Ablenkungsmanöver handelt, durch die eine staatliche Mängelverwaltung den Einzelschulen überantwortet wird, durch die zugleich aber der Staat selbst aus der Kritik kommt. Ist die Grundversorgung aber zu eng bemessen, führt eine Personal- bzw. Finanzhoheit der Schulen zu Konflikten bei der Verwendung der verfügbaren, aber eingeschränkten Mittel für Personal- und Sachausstattung. Es würden schließlich vor allem bei Eltern

Die zwölf Lebenslügen deutscher Schulpolitik

Hoffnungen geweckt, daß die Einzelschule jetzt alles „machen" und jedes mögliche Bildungsangebot einrichten könne, wenn sie nur wolle. Das provoziert Enttäuschungen. Im Extrem würden Schulen einer Selbstausbeutung ausgeliefert, wenn sie dennoch versuchten, zusätzliche Bildungsangebote aus einem ohnehin überlasteten Lehrkörper „herauszupressen".

Bei Realisierung einer wiederholt diskutierten Freigabe der Stundentafeln und der Lehrpläne würde der Übergang eines Schülers von einer Schule zur anderen selbst innerhalb ein und derselben Kommune erheblich erschwert. Schließlich haben Schüler je nach Zugehörigkeit zu einer Schule dann eine sehr unterschiedliche Vorbildung, weil sie sehr Unterschiedliches gelernt haben. Bei ausgeprägter Uneinheitlichkeit der vermittelten Lerninhalte und der Leistungsbewertung besteht die Gefahr, daß die Abnehmer der Schulabgänger deren schulische Qualifikation kaum noch einschätzen können. Folge davon wäre, daß die Abnehmer (weiterführende Schule, Hochschule) zur Bewerberauswahl eigene Eignungs- und Eingangstests etablierten. Ein solcher Wandel vom Abitur- zum Aditur-Prinzip entwertet die schulischen Zeugnisse. Deshalb müssen Schulzeugnisse auch zukünftig der transparente Nachweis dafür sein, inwieweit Schüler allgemein anerkannte Qualifikationen erworben haben.

Die Öffentlichkeit, vor allem Schüler und Eltern müssen Gewißheit über die schulischen Inhalte und Anforderungen haben können. Das schulische „Endprodukt" muß verläßlich einschätzbar sein: für Schüler, Eltern und für die potentiellen „Abnehmer" der Schulabsolventen. Dies ist bei einer durch eigenständige Profilbildung atomisierten Schullandschaft nicht mehr der Fall, denn hier werden Schüler zu erheblichen Anteilen unterschiedlich beschult und bewertet. Der Grundsatz der Gleichbehandlung vor dem Gesetz ist damit gefährdet.

Josef Kraus

Lebenslüge Nr. 12: „Bildung ist, was PISA mißt"

Seit Mitte der 90er Jahre geht eine neue Schulpolitik um, der parteiübergreifend gemeinsam das monomanische Schielen nach Methoden des Marktes ist. Getreu protziger Management-Theorie wird Schule auf die Reise geschickt hin zu: Total Quality Management, Sponsoring, Marketing, Benchmarking, Controlling, Auditing, Budgetierung, Innovationsmanagement, Kundenzentrierung, Handlungsorientierung, Business Excellence, Assessment, Downsizing, Empowerment, Just-in-time-Knowledge usw. (Am Rande: Die genannten Begriffe entstammen zwar BWL- und IT-Schriften, hier aber wurden sie entdeckt in schulpolitischen Parteiprogrammen, schulpädagogischen Werken oder Lehrgangskatalogen der Lehrerfortbildung.)

Schule also unter dem Diktat von Marketing, als Filiale der Wirtschaftspolitik? Hoffentlich nicht, denn eine managementmäßig durchgestylte Schule hat mit einem kulturell gereiften Bild vom Menschen und mit „Bildung" wenig zu tun. Besonders betrüblich ist, daß sich auch manche Erziehungswissenschaftler auf solche Management-Sprechblasen einlassen und meinen, voranmarschieren zu müssen im naiven Glauben, Bildung „handhaben" zu können wie das Marketing einer neuen Zahnpasta. Jedenfalls wird eine schulpädagogisch „korrekte" Sprache kreiert: eine Sprache der Anbiederung an den Slang des Managements, wenn nicht gar der verbale Kniefall vor der Tyrannei eines Ökonomismus. Tatsächlich droht Schule zur Schule der De-Kultivierung zu mutieren. Wahrscheinlich steht am Ende eine Schule der „neuen Mitte", eine Schule des lean-management und der fast-education: das heißt, eine Schule des Kultur-Managements statt der Kultur; eine Schule der Verpackungen statt der Inhalte; eine Schule der Häppchen und der „events" statt der geistigen Unterkellerung; eine Schule der Flüchtigkeit statt der Konzentration.

Die zwölf Lebenslügen deutscher Schulpolitik

Dabei wird nicht zur Kenntnis genommen, daß es große Unterschiede zwischen Wirtschaftspolitik und Schulpolitik gibt – Unterschiede, die eine Eins-zu-Eins-Implementierung von Managementmethoden in der Bildung verbieten; Unterschiede auch, die Wirtschaftspolitik als das einfachere Unternehmen erscheinen lassen als Bildungspolitik. Denn erstens glaubt in der Wirtschaftspolitik nicht jeder, mitreden zu können, das erleichtert sie ungemein. Zweitens hat die Wirtschaft ihre rasch und seismographisch ausschlagenden Indikatoren. Die Bildungspolitik kennt dergleichen kaum; hier werden Versäumnisse frühestens eine Schülergeneration später sichtbar. Drittens: Die Anbieter anspruchsvoller Wirtschaftsprodukte können auf einen Konsumenten zählen, der entsprechende Preise dafür zahlt. In der Bildung aber meinen manche Anbieter und Konsumenten bereits, sie sei gar ohne den Preis Anstrengung erwerbbar. Und viertens: Ein Unternehmen kann und muß sich am Kriterium der Rentabilität orientieren; was sich nicht lohnt, wird nicht mehr gemacht. In der Bildung ginge aber vieles über Bord, wenn man sie nach Rentabilitätsgesichtspunkten gestaltete.

Manch Konservativer hat sich angesichts manch neuer Schulpolitik schon bei der Option ertappt, sich zum Altlinken zu wandeln. So ganz falsch könnte die These, Bildung dürfe nicht den „Verwertungsinteressen des Kapitals" ausgeliefert werden, ja vielleicht doch nicht sein. Es geht schließlich in Sachen Bildung – weil sie sonst nur Ausbildung ist – um den Eigenwert des Nicht-Ökonomischen. Dieser Eigenwert ist wichtig, weil nur dann Identität vermittelbar ist, das heißt Übereinstimmung des einzelnen mit sich selbst und Verinnerlichung von Werthaltungen. Das macht Kultur aus. Identität, eine individuelle wie eine kollektive, definiert sich schließlich nicht aus „skills" oder „downloads", sondern nur aus der „Er-Innerung" des historisch-kulturellen Erbes. Eine Bildung ohne Tradition und ohne historisch-narrative bzw. biographisch-narrative Elemente aber wäre eine Verweigerung von Identität. Eine zukunftsfähige Schule leistet deshalb gerade in Zeiten der Globalisierung Identitätsstiftung. Zukunft ist Herkunft! (Martin Heidegger). Das bedeutet: Wer die Zukunft gestalten will, der muß wissen, woher er kommt.

„Post Pisam" gilt es also daran zu erinnern, daß es eine Schulleistung jenseits von PISA gibt. Andernfalls droht die Gefahr, Schulleistung nach PISA nur noch operationalistisch zu betrachten. Bildung ist nicht das, was PISA mißt. Das wäre das gleiche reduktionistische Verständnis einer hochkomplexen Sache wie damals, als es darum ging, Intelligenz zu definieren. Gleichermaßen hilflos und pfiffig half man sich damals, Anfang der 70er Jahre, damit aus der Affäre, daß man festhielt: Intelligenz ist das, was der Intelligenztest mißt. Das stimmt nicht! Und ebenso wenig stimmt, daß Schulleistung das ist, was PISA mißt.

Wir müssen uns in Sachen Bildung vielmehr verstärkt wieder auf den Eigenwert des Nicht-Meßbaren besinnen, denn wir sind in Deutschland mit dem Grundsatz, daß die Schulen Allgemeinbildung leisten sollen, gut gefahren. Die deutsche Bildungsidee war schon einmal der Protest gegen den Utilitarismus eines Vernunftzeitalters und gegen das Leitbild eines allein als Spezialist nützlichen Gliedes der Gesellschaft. Diese Idee von Bildung ist zu Beginn des 21. Jahrhundert alles andere als überholt, denn der Mensch ist auch in Zukunft nicht nur der *homo oeconomicus*. Bildung ist schließlich nicht nur Funktionswissen, sondern auch Orientierungs- und Identitätswissen; letzteres soll dem Individuum helfen, sich und seine Stellung in der Welt zu verstehen und sich zu verorten. Bildung bezieht sich deshalb nicht nur auf den Intellekt, sondern auf die Ganzheit der Persönlichkeit. Bildung ist zudem ein dialektischer Vorgang, nämlich zugleich einerseits Bindung und Anpassung, andererseits Befreiung von Indoktrination, von Zwängen und von Zeitgeist.

Die zwölf Lebenslügen deutscher Schulpolitik

Wer allein in PISA gut abschneidet, ist noch weit von einem solchen umfassenden Bildungsverständnis entfernt.

Es wäre jedenfalls schrecklich, wenn das Schule machte, was die FAZ kurz vor Weihnachten 2002 von Managementseminaren großer Banken berichtete: Dort werden angehenden Managern ein paar Grundbegriffe der deutschen Kulturgeschichte beigebracht: daß es eine „Neunte" gibt und diese von Beethoven ist; daß es einen „Faust" gibt und darin eine gewisse Gretchen-Frage gestellt wird. Gigantisch! Damit wäre man – so meint man – wenigstens nach Kreditabschluß in der Lage, mit rechts ein Prosecco-Glas zu halten und so ganz mit links „name-dropping" zu machen: „Ach ja, die Neunte von Ludwig van – echt heavy!"

Zum Schluß

Es war von zwölf Lebenslügen deutscher Schulpolitik die Rede. Jede Schulpolitik, die diese Hemmnisse nicht beseitigt, wird scheitern. Deshalb: Eine Diskussion um Unterrichtsformen, die die Schüler mehr aktivieren lassen, oder um eine neue Aufgabenkultur ist richtig. Sie darf, ja sie muß sein, sie greift aber nur, wenn erst einmal die Fehler der Vergangenheit beseitigt sind und man den Schulen wieder die Instrumente in die Hand gibt, die effektiven Unterricht ausmachen. Die alten Sünden kann man mit blanker Innovationsrhetorik nicht vergessen und schon gar nicht unschädlich machen. Es käme dies dem Versuch gleich, Roststellen an einem Auto mit schönen Aufklebern kaschieren zu wollen.

Hermann Giesecke, geb. 1932 in Duisburg. 1953 Abitur. 1954 bis 1960 Lehramtsstudium in Münster (Geschichte Latein). 1961 bis 1963 Dozent am und Leiter des Jugendhof Steinkimmen. 1963 bis 1967 Wiss. Ass. an der Universität Kiel. 1964 Promotion mit einer Arbeit zur politischen Bildung in der Jugendarbeit. 1967 Professor für Pädagogik und Sozialpädagogik an der PH Göttingen, nach deren Integration an der Universität Göttingen. 1997 Emeritierung.
E-mail: Hermann.Giesecke@t-online.de
Internet: http://www.5tc.de/giesecke/

Hermann Giesecke

Wozu ist die Schule da?

(Vortrag auf der Tagung des VDSG in Hamburg, 2. Oktober 1999)

Die tonangebende schulpädagogische Diskussion in Deutschland ist charakterisiert durch zwei einander ergänzende Tendenzen: durch den Versuch, alle wichtigen gesellschaftlichen Probleme der Schule als pädagogische Aufgaben zu übertragen einerseits und durch die schulpädagogische und schulpolitische Bereitschaft andererseits, diese Ausdehnung unter dem Begriff der „Erziehung" auch zu akzeptieren.

Im Bremer Schulgesetz heißt es z.B.:

„Die Schule ist Lebensraum ihrer Schülerinnen und Schüler, soll ihren Alltag einbeziehen und eine an den Lebensbedingungen der Schülerinnen und Schüler und ihrer Familien orientierte

Betreuung, Erziehung und Bildung gewährleisten." Man beachte die Reihenfolge: Betreuung, Erziehung und Bildung; das, was nur die Schule im Kontext der gesamten Sozialisation leisten kann, nämlich Unterricht zum Zweck der allgemeinen, also nicht nur berufsrelevanten Bildung, rückt an die letzte Stelle.

Ich will im folgenden zeigen, daß beide Tendenzen problematisch sind: das Abladen aller möglichen gesellschaftlichen Probleme auf die Schule einerseits und der Versuch, die Schule entsprechend umzufunktionieren, andererseits. Beide Tendenzen untergraben nämlich den Sinn der Schule und des Unterrichts. Anders gesagt: Die Erziehungsaufgabe wird gegen die Unterrichtsaufgabe mobilisiert.

Ich möchte in diesem Vortrag darlegen und begründen,

1. daß der eigentliche Auftrag der Schule das Unterrichten ist,

2. daß sie dabei die grundlegenden öffentlichen Verhaltensweisen einzuüben hat,

3. daß ein darüber hinausgehender Erziehungsauftrag historisch überholt ist,

4. worin die erzieherische Aufgabe der Schule tatsächlich noch besteht.

Zu 1: Schule als Ort des Unterrichts

Meine These, daß Schule in erster Linie Ort des Unterrichts sein bzw. wieder werden muß, möchte ich unter vier Gesichtspunkten begründen:

1. Ohne Unterricht kann es unter unseren gesellschaftlichen Bedingungen keine erfolgreiche und befriedigende Teilhabe an den gesellschaftlichen Möglichkeiten geben. Das gilt für die politische und kulturelle Beteiligung, aber vor allem auch für die berufliche. Alle Wege zu einer beruflichen Qualifizierung –

gleich auf welcher Ebene der Berufshierarchie – führen über Unterricht. Selbst das praxisorientierte „duale System" unserer Berufsausbildung, z.B. im Handwerk, ist ohne systematische schulische Unterrichtung nicht denkbar. Unterricht aber heißt von der Grundschule bis zur Weiterbildung im oberen Industriemanagement im Kern immer dasselbe: Da gibt es Lehrende, die etwas wissen oder können und die diesen Vorsprung in didaktisch möglichst geschickter Weise an diejenigen weitergeben, die es noch nicht wissen oder können. Daran ist weder für Kinder noch für Erwachsene etwas Despektierliches, und da greift auch nicht eine feindliche Besatzungsmacht in das Leben Unschuldiger ein, wie manche Schultheoretiker zu glauben scheinen. Die Fähigkeit, sich erfolgreich unterrichten zu lassen, ist vielmehr für die produktive Teilnahme am Berufsleben bis zu dessen Ende unerläßlich geworden, und diese Tendenz nimmt zu und nicht ab, wenn man etwa die steigenden Aufwendungen der Wirtschaft für Fortbildungsmaßnahmen bedenkt. Deshalb kann es in der Schule nicht um die Inszenierung irgendwelcher beliebiger Lernprozesse gehen, wie die vielzitierte Denkschrift aus NRW glauben machen will; vielmehr geht es um ganz besondere, nämlich um unterrichtliche. Die Fähigkeit, sich unterrichten zu lassen, muß also heute von möglichst allen gelernt werden – das ist historisch neu –, und diese Fähigkeit ist durch nichts anderes zu ersetzen. Das hat folgenden Grund:

Die Welt, mit der wir täglich zu tun haben – Wirtschaft, Politik, Kultur –, ist als solche weder lehrbar noch lernbar. Als solche besteht sie nur aus einem Sammelsurium von Eindrücken, Einwirkungen, Forderungen und Signalen, so wie wir es etwa an einem abendlichen Fernsehprogramm ablesen können, das uns eine Folge zusammenhangloser Programmteile bietet. Erst die Erfindung des Unterrichts macht es möglich, komplizierte Sachverhalte und Zusammenhänge so zu vereinfachen und zu verdichten, daß sie Schritt für Schritt verstanden werden können und daß dabei grundlegende, modellhafte, exemplarische oder ähnlich strukturierte Kenntnisse und Einsichten entstehen, die wiederum nichts Endgültiges haben dürfen, sondern dem Weiterlernen dienen sollen. Unterrichten markiert einen Weg mit immer nur vorübergehenden Zielen. Das Nachdenken über Schule muß also primär bei der Lehrbarkeit der Sachen beginnen und nicht bei der Lernbereitschaft der Lernenden, bei deren Motiven und Interessen z. B.; die können sich ändern wie das Wetter. Von sich aus kann der Schüler im allgemeinen auf diese grundlegenden Strukturen der Wirklichkeit nicht kommen, eben dafür braucht er seine Lehrer. Er braucht sie, um sich zutreffende Vorstellungen über die ihn umgebende Wirklichkeit machen zu können, denn die verrät ihm das von sich aus nicht.

Damit ist ein weiteres Moment der Sache angesprochen. Unterricht geschieht immer in Distanz zum sonstigen Leben, für dessen Bewältigung er andererseits gebraucht wird. Der Grundschüler wie der Manager verlassen ihr normales Leben, um sich unterrichten zu lassen, und kehren danach wieder in dieses zurück. Das Leben selbst lehrt zwar vieles und Wichtiges, aber es unterrichtet nicht. So gesehen ist Unterricht eine geniale kulturelle Erfindung, weil sie uns ermöglicht, die Unmittelbarkeit unserer Existenz zu überschreiten und für noch unbekannte spätere Verwendungssituationen gleichsam auf Vorrat zu lernen. Nur wenn die künftigen Handlungssituationen weitgehend unbekannt sind, ist Unterricht nötig; sonst kann man sich auf Lernen durch Mitmachen und Imitieren beschränken. Was dagegen das Leben lehrt, bleibt von sich aus fixiert an die Unmittelbarkeit der jeweiligen Situation. Alle anderen pädagogischen Handlungsformen – informieren, beraten, arrangieren, animieren – bleiben ebenfalls an die unmittelbare Situation gebunden, nur der Unterricht vermag sie nachhaltig zu transzendieren. Diese grundlegende Polarität von Unterricht und Leben darf nicht eingeebnet werden, wie immer wieder mit Parolen einer

„lebensnahen Schule" gefordert wird; würde man schulische Lernprozesse ähnlich organisieren wie das Leben es selbst tut, wäre die Schule überflüssig. Unter diesem Gesichtspunkt müßten eine ganze Reihe von didaktisch-methodischen Moden wie „Schülerorientierung", „Erfahrungsorientierung", „Lebensweltorientierung", „Handlungsorientierung" einer genauen Prüfung unterworfen werden, ob sie nämlich nicht zumindest von einem bestimmten Ausmaß an den Sinn des schulischen Lernens verfehlen, der ja nicht darin bestehen kann, bloß zu verdoppeln oder zu verstärken, was das Leben sowieso beibringt.

2. Es geht aber nicht nur um die subjektive Sicht aus der Perspektive des Schülers, damit er später sein Brot verdienen bzw. überhaupt an den gesellschaftlichen Chancen partizipieren kann. Vielmehr hat die Gesellschaft als Ganzes ein existentielles Interesse daran, daß die jeweils nachwachsende Generation das bereits vorhandene Potential an Kenntnissen und Fähigkeiten zumindest übernehmen, möglichst sogar übertreffen kann. Ohne eine Garantie für diesen Stabwechsel der Generationen würde das gesellschaftliche Leben und damit auch die Lebensqualität eines jeden einzelnen zusammenbrechen. Die Gesellschaft, in der wir im Gemenge der Generationen leben, muß immer wieder durch intelligente Arbeit und Tätigkeit reproduziert und weiter entwickelt werden, und dafür sind unterrichtliche Qualifizierungen unerläßlich. Deshalb muß es Lehrpläne bzw. Richtlinien, Leistungsanforderungen und deren Kontrolle geben, weil sonst die Lernarrangements in den Schulen beliebig würden und insofern am gesellschaftlichen Zweck der Veranstaltung Schule vorbeigehen könnten. Politisch gesehen würde dies zu einer bedrohlichen gesellschaftlichen Destabilisierung führen. Jede nachwachsende Generation braucht – wenn auch auf unterschiedlichen Ebenen der Leistungsfähigkeit – einen gemeinsamen Bestand an Kenntnissen, Fähigkeiten und Weltvorstellungen, um die gesellschaftlichen Funktionen später wenigstens mit einem Minimum an

Gemeinsamkeiten übernehmen zu können. Diese Gemeinsamkeiten in Lehrplänen und Richtlinien heute festzulegen, ist nicht einfach und wohl nur im Rahmen eines größeren gesellschaftlichen Konsenses vernünftig. Aber wir müssen uns dieser Aufgabe wieder zuwenden, wir müssen als Gesellschaft den Schülern wieder sagen, warum wir sie eigentlich so viele Jahre in die Schule schicken; es reicht nicht, wenn wir sie ermuntern, sich „Lernkompetenz" an Gegenständen zu erwerben, die sie sich möglichst noch selbst aussuchen. Mit anderen Worten: wir müssen wieder über „Bildung" als sinnstiftendes Zentrum des Unterrichts reden.

3. Ohne den Unterricht der Schule können die Kinder die in ihnen schlummernden Fähigkeiten in nur sehr geringem Maße entfalten, sich – „altmodisch" gesprochen – nicht „bilden". Die Fähigkeit, sich unterrichten zu lassen, liegt so gesehen also auch im wohlverstandenen Interesse des Kindes selbst und tritt zu diesem keineswegs in einen prinzipiellen Widerspruch, als sei sie per se nicht „kindgerecht". Im Gegenteil sind die Schulfächer mit ihren unterschiedlichen Anforderungen nicht zuletzt dazu da, die Fähigkeiten des Kindes herauszufordern, so daß es immer genauer zu erkennen vermag, was es gut kann und was weniger gut, was ihm mehr liegt und was weniger, damit es allmählich auf diesem Hintergrund seine Zukunftsplanung zu entwickeln vermag. So gesehen ist die weniger gute Zensur genauso wichtig wie die gute, aber auch unterschiedliche Unterrichtsmethoden, die z.B. eher auf Einzelarbeit oder eher auf Kooperation setzen, sind dafür wichtige Erfahrungen. Da das Kind solche Zusammenhänge von sich aus nicht ohne weiteres zu erkennen vermag, weil es meist lieber in seiner begrenzten, naturwüchsigen Lebensaktualität verbleibt, falls es sich dabei einigermaßen wohl fühlt, muß die Schule vom ersten Schultag an die Schüler entsprechend fordern. Das Kind hat im allgemeinen von sich aus keinen Bildungswillen, der über seinen

unmittelbaren Lebenshorizont hinausreicht. Sein natürlicher Lernwille ist zunächst einmal darauf beschränkt, d.h. es will sich in seiner unmittelbaren sozialen Umgebung erfolgreich bewegen und dafür dann auch etwas lernen; das ist wichtig, aber etwas ganz anderes. Bildung durch Unterricht ist eine kulturelle Erfindung, ist nicht von vornherein Teil des Lernwillens im Rahmen des genetisch bedingten Überlebenswillens. Das verwechseln die Schulreformer.

So manche pädagogischen Konzepte, die sich vordergründig auf die aktuelle Befindlichkeit des Kindes einlassen und diese überschätzen, betrügen es in Wahrheit um seine noch unentdeckten Möglichkeiten. Die Entfaltung der kindlichen Persönlichkeit, ihre Individualisierung, ist kein inneres Programm, dem man nur seinen Lauf lassen und das man allenfalls noch ermutigen müsse; vielmehr bedarf sie der Herausforderung durch objektive, gerade nicht aus der subjektiven Innerlichkeit sprießende Ansprüche und der tätigen und auch mühsamen Auseinandersetzung damit. Durch keinen pädagogischen Trick sind die Mühen und die Anstrengungen, die der Unterricht abverlangt, zu umgehen.

4. Der bildende Unterricht der Schule verschafft dem Kind die Möglichkeit, seinen künftigen Status in einem hohen Maße selbst zu bestimmen – u.U. auch durch Ablösung vom Status seines Elternhauses. Schule ist die einzige Möglichkeit der Emanzipation des Kindes, über die es selbst verfügen kann. Das einzige Kapital, das ein Kind von sich aus vermehren kann, sind sein Wissen und seine Manieren. Gerade das sozial benachteiligte Kind bedarf, um sich aus diesem Status zu emanzipieren, des direkten, direktiven, aber auch geduldigen und ermutigenden Unterrichts, wie alle Lernforschung zeigt. Die Schulreformpädagogik hat entgegen ihren Beteuerungen für diese Kinder gar nichts bewirkt.

Unter demokratischem Gesichtspunkt muß unser Schulwesen also so strukturiert sein, daß es möglichst jedem Kind die optimale Entfaltung seiner Fähigkeiten ermöglicht – dem begabteren ebenso wie dem weniger begabten.

Zusammenfassend läßt sich feststellen: Die Schule vermag etwas, was sich im sonstigen Leben keineswegs von selbst ergibt, und das läßt sich im Begriff des Unterrichts zusammenfassen.

Damit keine Mißverständnisse aufkommen, füge ich zwei Erläuterungen hinzu:

1. Unterricht kann auf unterschiedliche Weise betrieben werden, mit einer Fülle von didaktisch-methodischen Variationen. Aber diese sind kein Selbstzweck, und sie führen nicht weit ohne die systematischen Lehrgänge des Unterrichts. Man kann nicht ständig handlungsorientierte Projekte anbieten, weil das nur zu additivem Gelegenheitsunterricht führen würde und weil es dafür im Alltag der Schüler auch nicht genügend Gegenstände gibt. Den Methodenfanatikern sei gesagt, daß schulpädagogische Methodenvielfalt keine Tugend, sondern eine Not ist, erforderlich für diejenigen, die wie etwa Grundschulkinder sich an anstrengenden Denkprozessen noch nicht beteiligen können. Aber in der Gegenwart geht es meist gar nicht um Vielfalt, sondern um methodischen Dogmatismus. Er tritt dann ein, wenn der Unterricht für äußere Zwecke, die für erzieherisch wünschenswert gehalten werden, instrumentalisiert wird.

2. Ich plädiere – im Hinblick auf die allgemeinbildenden Schulen – für einen bildenden Unterricht, der nicht auf Stoffhuberei aus ist, sondern die subjektiven Aneignungsprozesse der Schüler ernst nimmt, für Rückfragen und Diskussionen Zeit läßt. Darüber im einzelnen zu sprechen, wäre ein neues Thema.

Zu 2: Schule als Ort gesellschaftlichen Umgangs

Mit dem schulischen Unterricht verbunden ist jedoch noch eine weitere wichtige Aufgabe der Schule, nämlich die in der Öffentlichkeit üblichen Verhaltensweisen einzuüben und einzufordern. Die Schule als Institution muß darauf achten, daß sie ihren von der Gesellschaft vorgegebenen und von den Steuerzahlern ermöglichten Zweck auch verwirklichen kann.

Als Institution ist die Schule im Unterschied zur Familie Teil des öffentlichen Lebens, und das Kind tritt mit dem Schulbeginn in dieses öffentliche Leben ein. Daraus folgt unter anderem, daß der Schulunterricht nicht einfach die Fortsetzung des elterlichen Erziehungswillens mit anderen Mitteln sein kann. Im privaten Rahmen der Familie dürfen z.B. Vorurteile aller möglichen Art, etwa rassistische oder sexistische, vertreten werden, jedenfalls kann das niemand verhindern; die Schule dagegen ist universellen Maßstäben wie Toleranz und Wahrheit verpflichtet, also solchen, die für das Zusammenleben außerhalb der Familie verbindlich sind. Als Institution muß die Schule also in ihren Mauern die Regeln des öffentlichen Umgangs geltend machen, und dazu gehört auch die zivile Art und Weise, in der dort miteinander gesprochen wird. Die dafür nötigen Regeln der Disziplin, des Zuhörenkönnens, der Gewaltfreiheit und der Toleranz erwachsen nicht aus der Innerlichkeit der kindlichen Seelen. Soziale Verhaltensweisen lernen wir Menschen vielmehr in erster Linie dadurch, daß wir in vorgegebene Ordnungen hineinwachsen, und nicht dadurch, daß wir sie immer wieder neu erfinden.

Nun besteht eine Schwierigkeit darin, daß die Schüler im Rahmen ihrer pluralistischen Sozialisation lernen müssen, sich an unterschiedlichen sozialen Orten unterschiedlich je nach den dort geltenden Regeln zu verhalten – anders in der Diskothek als in der Schule, anders im Kaufhaus als in der Kirche, in der Familie anders als unter Gleichaltrigen. An manchen dieser Orte – z.B. in der Gleichaltrigen-Gruppe – verwenden sie einen eigentümlichen „Jugendjargon" – was im übrigen nicht neu ist. Wenn die Schule nun in falsch verstandener Anbiederung diesen Jargon generell – in Ausnahmen kann dies durchaus anschaulich sein – als Unterrichtssprache zuläßt, oder Schimpfkanonaden und andere Verbalaggressionen in Gegenwart von Lehrern oder gar während des Unterrichts hinnimmt, verhält sie sich nicht etwa „kindgerecht", sondern verwahrlosend und betrügt die Schüler um eine wichtige Sozialerfahrung. Schule ist eben Schule, keine Diskothek und kein Fußballplatz, und was als Schimpfkanonade während eines Konfliktes in der großen Pause vielleicht noch toleriert werden kann, ist während des Unterrichts fehl am Platz.

Bei den in solchen Fällen gebotenen pädagogischen Interventionen handelt es sich nicht um die Durchsetzung eines allgemeinen Tugendkatalogs, sondern um die Durchsetzung eines bestimmten Verhaltens – und dafür brauchen wir keine komplizierte Wertphilosophie. Die Öffentlichkeit kann weder von uns Erwachsenen noch von Kindern eine bestimmte Gesinnung oder eine bestimmte Charakterstruktur erwarten, und beides kann man auch in Schulen nicht überprüfbar anerziehen. Niemand muß z. B. Ausländer oder einen bestimmten Frauen- bzw. Männertyp mögen, aber verhalten muß sich jeder ihnen gegenüber höflich und zivilisiert und erst recht im Rahmen der Gesetze.

Der gesellschaftliche Pluralismus, der in den unterschiedlichen Verhaltenserwartungen an unterschiedlichen sozialen Orten zum Ausdruck kommt, macht nun dem überlieferten Verständnis von Schule nicht wenig zu schaffen. Er führt nämlich dazu, daß das, was die Kinder für ihr gegenwärtiges und künftiges Leben insgesamt brauchen, nicht mehr an einem Ort – auch nicht in der Schule – umfassend gelernt werden kann, so daß es von daher auf alle anderen sozialen Orte einfach übertragbar wäre. In der Schule kann man z.B. nicht lernen, wie man sich erfolgreich in einer Diskothek verhält. Die unterschiedlichen Einflüsse, denen die Kinder ausgesetzt sind, gehorchen nämlich verschiedenen Maximen, die miteinander in Konkurrenz treten und die jeweils eigentümliche Maßstäbe zur Geltung bringen. Die Maßstäbe der schulischen Aufklärung sind nicht die des Journalismus, des Freizeitmarktes oder der Fernsehunterhaltung und umgekehrt. Die besondere Schwierigkeit des heutigen Aufwachsens besteht im wesentlichen darin, daß die Kinder diese widersprüchlichen Erwartungen, die ja nicht zuletzt auch Wertwidersprüche zum Ausdruck bringen, produktiv in ihre Persönlichkeit zu integrieren und für ihre Lebensplanung zu nutzen lernen. Das ist aber nur möglich, wenn auch die pädagogischen Instanzen – Familie und Schule – ihre eigenen Wertmaßstäbe in diesem Sozialisationskonzert zur Geltung bringen. Beide erziehen zunächst einmal für sich selbst, für ihren eigenen Sinn und Zweck.

Zu 3: Kritik an der Ausdehnung des Erziehungsbegriffs

Damit sind wir bei der Frage, was denn die Schule an Erziehung überhaupt noch leisten kann; denn allenthalben ist zu hören, die Schule müsse wieder mehr erziehen, und zur Not müßten Unterricht und Schulleistungen eben deswegen zurücktreten. Diese Formel ist sehr eingängig, und leider fallen auch Lehrer darauf herein. Deshalb ist hier eine genauere Prüfung angesagt.

Der Begriff Erziehung, mit dem heute alle möglichen Aufgaben der Schule zugemutet werden, setzt immer einen Bezug zu einem Kollektiv voraus, zur Individualität kann man nicht erziehen; das Individuum findet seine Form in tätiger Auseinandersetzung mit äußeren Ansprüchen, auch mit erzieherischen. Woher soll aber heute eine solche kollektive Selbstverständlichkeit kommen? Gehen wir die Möglichkeiten doch einfach einmal durch!

Die Lehrer: Der Pluralismus hat längst auch die Lehrerkollegien ergriffen, die in vielen pädagogischen Fragen nicht mehr einer Meinung sind und angesichts des gesellschaftlichen

Pluralismus auch nicht mehr sein können. Wenn es hoch kommt, einigt sich ein Kollegium über Grundsätze des gemeinsamen Umgangs mit Schülern und deren Eltern. Aber das kann nur ein wenn auch wichtiger Minimalkonsens sein. Im übrigen vertreten die Lehrer jeweils einzeln ihre persönlichen Auffassungen in pädagogisch relevanten Fragen.

Hinzu kommt, daß im Unterschied zu früheren Zeiten die Schule sich von ihren jeweiligen Milieus emanzipieren mußte. Ich denke dabei insbesondere an das katholische, evangelische, bildungsbürgerliche und sozialistische Milieu. „Erziehung" durch die Schule war früher im wesentlichen Erziehung zu demjenigen Milieu, in dessen Rahmen sie sich verstand: katholisch, evangelisch, bildungsbürgerlich, sozialistisch. Im Pluralismus ist jedoch dieser kollektive Bezug weitgehend verschwunden; die Schularbeit befindet sich nicht mehr in Übereinstimmung zur übrigen Sozialisation, sie wird vielmehr zu einem spezifischen Instrument im Konzert der gesamten Sozialisation.

Die Elternschaft: Sie repräsentiert ebenfalls kein kollektives Milieu mehr, auf das sich ein schulischer Erziehungswille generell stützen könnte. Vielleicht ist ein Rest davon noch in privaten konfessionellen Schulen zu finden. Aber sonst stehen die Eltern der Schule im allgemeinen einzeln gegenüber. Wenn es hier etwas Kollektives gibt, dann handelt es sich meist um von den Massenmedien transportierte pädagogische Moden, denen aber keine soziale Wirklichkeit und vor allem auch keine Verbindlichkeit im Sinne der alten Milieus mehr entspricht.

Und der Staat: Er kann in seinen Schulen nicht erziehen, wenn er andererseits diesseits der Legalität alle wesentlichen normativen Entscheidungen freigegeben hat und deswegen den Schülern nicht mehr vorschreiben kann, wie sie sich in Alltagsfragen zu verhalten haben. In der Öffentlichkeit ist inzwischen alles erlaubt, was nicht per Gesetz verboten ist. Zu meiner Schulzeit konnte die Schule noch Rechenschaft über mein außerschulisches Freizeitverhalten verlangen, das war in der Schulordnung so vorgesehen und wurde im Konfliktfalle auch geltend gemacht, und dies weit vor einem Gesetzesverstoß; von einem Schüler wurde damals ein bestimmtes Verhalten in der Öffentlichkeit „selbstverständlich" erwartet, da wartete man nicht erst darauf, daß ein Gesetz übertreten wurde.

Merkwürdigerweise wird der Ruf nach „mehr Erziehung" in der Schule zu einem historischen Zeitpunkt laut, an dem die objektiven gesellschaftlichen Voraussetzungen dafür weitgehend entschwunden sind. Es ergibt also keinen Sinn mehr, einfach eine Liste des erzieherisch Wünschbaren aufzustellen und der Schule zu sagen, sie solle das alles nun auch verwirklichen. Und wie immer, wenn einer Idee die Wirklichkeit davongelaufen ist, für die sie einmal tragfähig war, entsteht daraus fast folgerichtig eine Ideologie. Ein großer Teil dessen, was sich heute schulpädagogisch fortschrittlich gibt, ist in diesem Sinne tatsächlich ideologisch geworden. Ich will das kurz an einigen Tendenzen erläutern, die sich daraus ergeben, um zum Abschluß kurz zu skizzieren, worin die erzieherischen Möglichkeiten der Schule auch heute noch liegen.

1. Die eigentliche unterrichtliche Aufgabe wird immer mehr zurückgedrängt zugunsten anderer für erzieherisch wichtig gehaltener Aufgaben. Die objektive Wirklichkeit, die der Unterricht ja aufklären soll, wird von daher sortiert und instrumentalisiert. In manchen Bundesländern ist bis in die Richtlinien hinein die „Handlungsorientierung" des Unterrichts nicht mehr eine methodische Variation, sondern ein didaktisches Gebot, das die Unterrichtsstoffe entsprechend vorsortiert. Aus einer derart multifunktional definierten Schule entsteht die Forderung nach dem multifunktionalen Lehrer, und das ist dann der entprofessionalisierte Lehrer, der nichts mehr richtig machen kann. Aus der Demontage des Unterrichts folgt die Demontage des Lehrers.

2. Über den Begriff der „Erziehung" werden, wenn man genauer hinsieht, im wesentlichen pädagogisch kaschierte ideologische Weltsichten transportiert, die sich gegenüber den realen gesellschaftlichen Bezügen verselbständigen. Deren wesentliche Stichworte sind „Ganzheitlichkeit" und „Integration". Vertrat die Schule früher im wesentlichen die Ideologie des ihr zugehörigen Milieus, so produziert sie als reformpädagogische nun eine eigene, und die ist gekennzeichnet durch einen anti-intellektuellen, anti-kognitiven und insofern auch gegenaufklärerischen Affekt, ferner durch Emotionalisierung und durch Überbetonen menschlicher Nähebeziehungen – alles Momente, die den Unterricht immer mehr entwerten. Eine Variante davon ist die vorgängige Moralisierung von Sachverhalten, die schon bis in manche Richtlinien vorgedrungen ist. Die Moralisierung der Welt tritt an die Stelle ihrer Aufklärung.

3. Unter dem Stichwort der „Sozialpädagogisierung" soll die Schule pädagogische Aufgaben der Kompensation oder gar der Nachsozialisierung übernehmen. Schwierige, lernschwache, geistig behinderte Kinder sollen in den Mittelpunkt der erzieherischen Arbeit rücken. Die Schule soll so zur umfassenden „Lebensschule" werden. Aber für derartige, an sich ungemein wichtige pädagogische Aufgaben ist die Schule nicht qualifiziert, rechtlich nicht verfaßt und auch nicht ausgestattet. Auf diese Weise wird die pädagogische Arbeitsteilung zwischen Familie, Schule und Jugendhilfe unterlaufen, anstatt zu einer produktiven, dem Wohl gerade des schwierigen und lernschwachen Kindes dienenden Zusammenarbeit zu führen. Daß Schule und Jugendhilfe rechtlich unterschiedlich geregelt sind, ist bedeutsam für unsere demokratische Verfassung: nämlich ein wesentliches Moment der Gewaltenteilung. Wenn man das ignoriert, droht die Schule zu einem pädagogischen Monopolisten zu werden, zu einem pädagogischen Leviathan.

Wozu ist die Schule da?

Zu 4: Die tatsächlichen erzieherischen Möglichkeiten der Schule

Wegen derartiger Fehlentwicklungen ist es nützlich, sich die tatsächlichen erzieherischen Möglichkeiten der Schule unter unseren Bedingungen der pluralistischen Sozialisation einmal knapp vor Augen zu führen. Ich sehe sie vor allem unter vier Aspekten.

1. Der Unterricht selbst hat eine erzieherische Implikation, die allerdings im Einzelfalle schwer zu kalkulieren und schon gar nicht planbar ist; denn er beschäftigt die Vorstellungskraft der Schüler und stattet sie mit formalen geistigen Fähigkeiten aus. Indem die Schüler sich in der Schule gerade nicht mit sich selbst bzw. ihrer aktuellen Befindlichkeit befassen, sondern mit geistigen Ansprüchen, die die Stoffe und damit auch die natürliche und kulturelle Wirklichkeit an sie stellen, werden sie z.B. auch mit Werten konfrontiert, an denen sie sich abarbeiten können.

Zudem fordert der Unterricht wichtige soziale Verhaltensweisen heraus: Einfühlungsvermögen, Toleranz, Zuhörenkönnen u.a.m.

2. Nicht zu unterschätzen ist die Wirkung, die immer noch von der Persönlichkeit der Lehrerinnen und Lehrer ausgeht: wie sie mit Schülern kommunizieren und sich Konflikten stellen, wie sie sich fachlich und didaktisch präsentieren, wie sie mit dem geistigen Gehalt ihrer Stoffe umgehen, wie sie zwischen persönlicher Meinung und sachlicher Information trennen usw. Nach wie vor können von Lehrerinnen und Lehrern bedeutsame Vorbildwirkungen ausgehen, auch wenn das nicht immer offensichtlich ist.

3. Diese beiden erzieherischen Implikationen des Unterrichts und des Lehrervorbilds können den Schülern allerdings

im Sinne einer Einwirkung nur angeboten werden; es steht ihnen aber frei, sie auch zu akzeptieren oder nicht. Das ist bei den schon von mir erwähnten institutionellen Regeln der Schule ganz anders; die können und müssen eingefordert und durchgesetzt werden. Sie sind im Grunde die einzige kollektive Vorgabe, die noch an den traditionellen Begriff von Erziehung erinnert. Die Schule erzieht für sich selbst, damit ihr Zweck, das Unterrichten, durchgeführt werden kann. Indem sie dies tut, lehrt sie zugleich die Regeln des vernünftigen und erfolgreichen öffentlichen Verhaltens.

4. Erzieherische Wirkung kann nicht zuletzt auch von der Art und Weise ausgehen, in der das soziale Miteinander in der Schule gestaltet wird. Dabei ist nicht nur an Stil und Ton des täglichen Umgangs und an die Möglichkeiten der formellen Mitbestimmung der Schüler zu denken, sondern auch an das, was man gemeinhin „Schulleben" nennt, also z.B. künstlerische Aufführungen, Feste und Feiern usw. Es widerspricht der Aufgabe der Schule ja nicht, wenn die Schüler sich dort wohl und sozial akzeptiert fühlen. Aber auch hier darf man die begrenzten Möglichkeiten nicht überziehen, die im Zweck der Schule beschlossen liegen.

Alle diese erzieherischen Einwirkungen gruppieren sich um die eigentliche Aufgabe der Schule: das Unterrichten. Wenn diese Kernaufgabe aus dem Blick gerät, wird alles andere konfus, willkürlich, zufällig und letzten Endes orientierungslos.

Die vorstehenden Überlegungen sind ausführlicher dargelegt und begründet in meinen Arbeiten: *Wozu ist die Schule da? Stuttgart 1996*, und: *Pädagogische Illusionen. Lehren aus 30 Jahren Bildungspolitik. Stuttgart 1998*.

Christa Meves, geb. 1925. Studium der Germanistik, Geographie und Philosophie, zusätzlich Studium der Psychologie.

Fachausbildung an den psychotherapeutischen Instituten Hannover und Göttingen. Freipraktizierende Kinder- und Jugendlichenpsychotherapeutin. Seit 1978 Mitherausgeberin der Wochenzeitung „Rheinischer Merkur".

Verliehene Auszeichnungen: 1974 Wilhelm Bölsche Medaille, 1976 Prix Amade, 1977 Goldmedaille des Herder-Verlags, 1978 Niedersächsischer Verdienstorden, 1979 Konrad-Adenauer-Preis der Deutschlandstiftung, 1982 Sonnenscheinmedaille der Aktion Sorgenkind, 1984 Medal of Merit, 1985 Bundesverdienstkreuz erster Klasse, 1995 Preis der Stiftung Abendländische Besinnung, 1996 Preis für Wissenschaftliche Publizistik, 2000 Preis der Vereinigung „Bürger fragen Journalisten", 2001 Deutscher Schulbuchpreis.

110 Buchpublikationen, Übersetzungen in 13 Sprachen. Gesamtauflage in deutscher Sprache über fünf Mio. Exemplare.

1. Vorsitzende des Vereins „Verantwortung für die Familie e.V."
Internet: http://www.christa-meves.de
E-Mail: email@christa-meves.de

Christa Meves

Voraussetzungen für Sozialisation und Leistungsfähigkeit

Die Voraussetzung für eine gesunde Erziehung, Selbsterziehung und Nacherziehung des Menschen ist eine gründliche Kenntnis darüber, auf welche Weise und unter welchen Bedingungen optimale Entfaltung möglich ist. Die Kenntnisse darüber mußten bisher in der Geschichte der Pädagogik ein Puzzlespiel bleiben. Der Umgang mit Kindern und die Reflexion über sich selbst ist ein sehr mühsamer Weg zur Wahrheit. Beschönigung, Selbsttäuschung und ideologischer Wunschtraum haben hier nicht selten hinderlich im Weg gestanden.

Einstieg zu mehr Objektivität wurde durch die Psychopathologie angeregt, durch deren Methode geduldiger und genauer Beobachtung seelischer Störungen mit dem Versuch, daraus therapeutische Verfahren zu entwickeln.*/** Fortschritte auf diesem Vorfeld konnten auch die Bemühungen von Kinderpsychotherapeuten um die Entstehung von Verhaltensstörungen erbringen, zumal es hier in den meisten Fällen möglich ist, durch die Befragung der Mütter Einblicke in die Vorgeschichte der Störungen zu erhalten.

Genauso wie die moderne Tiermedizin begann, z. B. die sinnlosen stereotypen Handlungen von gefangenen Tieren gründlich zu studieren, sie als Anzeichen von ungesunder Lebensbehinderung zu verstehen und dadurch zu heilen, daß man sich auf die Lebensbedingungen des Tieres besser einstellte, genauso konnten Kinderpsychotherapeuten an ihren kleinen Patienten lernen, was dem Menschen während seiner Entfaltung bekommt oder nicht bekommt, indem man das aus seinen Verhaltensauffälligkeiten abliest.

Daraus ließen sich Stufungen der seelischen Entfaltung des Menschen ableiten. Sensible Phasen, sogenannte Zeitfenster, für die Ausgestaltung spezifischer Antriebe und geistiger Funktionen ließen sich erkennen und unterscheiden – ein Ansatz, der durch die moderne Hirnforschung nachdrücklich bestärkt wird.

---

* Dührssen, Annemarie: Psychogene Erkrankungen bei Kindern und Jugendlichen, Göttingen 1954.
** Schwidder, Werner: Neoanalyse, München/Berlin 1959.

Voraussetzung für Sozialisation u. Leistungsfähigkeit

Es zeichnet sich ab, daß die Lebensentwicklung des Menschen von der Entfaltung primitivster Antriebe in der Kindheit bis zu höchsten geistigen, sozialen, religiösen Aufgaben im Erwachsenenalter ausgespannt ist.

Auf diesen Ansatz der Forschung kann sich eine sachgerechte Pädagogik eher aufbauen, als das bisher möglich war; denn viele unserer Anthropologien heute kranken noch daran, daß die Bedeutung einer Entfaltungsphase unzulässig verallgemeinert wird. Man kann z. B. die Notwendigkeit, daß in der frühen Kindheit die Triebimpulse geübt und entfaltet werden müssen, verallgemeinern, wie es Freud* tat, indem man alle geistigen Vollzüge unzulässigerweise zu Ersatzbefriedigungen von Trieben degradiert; das sind sie keineswegs, sie bauen nur auf diesen Stufen auf. Man kann aber auch umgekehrt die Notwendigkeit der Bewältigung und Übernahme überpersönlicher Aufgaben – wie sie vor allem in die Aufgabenbereiche der zweiten Lebenshälfte gehören – unzulässig verallgemeinern, indem man sie zu einem Zeitpunkt der Entwicklung fordert, an dem der Mensch noch nicht reif für sie ist – ein Fehler, der von einer theologisch orientierten Pädagogik lange Zeit praktiziert worden ist.

Richtig erziehen – so ergibt sich aus der neuen Forschung – heißt phasenspezifisch erziehen, d. h. so, daß eine Harmonie besteht zwischen den Reifungsschritten und den Anforderungen, die an ein Kind gestellt werden. Denn es gibt keine Entfaltung, die sich optimal und störungsfrei vollzieht, wenn Reifungsschritte übersprungen werden. Jede neue Entwicklungsstufe baut auf einer alten auf. Zwar wird an jeder neuen Schwelle etwas Altes abgestoßen, wie bei der Geburt die Eihaut, aber immer werden Substanzen oder Kräfte, die sich früher bildeten, in der neuen Lebensstufe als Funktionen gebraucht, um die neuen Aufgaben wirklich bewältigen zu können.*°

---

* Freud, Sigmund: Studienausgabe, 60 Bände. Frankfurt 1997.

Die Hirnforschung unterstreicht die Gewichtigkeit der Voraussetzung zu einer stabilen Sozialisation und geistiger Leistungsfähigkeit besonders *in statu nascendi* des Gehirns. Daraus hat man in den USA die Notwendigkeit einer breitflächigen Information der Bevölkerung und präventiver Maßnahmen durch die zuständigen Behörden abgeleitet. In Deutschland gibt es dafür bisher aber kaum einen Ansatz. Ich habe es mir deshalb in diesem Kapitel zum Ziel gesetzt, über die neuen Forschungsergebnisse, die für eine gelungene Sozialisation wichtig sind, zu informieren.*°/*/**/***

Zwei der überraschendsten und grundlegendsten Entdeckungen der Hirnforschung besagen, daß das Gehirn sich mit Hilfe der Außenwelt selbst formt und daß es entscheidende Entwicklungsphasen durchläuft, in denen die Gehirnzellen auf bestimmte Arten der Reizbeeinflussung angewiesen sind, um überhaupt irgendwelche Fähigkeiten aufbauen zu können. Die Forscher sind zu der Ansicht gelangt, daß unsere Gene – die chemischen Entwurfsvorlagen des Lebens – zwar die grundlegende Struktur des Gehirns aufbauen, daß dann aber sogleich die Umwelt das Steuer übernimmt und für unsere individuelle Endausstattung sorgt. Ein klarer Fall von Arbeitsteilung: Die Gene stellen die Bauteile zur Verfügung, und die jeweilige Umgebung, die Erfahrungen geben wie ein Architekt die Anweisungen zur Endmontage.

Es ist eine faszinierende Entdeckung, daß die Außenwelt in der Tat die eigentliche Nahrung des Gehirns darstellt. Das Gehirn verschlingt geradezu seine äußere Umgebung über seine

---

*° Meves, Christa: Erziehen lernen, Gräfelfing 2000; Mut zum Erziehen, Stein am Rhein 1997; Verhaltensstörungen bei Kindern, München 1997.

* Kotulak, Ronald: Die Reise ins Innere des Gehirns, Paderborn 1998.

** Hüther, Gerald: Bedienungsanleitung für ein menschliches Gehirn, Göttingen 2002.

*** Roth, Gerhard: Das Gehirn und seine Wirklichkeit, Frankfurt 1997.

Voraussetzung für Sozialisation u. Leistungsfähigkeit

Sinne: Sehen, Hören, Riechen, Fühlen und Schmecken. Dann wird die derart aufgesogene Welt in Form von Billionen von Verbindungen zwischen den Gehirnzellen wieder zusammengesetzt, den sog. Synapsen, die ständig wachsen und vergehen oder aber stärker oder schwächer werden – je nachdem, wie reichhaltig die Außeneindrücke gerade ausgefallen sind.

Das Gehirn eines Kleinkindes wächst und gedeiht also mit der Rückkopplung, die es von seiner Umwelt erhält. Das Gehirn selbst bildet sich durch die Erfahrungen, die das Kind macht, zum denkenden und fühlenden Organ heran. Diese Erfahrungen nimmt das Gehirn in Form von Klängen, visueller Stimulation, Berührungen, Gerüchen, Geschmacksreizen und durch die besonders wichtige Interaktion mit anderen Menschen auf. Das Gehirn ist ein Organ, das sich selbst strukturiert: Es wartet begierig auf neue Eindrücke. Diese Netzwerke können verkümmern, wenn mit den frühkindlichen Erfahrungen nicht auch eine entsprechende geistige Stimulation einhergeht – oder wenn sie mit Streß befrachtet sind. Ein Mangel an Ansprache kann das Gehirn geradezu lahmlegen. Emotional positiv Erlebtes hingegen fördert die Hirnentwicklung.

Weil am Lebensanfang, besonders in den ersten beiden Jahren, das Gehirn also zu wenig oder falsch stimuliert sein kann, sind deshalb bereits viele Schulanfänger schon vom ersten Schultag an mit intellektuellen oder psychischen Mängeln behaftet, die durch eine frühzeitige und angemessene geistige Stimulation hätten verhindert werden können. Das sind diejenigen, die später einmal bevorzugt zu Problemschülern werden oder gar völlig versagen. 80 % der Gefängnisinsassen in den Vereinigten Staaten haben die Schule vorzeitig abgebrochen. In Deutschland sind bereits 10 % der Hauptschüler nicht ausbildungsfähig, wenn sie die Schule verlassen. Aus ihnen rekrutiert sich ein erheblicher Teil unserer Arbeitslosen wie auch derjenigen Patienten, die trotz vieler psychotherapeutischer Versuche beträchtliche Heilhindernisse aufweisen, weil es ihnen an Durchhaltefähigkeit bei der Arbeit und an Belastbarkeit mangelt. Und gerade diese Schwierigkeit bewirkt eine geringe Therapierbarkeit.

Wenn auch das Gehirn über das ganze Leben hinweg grundsätzlich lernfähig bleibt und deshalb gewiß auch die Erziehungsarbeit in der gesamten Kindheit sehr wichtig ist, so ist doch kein anderer Lebensabschnitt mit der frühen Phase in der Kindheit an Lernfülle vergleichbar. Im Laufe der ersten drei Jahre baut das in vollständiger Abhängigkeit lebende Kind, wenn es angemessen gepflegt wird, ein enorm komplexes Gehirn zusammen – das es ihm ermöglicht, zu sprechen, Anteil zu nehmen, zu lieben, zu spielen, Erkundungen vorzunehmen und eine einzigartige emotionale Persönlichkeit zu entwickeln. Aber eben: Diese Emotionalität läßt sich negativ besetzen, mit Angst statt mit Vertrauen, mit Mißstimmung statt mit Lebenskraft, mit Unzufriedenheit statt mit Zuwendungsbereitschaft. Überläßt man das Kind im Unmaß sich selbst, läßt man den Säugling über Stunden schreien, so verwelken die Synapsen. Das Gehirn bleibt leer.

Die neue Forschung hat damit also gezeigt, daß ein Kind, das liebevolle, anteilnehmende Eltern hat und dem eine angemessene Vorschulerziehung oder sonst eine Förderung mit angemessenem erzieherischem Aspekt zuteil wird, daß ein solches Kind also bis zu seinem vierten Lebensjahr ca. 700.000 positive Verknüpfungen in seinem sich entwickelnden „Hirn-Computer" herstellt. Ein Kind dagegen, das eher sich selbst überlassen wird, das Eltern hat, die ihren erzieherischen Aufgaben nicht nachkommen, hat ungefähr nur 150.000 solcher positiven Verknüpfungen herstellen können – das heißt weniger als ein Viertel.

Auswirkungen dieser Art sind praktisch arbeitenden Kinder- und Jugendlichenpsychotherapeuten längst bekannt. Die Schultz-Hencke-Schule spricht in diesem Zusammenhang von

Voraussetzung für Sozialisation u. Leistungsfähigkeit

der neurotischen Depression und der neurotischen Verwahrlosung – zwei Störungen, die oft bereits im Kindergarten, erst recht aber bereits im Grundschulalter mit Primordialsymptomen besonders als Unruhe, Unangepaßtheit und Lernschwierigkeiten in Erscheinung treten. Im Erwachsenenalter können diesen sowohl Süchte, chronische Versagenszustände, ja unter Umständen sogar Gewalt- und Raubkriminalität aufsitzen.

Ist also die Basis brüchig, resultiert daraus häufig ein instabiles Lebensgefüge. Die Stimmung schwankt unbefriedigt zwischen Resignation, Aggression und Gier, wodurch sich die Leistungsstörungen in der Schule verstärken und Teufelskreise heraufbeschwören.

Es ist also sowohl durch psychotherapeutische Erfahrung wie durch die neue Hirnforschung deutlich zutage getreten, wie leicht manches im Gehirn aus dem Ruder laufen kann. Deshalb sind Informationen dieser Art dringend nötig, um einen Teil jener Schädigungen zu vermeiden, die heute die Zukunft gefährden und eine angemessene Sozialisation und Bindungsfähigkeit mindern können.

Die wichtigste der neuen neurologischen Entdeckungen ist wahrscheinlich die Bestätigung der psychotherapeutischen Erfahrung, daß das Gehirn sich durch Übung ständig verbessert und durch Nichtgebrauch geradezu „einrostet". Was das Gehirn zu vollbringen imstande ist, hängt also davon ab, ob es benutzt wird oder nicht bzw. wie es benutzt wird. Das Gehirn ist die ultimative Maschine, die entweder in Gebrauch genommen wird oder langsam aber sicher aufgegeben wird – und es ist stets erpicht darauf, neue Fertigkeiten zu erlernen. Und hier spielen die Erlebnisse positiver Erfahrungen die allergrößte Rolle. Durch gekonnte Vermittlung, durch Liebe, entfaltet sich sowohl die Soziabilität wie die Intelligenz.

Die Außeneindrücke in den ersten Lebensjahren fließen also durch „Fenster" in das Gehirn ein, die nur für eine kurze Zeit geöffnet bleiben. Diese Entwicklungsfenster treten, so wissen die Hirnforscher jetzt, von der Geburt an bis zum 12. Lebensjahr jeweils in spezifischen Phasen auf, in denen das Gehirn am eifrigsten das von seiner Umgebung lernt, was in der jeweiligen Phase „dran" ist. In diesem Zeitraum – insbesondere während der ersten drei Lebensjahre – werden die Grundlagen für vielerlei Verhaltensmuster gelegt, z. B. für die Fähigkeit, angemessen mit dem Nahrungstrieb umzugehen, sich zu binden, sich zu verteidigen und als Vier- bis Fünfjährige seine geschlechtliche Identität zu finden und zu akzeptieren – oder bei verwirrenden Erlebnissen eventuell auch nicht.

In den ersten Jahren lernt das Kind seine elementaren Bedürfnisse nach Sättigung, Bindung, Zärtlichkeit, Selbstbehauptung und Besitz zu befriedigen – oder es wird in einer seelisch krankmachenden Weise daran gehindert. Deshalb ist die frühe Lernphase von so großer Bedeutung; denn – so fügt jetzt die Hirnforschung hinzu – danach schließen sich die entsprechenden Fenster wieder. Ein wesentlicher Teil des Gehirnaufbaus ist damit beendet. Es ist eine Art Nichtumkehrbarkeit, die dann einsetzt. In den frühen Phasen haben wir diesen Formungsprozeß, und dann, am Ende dieses Prozesses – im Alter von zwei, drei oder auch vier Jahren –, steht da der fertige Prototyp eines Gehirns, das sich in den wesentlichsten Bereichen wahrscheinlich nicht mehr allzusehr verändern wird.

Wird also das Gehirn in diesen frühen Entwicklungsstadien Gewalt, Streß oder anderen Formen umweltbedingter Belastungen ausgesetzt, so kann das zur Folge haben, daß das Gehirn quasi mit „überhöhter Drehzahl" arbeitet und so Gefahr läuft, impulsive Handlungen oder z.B. Bluthochdruck auszulösen. Das kann schon im Mutterleib passieren, wenn der Fötus unvorhersehbaren Belastungen ausgesetzt wird. Er entwickelt dann ein ängstliches, ein schock-bereites Wesen. Ein intensives Kümmern um Säuglinge und Kleinkinder hat jedoch eine gegenteilige Wirkung: Es vermittelt ihm Selbstvertrauen und einen verstärkten Forscherdrang.

Das gilt auch für Frühgeborene. Diejenigen, deren Sinneswahrnehmung dadurch aktiviert wird, daß sie im Arm gehalten und liebkost werden, machen schnellere Fortschritte. Sie erreichen schneller ein Normalgewicht. Diese im sog. „Känguruh-Prinzip" gehaltenen Frühgeborenen sind später geistig beweglicher und körperlich widerstandsfähiger als solche, die routinemäßig in Inkubatoren isoliert bleiben. In den USA werden deshalb Mütter in den Kliniken dazu angehalten, das zu früh geborene Kind an ihrem Leib zu tragen. Und diese Notwendigkeit: diesen Kindern besonders viel emotionale Zuwendung zuteil werden zu lassen, gilt für sie durch die ganze Kindheit hindurch.

Eine der erstaunlichsten Entdeckungen der Hirnforschung besagt, daß die durch negative Erfahrungen erzeugten Belastungen sogar die Gene beeinträchtigen können – sie werden dann zur falschen Zeit ein- oder ausgeschaltet, und das veranlaßt sie, anomale synaptische Netzwerkstrukturen zu bilden. Das bedeutet, daß die Umwelteinflüsse, die von außen kommen und bereits vom Zeitpunkt der Empfängnis an ihre Wirkung tun, bei diesem Prozeß eine Hauptrolle spielen. Die Umwelteinflüsse formen eben unsere Individualität, indem sie die Botschaft unserer Gene beeinflussen.

Schlechte Erfahrungen wirken auf das Gehirn in erster Linie über die Streßhormone, wie etwa Kortison oder Adrenalin. Diese Hormone sind für den Umgang mit Gefahren sowohl auf der psychischen wie auf der körperlichen Ebene bestimmt und bereiten den Körper auf Kampf oder Flucht vor. Gehirn und Körper werden darauf vorbereitet, in Aktion zu treten, wenn es geboten scheint, und wieder zur Ruhe gebracht, wenn die Gefahr vorüber ist. Werden diese Hormone jedoch aufgrund länger andauernder Belastungssituationen während der embryonalen Entwicklung oder in früher Kindheit zur Überaktivität veranlaßt, dann können sie – ähnlich wie eine Bande Terroristen – die genetische Steuerung übernehmen. Die terrorisierten Gene bauen daraufhin mißgestaltete Netzwerkstrukturen synaptischer Verbindungen zusammen und prägen dem Gehirn so die Ergebnisse seines fehlerhaften Lernprozesses fest ein: z. B. ein Angstanfall anstelle eines klaren Signals zwischen den Zellen, eine depressive Phase anstatt zufriedener Gedankengänge, Wutanfälle anstelle von Kompromißbereitschaft.

Heute können wir also mit Hilfe der Hirnforschung klarer erkennen, wie bei einem Kind aus ungünstigen Erfahrungen Lernbehinderungen und Charakterneurosen entstehen. Es liegt keineswegs nur an einem angeborenen genetischen Defekt oder einer physischen Verletzung des Gehirns, sondern oft an einer unzureichenden Pflege, die im Säuglingsalter vollzogen wird. Wir sehen, wie das Gehirn destabilisiert werden kann und wie diese Instabilität eine Reihe von neurologischen Zuständen erzeugt, die beim modernen Menschen mehr als häufig anzutreffen sind.

Ronald Kotulak, ein amerikanischer Interpret der Hirnforschungsergebnisse, zieht folgende Bilanz: Streß schaltet durch hormonelle Vermittlung Gene ein, die im Gedächtnis die Erinnerungsspur eines schlechten Gefühls hinterlassen. Kommt dann ein etwas schwächerer Streßimpuls hinzu, so wird die gleiche Erinnerungsspur zu neuem Leben erweckt und verstärkt. Jetzt fühlt sich der Betroffene nicht mehr einfach nur unwohl – er wird depressiv oder panisch vor Angst. Nach einigen wiederholten Verstärkungen verselbständigt sich schließlich die unerwünschte Erinnerungsspur. Sie entfaltet – auch ohne einen Auslöser von außen – ihre unselige Aktivität aufs Geratewohl und erzeugt so eine Depression oder auch freiflottierende Ängste, oder auch z. B. einen Amoklauf, auf dem Boden eines viel zu hohen Pegels an Aggressivität.

Diese neuen Forschungsergebnisse machen es notwendig,

die ideologischen Vorstellungen von einer Sozialisation des Kindes am besten durch die Teilnahme an Gruppen mit Gleichaltrigen zum alten Eisen zu werfen. So unumgänglich zwar für elternlose Kinder Säuglingskrippen sein müssen, so wenig ist es angezeigt, diese Frühpflegeform als Vorbereitung zur Sozialisation zu einem optimalen Erziehungskonzept zu erheben. Mehr als ein Notbehelf sollten Säuglingskrippen und Kindertagesstätten im Kleinkindalter nicht sein. Nachweislich entwickeln diejenigen Kinder mehr Ausgeglichenheit, mehr Konzentrationsfähigkeit und damit auch bessere Lernfähigkeit, wenn sie in den ersten Lebensjahren individuell von einer möglichst konstanten Hauptpflegeperson betreut worden sind. Am besten ist das immer noch die Mutter, da sie mit Hilfe von Hormonen intensiv auf die Pflege des Kleinkindes eingestellt wird. Das Konzept, mit Hilfe von flächendeckend eingerichteten Betreuungseinrichtungen für Säuglinge und Kleinkinder durch die öffentliche Hand Kinder zu fördern, ist deshalb unangemessen und muß durch die neuen wissenschaftlichen Belege als unzureichend erkannt und überwunden werden. Bereits die genetisch bedingte absolute individuelle Eigenart jedes einzelnen Kindes erfordert eine sorgsame, hellhörige individuelle Betreuung durch die Angehörigen. Es muß aufgrund der neuen Forschungsergebnisse zur Pflicht der Pädagogik erhoben werden, dem verdummenden Konzept der Frühkollektivierung durch angemessene Modelle, die die Familie unterstützen, fördern und unterrichten, entgegenzuwirken.

Der dramatische Anstieg seelischer Beeinträchtigungen wird heute darüber hinaus durch ungünstige Rahmenbedingungen und Gepflogenheiten in den Gesellschaften der Industrienationen noch zusätzlich erschwert: Die tägliche Durchschnittsdauer elterlicher Zuwendung wird ständig verkürzt, weil immer häufiger beide Elternteile berufstätig sind bzw. sein müssen. Überforderung und feministische Riesenansprüche haben daran mitgewirkt, daß sich die Scheidungsrate in den vergangenen Jahrzehnten verdoppelt hat. Auch das hat ein Aufwachsen in stabiler Geborgenheit häufig gemindert.

Allerdings verfügt das Gehirn auch über eine außerordentliche Widerstandsfähigkeit und behält angesichts der außergewöhnlichsten Situationen dennoch einen sicheren Kurs bei. Daher entwickeln sich auch sogar die meisten Kinder, die in eine verelendete oder von Gewalt geprägte Umgebung hineingeboren werden, trotzdem noch relativ normal. Andere Kinder tragen bereits bei geringster Belastung einen Schaden davon, weil sie genetisch bedingt anfälliger für Streß sind. Manchmal kommt noch hinzu, daß schlechte Erfahrungen in solchen Fällen leider nicht von einem fürsorgenden Elternteil oder sonst einem verantwortlichen Erwachsenen neutralisiert werden und sich durch falsche Pflegevorschriften verstärken.

Die Ergebnisse derartiger Untersuchungen können hilfreich sein bei der Verbesserung unserer Schulsituation ebenso wie beim Verstehen des starken Anstiegs irreversibler psychischer Störungen, die schon in den ersten Schuljahren in Erscheinung treten. Die geradezu epidemische Ausbreitung geistig-seelischer Störungen war für viele Fachleute bisher ein unerklärliches Faktum. Während der vergangenen 25 Jahre hat sich die Zahl verhaltensgestörter Klein- und Schulkinder sowie die Zahl depressiver, oft sogar junger Menschen, die der Selbstmordversuche, die Anzahl von Gewaltverbrechen sowie der Fälle von Alkohol- und Drogenmißbrauch in den Industrienationen oft mehr als verdoppelt.

Daß das Gehirn – besonders in den drei ersten Lebensjahren – einer intensiven angemessenen Pflege bedarf, um zu gedeihen, ist eine Erkenntnis von größter Bedeutung für die elterliche Fürsorge wie für gesellschaftliche Maßnahmen zur Neurosenprophylaxe. Der US-Forscher Stanley Greenspan hat einmal gesagt: Eltern und Familie seien für ein Kind von so unverzichtbarer

Wichtigkeit, daß man, wenn es sie nicht gäbe, sie schleunigst erfinden müßte. Denn während für den Aufbau des Gehirns die Natur die Materialien zur Verfügung stellt, heißt der Architekt, der diese dann zusammenfügt, Erfahrung.*

Diese Erkenntnis stellt uns vor einen moralischen und sozialen Imperativ, der da lautet: Wir müssen die seelischen Schäden verhindern oder sie wenigstens rechtzeitig heilen, wenn während der entscheidenden Entwicklungsphasen des Gehirns vor der Geburt und in der Kindheit ein Mangel an geeigneter Stimulation oder andere Noxen, wie z. B. unzureichende Anregung und ängstigende Erlebnisse, psychische Schäden hervorgerufen haben.

Es ist eine zentral-wichtige Aufgabe der Pflegenden zu erreichen, daß ihr Einwirken für das Kind positiv ist. Das läßt sich am ehesten erfüllen, wenn ihm seine natürlichen Bedürfnisse nach Sättigung, Bindung, Anregung, Zärtlichkeit und Geborgenheit erfüllt werden.

Was für eine Erkenntnis! Von der Entfaltung einer positiven Emotionalität hängt in einem erheblichen Ausmaß die spätere Lern- und Leistungsfähigkeit des Schulkindes ab. Es ist deshalb sogar auch unangemessen, den Halbtagskindergarten im Vorschulalter zu einer Zwangseinrichtung zu machen. So sinnvoll es ist, seelisch gesunde Kleinkinder vom 4. Lebensjahr ab an Gruppen von Gleichaltrigen zu gewöhnen und sie spezifisch anzuregen, so wenig angemessen ist es, jedes Kind von einem von außen bestimmten Zeitpunkt dazu zu nötigen. Auch hier sollte eine sorgfältige Beachtung der kindlichen Reife Priorität haben.

Die Entfaltungsbedingungen unserer Spezies erfordern also eine riesige Investition der Gesellschaft vornehmlich durch die geistige und materielle Unterstützung der Eltern für ihre

---

* Greenspan, Stanley: The Growth of the Mind, Addison-Wesley 1997.

Kinder, um deren Potential überhaupt zur Entfaltung zu bringen. Der Präsident der Carnegie Corporation in New York erklärt: „Für all die Greuel, die wir unseren Kindern heute antun, bezahlen wir bereits jetzt einen hohen Preis – in Form von wirtschaftlicher Ineffektivität, Produktivitätsverlust, Mangel an Fachkenntnis, hohen Kosten für medizinische Versorgung, ständig steigenden Kosten für den Strafvollzug und mit einem schon ziemlich beschädigten Sozialgefüge."*

Unser Verein „Verantwortung für die Familie e.V." hat aus den Erfahrungen der 30jährigen psychotherapeutischen Praxis ein Konzept zur Neurosenprophylaxe entwickelt und bringt das in Faltblättern seit mehreren Jahren im deutschsprachigen Raum zur Verteilung. Folgende Maßnahmen sollten in den ersten drei Lebensjahren u.a. nach Möglichkeit unbedingt befolgt werden:

1. Jedes gesund geborene Kind sollte in seinen ersten Lebensstunden unmittelbar am Leib der Mutter gehalten werden. Die Geburt ist für das Kind ein nicht selten beängstigender Vorgang. Es bedarf der Beruhigung und findet diese nachweislich am besten in der Leibnähe der Mutter, da es ihre Stimme und ihren Herzschlag bereits kennt.

2. Das Kind sollte so bald als möglich an der mütterlichen Brust angelegt werden, immer dann, wenn es zu schreien beginnt. Die häufige Saugtätigkeit des Kindes stimuliert die Milchproduktion und ist die Voraussetzung dafür, daß fast jede Mutter soviel Milch zu produzieren vermag, wie ihr Kind benötigt.

3. Aus diesem Grunde sollte das Neugeborene Tag und Nacht in der unmittelbaren Nähe der Mutter gehalten und viel von ihr angesprochen werden. In den Wachphasen am Tag sollte man das Kind spielerisch anregen.

4. Diese Bemühungen der Mutter (und des Vaters) zahlen

---

* McEwen, Bruce, in Kotulak, a.a.O.

sich später hundertfältig aus. Kinder, die Geborgenheit, Bindung und Liebe erlebten, erbringen später z. B. bessere schulische Leistungen als mit unnatürlichen Maßnahmen behandelte Säuglinge.

5. Man sollte das Kind während der ersten drei Lebensjahre nicht ohne Not in fremde Hände geben. Jede verläßliche persönliche Betreuung des Säuglings ist deshalb besser als Kollektivversorgung in Kinderkrippen mit wechselnden Bezugspersonen.

6. Säuglinge sollten nicht ohne Not in Kinderkrippen, Kleinkinder nicht in Tagesstätten untergebracht werden; ja selbst der Halbtagskindergarten sollte erst dann besucht werden, wenn das Kind diese Maßnahmen verstehen und akzeptieren kann.

7. Es ist wichtig, sich Zeit für das Kind zu nehmen, um eine vertraute Beziehung zu ihm aufzubauen. Es ist deshalb nötig, sich immer einmal auch als einzelne Person allein mit dem einzelnen Kind zu beschäftigen. Das Gefühl von Zusammenhalt, von Verläßlichkeit und Geborgenheit läßt sich nur so vermitteln.

Die Interessen des Kindes sollten beobachtet werden. Die sich abzeichnenden besonderen Neigungen und Begabungen sollten früh schon gefördert werden.*

Resümee:

Die Familie hat sich als absolut unaufgebbar erwiesen. Gerade durch die vielen negativen Auswirkungen eines unnachdenklichen Übermaßes an rigoros in Anspruch genommener Freiheit hat sich das bestätigt.

Die ersten drei Lebensjahre sind von erheblicher Bedeutung für die spätere Entwicklung eines Kindes – die Außenwelt wird

---

* Meves, Christa: Aufbruch zu einer christlichen Kulturrevolution, Stein am Rhein 2002.

dazu benutzt, um das Gehirn zu formen. In seiner Entwicklung durchläuft es entscheidende Phasen, in denen Vorhandensein oder Abwesenheit von Stimuli lebenslang andauernde Auswirkungen nach sich ziehen können, sowohl gute wie auch schlechte. Ansprache, Bilder, Musik, positive Interaktionen und ein möglichst kleines Maß an Streß, viel Berührung und Streicheln und allmählich der Erwerb von Kulturtechniken – das alles sind Grundvoraussetzungen dafür, daß ein Gehirn – und damit Emotionalität und später Intelligenz – sich positiv entwickeln können und Heilhindernisse eingedämmt werden.*

Ebenso wichtig wie tröstlich ist die Erkenntnis, daß die Reversibilität negativer Erlebnisse bis ins 12. Lebensjahr gegeben zu sein scheint. Aber auch gerade dieses Forschungsergebnis verleiht der Erziehungsarbeit in der Familie durch die gesamte Kindheit hindurch die allergrößte Bedeutung; denn noch können Defizite aus der Frühphase nachgeholt werden. Später nicht mehr.

Sowohl die neue Hirnforschung wie die negativen Ergebnisse der Psychopathologie in den vergangenen 30 Jahren** bedeuten eine innenpolitische Herausforderung für Europa. Unser Verband, VFA, Verantwortung für die Familie, fordert seit Jahrzehnten mit immer neuen Sammlungen von Tausenden Unterschriften, die den entsprechenden Regierungen übermittelt wurden, ein Müttergehalt: erstens, um durch angemessene Voraussetzungen zur Sozialisation des Kindes und zur Entfaltung seines Gehirns bessere Schulleistungen der Kinder zu erwirken; zweitens, um der seelischen Gesundheit der jungen Generation willen; drittens, um die Gefahr der Existenzbedrohung durch Geburtenschwund, Arbeitslosigkeit und dem Unbezahlbarwerden

---

* Eliot, Lise: Was geht da drinnen vor? Die Gehirnentwicklung in den ersten fünf Lebensjahren, Berlin 1999.
** Meves, Christa: Verhaltensstörungen bei Kindern, München 1992.

der chronischen seelischen Erkrankungen abzuwenden; viertens, um den Ehefrauen aus der Abhängigkeit von ihren Ehemännern herauszuhelfen; und fünftens, um den Müttern nach der Phase der Familientätigkeit zu neuen Berufen oder zum Wiedereinstieg in ihre alten Berufe zu verhelfen. Wir Frauen heute haben eine Lebenserwartung von 80 Jahren. Wenn wir genug Hilfe erhalten, können wir nacheinander beide Tätigkeitsformen in die Gesellschaft einbringen, die Familienarbeit wie auch die Berufsarbeit. Neue Statistiken bestätigen, daß es genau dieses ist, was die Mehrheit der Frauen sich wünscht. Deshalb ist die Aufwertung der Erziehungsarbeit und die Unterstützung der Familie eine zwingende Notwendigkeit geworden. Ohne sie wird es keine Zukunft geben. Mutterschaft endlich den Status eines Berufs mit Rentenanspruch zuzubilligen – wie unser Verband das immer neu, aber bisher vergeblich den Instanzen abgefordert hat – wäre logische Konsequenz von Forschung und Erfahrung.

Es gilt zu erkennen: Wir befinden uns bereits in einem demographischen Notstand. Sein oder Nichtsein des Abendlandes wird davon abhängen, ob wir in später Stunde bereit sind zu handeln und das Steuer herumzureißen.

Claudia Ludwig, geb. 1949.
Von 1974 bis 1990 Studienrätin an einer Hamburger Haupt- und Realschule, 11 Jahre stellvertretende Schulleiterin, Fächer: Deutsch, Englisch, Biologie, Ethik und Religion.
Seit 1990 freiberufliche Kommunikations-Trainerin mit den Schwerpunkten: Persönlichkeits-Training, Führung und Motivation, Sprache und Sprechen.
Seit 2000 1. Vorsitzende Lebendige deutsche Sprache e.V. (Für sofortigen STOP der Rechtschreibreform).
Seit 2003 Leiterin der Kommission Schul- und Bildungspolitik des Wirtschaftsrats der CDU, Hamburg.
www.lebendigesprache.de

Claudia Ludwig

Ohne Kulturtechniken keine Bildung

Die Ergebnisse der PISA-Studie und das dramatisch schlechte Abschneiden von Schülern in Deutschland rief verschiedene Reaktionen hervor: einen Schock bekamen alle die, die sich schon lange nicht mehr mit Schule von innen beschäftigt hatten – dazu gehörten auch viele Politiker und Kultusminister! Genugtuung empfanden die, die als Schulkenner diese Beobachtungen selbst seit langem gemacht hatten und sich nun bestätigt sahen. Und die „Reformer" ignorierten ihre Beteiligung am Ergebnis und forderten lautstark: kein Sitzenbleiben mehr, keine „Selektion", kein Abbau der Gesamtschulen, Ganztagsschulen für alle.

Ein weiterer Vergleich, nämlich der zwischen den Bundesländern, machte die Sache noch interessanter, PISA-E erschien. Und hier gab es eine klare Aussage: die CDU-regierten Länder lagen klar vor den SPD-regierten. Bayern hätte im internationalen Vergleich sogar Platz 7 oder 8 belegt. Auch dies führte natürlich zu den unterschiedlichsten Reaktionen. Hingewiesen sei an dieser Stelle nur auf den immer wieder durch die Medien geisternden Vorwurf, Bayern habe zu wenig Abiturienten. Im Gegensatz zu Hamburg, das an PISA gar nicht erst teilgenommen hat (warum wohl?), dafür aber eine Abiturientenquote von ca. 42 % aufweist, machen in Bayern nur etwa 19 % eines Jahrgangs das Abitur. Hier soll Quantität Qualität ersetzen – ein folgenschwerer Fehler!

Schließlich begannen endlose – leider nur oberflächliche – Diskussionen, die sich ausschließlich in Schuldzuweisungen und einseitigen Interpretationen der Forschungsergebnisse ergingen. Die einen warfen den anderen vor, die Schüler nicht richtig auszubilden, zu wenig oder zu viel des einen oder anderen von ihnen zu verlangen. Aber egal, wer was meinte, alle forderten die Ganztagsschule, denn die PISA-Sieger, so konnte man allerorten vernehmen, würden ihre Schüler alle in Ganztagsschulen schicken – und zwar in solche, die nicht „selektierten".

Übersehen aber haben dabei manche Experten, daß die Länder, die bei dieser Studie noch schlechter abgeschnitten haben als Deutschland – und das sind immerhin zehn –, ihre Kinder ebenfalls in Ganztagsschulen unterrichten lassen. Auch übersehen haben sie, daß sich das Konzept der Ganztagsschule in Finnland auf das einer Ganztagsschule in den USA nicht übertragen läßt, daß die Schule in Japan – auch wenn sie ebenfalls Ganztagsschule ist – wieder völlig anders strukturiert ist, und daß hier nur gleichlautende Verpackungen miteinander verglichen werden. Über Inhalte aber müssen wir sprechen!

Auf jeden Fall hat die PISA-Studie das Thema Schule

Ohne Kulturtechniken keine Bildung

zumindest für einige Zeit ins Bewußtsein der Öffentlichkeit gerückt. Nun gilt es, die Gunst der Stunde zu nutzen und Verbesserungen anzugehen. Dazu müssen aber erst einmal Ursachenforschung betrieben und die Auswirkungen bestimmter Veränderungen analysiert werden – und das möglichst differenziert.

Natürlich hat die PISA-Studie auch den seit Jahren vorgebrachten Klagen von Ausbildungsleitern und Ausbildungsbeauftragten verschiedenster Unternehmen und den Professoren vieler Universitäten recht gegeben. Sie haben immer wieder davon berichtet, daß sie, bevor sie ihre eigentliche Arbeit mit den jungen Menschen beginnen könnten, erst einmal Kurse in Rechtschreibung, Textverständnis, ja sogar in den Grundrechenarten anbieten müßten, um überhaupt verstanden zu werden. Ein Grund dafür, daß sich die Studienzeiten in den letzten Jahren so verlängert haben?

Es muß festgestellt werden, daß die Bildungsdefizite, die bei jungen Menschen zunehmend auftreten und die im übrigen auch die PISA-Studie dokumentiert, sich nicht vorrangig auf die Lerninhalte der weiterführenden Schulen beziehen, sondern eindeutig auf die der Grundschule. Denn die Grundschule bildet sozusagen das Fundament allen Lernens und Weiterlernens. In der Grundschule werden die Voraussetzungen für das Lernen, für eine spätere Ausbildung, ja für Bildung im wahrsten Sinne des Wortes überhaupt erst geschaffen. Der Unterricht in der Grundschule muß daher klare Ziele verfolgen und darf Schüler nur mit bestimmten Fähigkeiten aus der vierten Klasse entlassen – wie z.B. Deutsch sprechen, lesen, schreiben und rechnen können. Sonst hat Grundschule ihren Auftrag nicht erfüllt.

Inwieweit die Grundschule diese Forderungen erfüllt, wie zuverlässig sie ihren Schülern die Kulturtechniken vermittelt, wie gut oder schlecht sie auf die weiterführenden Schulen vorbereitet, das soll im folgenden thematisiert werden. Dabei wird

Claudia Ludwig

manches – um es deutlich hervorzuheben – vielleicht ein wenig überzeichnet, manche Aussagen sind sicher zu relativieren, manches trifft für bestimmte Grundschulen sicher nicht zu, manches ist vielleicht sogar noch verharmlosend dargestellt. Wichtig ist mir, die gravierenden Veränderungen, die in der Grundschule fernab allen öffentlichen Interesses stattgefunden haben, bewußtzumachen und auf den Zusammenhang hinzuweisen, der zwischen den neuen Methoden und den schlechten PISA-Ergebnissen in Deutschland durchaus besteht.

Grundschule heute

Bis Ende der 60er Jahre war es noch selbstverständlich, daß fast alle Kinder in der Grundschule u. a. das freie Sprechen, das Lesen, Schreiben und Rechnen erlernten. Fast alle Schüler, die die vierte Klasse der Grundschule verließen, hatten stapelweise Hefte vollgeschrieben, unendliche Rechentürme gerechnet und eine Vorstellung davon, wie groß ein Viertel oder ein Drittel war. Sie hatten gelernt, dem Lehrer zuzuhören, Aufgaben zu erledigen und ein Heft zu führen. In den ersten vier Jahren ihres Schullebens waren sie mit etlichen Büchern in Kontakt gekommen, hatten ihnen Aufgaben entnommen, Texte aus ihnen abgeschrieben, sie gelesen, Gelesenes mündlich wiedergegeben oder sich schriftlich damit auseinandergesetzt.

Sie hatten gelernt, daß man Bücher liest, daß sie wertvoll sind, man sie deshalb einzuschlagen und sorgfältig zu behandeln hat; und daß man in Hefte schreibt, zeichnet oder malt. Klar war fast jedem Grundschüler, daß unsere Sprache aus Lauten und Buchstaben besteht, die zusammengelesen oder zusammengesetzt Wörter, Sätze und Texte ergeben. Alle Schüler beherrschten diese Zeichen, konnten sie lesen und schreiben, denn sie hatten sie unzählige Male selbst gelesen und geschrieben. Und

Ohne Kulturtechniken keine Bildung

sie hatten vieles auswendig gelernt: Reime, Gedichte, erste Merksätze und das Einmaleins.

Das alles wurde Ende der 60er Jahre von progressiven Erziehungswissenschaftlern und ebensolchen Politikern für veraltet erklärt. Das Auswendiglernen wurde zur Geißel einer unbeschwerten Kindheit und erhielt das Prädikat stur. Das Abschreiben von Texten war stupide und sollte fortan möglichst nicht mehr stattfinden. Dafür hielten Kreativität, Spaß, Selbstentfaltung und Vielfalt Einzug in die ersten Klassen. Das ist ja an sich nichts Schlechtes, doch ohne fachliches Wissen, ohne Basis, ohne Anleitung und Führung verkommt Kreativität zum Selbstzweck. Auch das Erlernen einzelner Buchstaben und das dümmliche Zusammenlesen einzelner Silben fand unter den kritischen Augen der Reformer keine Gnade mehr und wurde vom Erlernen ganzer Wörter verdrängt. Die Ganzwortmethode war geboren.

Parallel dazu fand die Mengenlehre Eingang in den Mathematikunterricht der Grundschule. Mit ihr sollte das logische Denken besser geschult werden. Leider erwiesen sich sowohl die Ganzwortmethode als auch die Mengenlehre als nicht wirklich grundschul-kompatibel, und so verschwanden sie leise wieder in der Versenkung. Nicht ohne eine Vielzahl von Kindern zu hinterlassen, die nun leider nicht richtig schreiben und nicht richtig rechnen konnten. Zur Rechenschaft gezogen wurde niemand. Das Versagen wurde allein den Lehrern oder den Kindern angelastet, nicht der falschen Methode und schon gar nicht denen, die sie verantwortungslos in der Grundschule eingeführt hatten: den Schulpolitikern.

Die Ganzwortmethode verschwand allerdings nicht völlig, sondern überlebte in abgemilderter Form als analytisch-synthetische Methode in den meisten Grundschulen. Für die Kinder kein wirklicher Fortschritt. Sie werden immer noch in ihren ersten Deutschstunden mit ganzen Wörtern konfrontiert, die dann in die Einzelbuchstaben zerlegt werden. Für sprachlich besonders schwach begabte Kinder ein Unglück!

Damit aber nicht genug: Eine wahre Reformwelle schwappte – völlig unbeachtet von Öffentlichkeit und Medien – in die Grundschulen und führte zu gravierenden Veränderungen; allerdings – und das verdient besondere Beachtung – betreffen diese fast ausschließlich die SPD-regierten Länder. Die CDU verfolgte – gerade in der Grundschule – eine weiterhin konservative Schulpolitik und sollte damit, wie die PISA-E-Studie ja deutlich zeigt, recht behalten.

Die eindeutig politisch motivierten Reformen waren getragen von dem erklärten Willen, mehr Kindern einen höherwertigen Schulabschluß zu ermöglichen. So haben Landesregierungen über ihre Kultus-, Bildungs- oder Schulministerien immer mehr „reformerische" Ideen in die Schulen getragen, die vor allem den sozial Benachteiligten eine größtmögliche Chancengleichheit garantieren sollten. Dazu gehörte die Philosophie, alle Kinder eines Jahrgangs in der Grundschule in eine Klasse einzuschulen. Sonderschulen oder Ausländerklassen, die vorher noch als neueste pädagogische Errungenschaft gepriesen worden waren, ja für die Lehrer an Regelschulen sogar bei voller Bezahlung Zusatzstudien absolviert hatten, um für diese Schülerklientel bestmöglich ausgebildet zu sein, waren plötzlich die reine Diskriminierung für diese – benachteiligten – Kinder.

Jedes Kind sollte das Abitur machen können. Um diesem Ziel näherzukommen, verordneten die progressiven Politiker den Schulen auch unzählige äußere Reformen: die Prüfung für weiterführende Schulen wurde abgeschafft, etwas später das Elternrecht eingeführt. Neben dem dreigliedrigen Schulsystem entstanden immer mehr Gesamtschulen, die – zum Ärger vieler Konservativer – besser ausgestattet wurden als jede andere Schulform (manche Länder haben sie inzwischen – bis auf einzelne Ausnahmen – wieder abgeschafft); mehrere Oberstufenreformen sorgten dafür, daß die Voraussetzungen für den Eintritt in die Oberstufe des Gymnasiums von immer mehr Schülern erbracht wurden. Daß dabei vieles, was vorher zur Bildung gehörte, verschwand, soll hier nur am Rande erwähnt werden. Die verläßliche Halbtagsgrundschule wurde in fast allen Bundesländern eingeführt und damit die Stundenzahl eines Grundschülers von drei bis vier Unterrichtsstunden täglich auf fünf Zeitstunden erhöht. Manchem Kindergarten gingen dadurch die Kinder am Morgen verloren, und Mitarbeiter mußten gehen. Die Schulen aber hatten nun mehr Lehrer in der Grundschule einzusetzen und erhöhten so den Lehrermangel.

Schließlich wurde auch die oben bereits erwähnte Philosophie „keine Ausgrenzung" verstärkt in die Tat umgesetzt. Integration war das Zauberwort: behinderte, lernbehinderte, verhaltensgestörte und kaum Deutsch sprechende Kinder wurden in die Regelklassen eingeschult. Das kann bedeuten, daß in einer ersten Klasse neben dem schwerst sehbehinderten Kind ein körperbehindertes sitzt, dazu kommen Kinder, die schlecht Deutsch sprechen, und Kinder, die gar kein Deutsch sprechen, neben Kindern, die schon in der Lage sind, sich wortreich auszudrücken, und Kindern, die verhaltensauffällig sind oder gar nicht beschulbar. Begleitet werden die Integrationsklassen von Sonderschulpädagogen, Sprachlehrern und Psychologen, die einzelne Kinder immer wieder für besondere Fördermaßnahmen stundenweise aus dem Klassenunterricht herausnehmen. Ausländische Kinder erhalten – auch heute noch – in mancher Deutschstunde muttersprachlichen Unterricht, nach dem Motto: Besser das Kind spricht seine Muttersprache als gar keine Sprache richtig.

Hinzu kommt, daß in der Grundschule immer weniger lehrergesteuerter Unterricht an sich stattfindet. Fach- oder Frontalunterricht gilt als veraltet – modern sind offene Formen des Unterrichtens, verschiedene Methoden, die unter dem Sammelbegriff Offener Unterricht zusammengefaßt sind. Offener

Unterricht hat mit der herkömmlichen Art des Unterrichts nicht mehr viel zu tun. Er orientiert sich stark an der Selbstbeschäftigung der Kinder, der Eigenarbeit, dem selbständigen Forschen und Arbeiten nach den Wünschen und dem Wollen der Kinder. Prozesse werden von den Kindern initiiert, der Lehrer fungiert möglichst nur noch als Moderator. Das kann sinnvoll sein und effektiv, wenn sich ein außerordentlich gut ausgebildeter Lehrer mit einer sehr motivierten Gruppe von Kindern beschäftigt. Der Schulalltag aber sieht heute anders aus. Deshalb ist es fraglich, ob die Ergebnisse des Offenen Unterrichts wirklich so erfolgversprechend sind, wie es immer wieder behauptet wird.

Denn Unterricht, der den Kindern die Führung überläßt, riskiert auch, daß Kinder sich darauf beschränken, nur das zu tun, was sie bereits können. Sie erfahren keine Herausforderungen, keine Anforderungen, keine Weiterentwicklung, messen sich nicht mit anderen (Konkurrenz ist böse!) und bleiben so auf ihrem Niveau stehen. Da es in vielen Bundesländern keine einheitlichen Standards gibt, keine verbindlichen Rahmenrichtlinien, lernen Kinder unterschiedliche Dinge und können am Ende von Klasse 4 unterschiedlich viel. Das hat z.B. in Hamburg dazu geführt, wie eine Untersuchung an Hamburger Grundschulen ergab, daß der Wissens- und Leistungsstand von Kindern am Ende der 4. Klasse bis zu 1½ Jahren differierte.

Im Klartext bedeutet das, daß manche Kinder – durch jahrelange Überforderung frustriert – die Grundschule auf dem Niveau von Drittkläßlern verlassen, andere als sehr gut ausgebildete Viertkläßler, die darüber hinaus schnell und gern lernen und überaus wißbegierig sind. Diese Kinder, und andere dazu, können nun alle in die Beobachtungsstufe des Gymnasiums übergehen, denn die Entscheidung über die weiterführende Schullaufbahn treffen – in den meisten Bundesländern – allein die Eltern. Natürlich gibt es eine Empfehlung der Klassen-

Ohne Kulturtechniken keine Bildung

konferenz, doch das ist eben nur eine Empfehlung, sie ist nicht bindend!

So sitzen also im Gymnasium wieder Kinder mit unterschiedlichstem Wissensniveau und völlig unterschiedlicher Leistungsbereitschaft in einer Klasse. Sitzenbleiben gibt es praktisch in der Grundschule nicht mehr, in den folgenden Klassen 5 und 6 auf dem Gymnasium auch nicht. So kommt es leicht vor, daß in der 6. Gymnasialklasse Kinder sitzen, die nicht richtig lesen und schreiben können, die nicht richtig Deutsch sprechen können, die nicht rechnen können. Auf die Zensuren aber hat das keine Auswirkung, denn die Rechtschreibleistung z. B. darf die Deutschnote nicht nachhaltig beeinflussen. Mangelnde Rechtschreibleistungen dürfen bei genügender sprachlicher Kommunikationsfähigkeit kein Grund für eine Benachteiligung eines Schülers sein. Leider hat niemand definiert, was genügende sprachliche Kommunikationsfähigkeit bedeutet.

Im Zusammenhang mit der sich immer weiter durchsetzenden Autonomie der Schulen heißt das: Schulen bestimmen ihr Anspruchsniveau ausschließlich selbst, ein Vergleich findet nicht statt. Mindestanforderungen für den Besuch weiterführender Schulen gibt es nicht. Zensuren haben ihre Aussagekraft verloren, da nicht klar definiert wird, was denn eine gute, eine sehr gute oder eine mangelhafte Leistung in diesem oder jenem Fach ist. Die Ansprüche werden gesenkt, Kinder dürfen ja nicht belastet oder überfordert werden. Ein Aufsatz, der von Rechtschreibfehlern nur so strotzt, dessen Inhalt der Lehrer aber mit einiger Mühe erschließen kann, ist noch eine 4! Rechtschreibleistungen dürfen ja nicht... (siehe oben!).

Die Autonomie der Schulen hat aber noch einen zweiten Aspekt: hier stiehlt sich die Schulpolitik aus der Verantwortung. Sie ist es, die qua Autorität bestimmte „Reformen" anordnet, wie jüngst die unsägliche Rechtschreibreform. Die Umsetzung überläßt sie dann aber – ohne auch nur die kleinste Hilfestellung zu geben – den Lehrern. Geht die Sache schief, sind die Lehrer schuld, denn sie haben ja über die autonome Schulorganisation die Verantwortung, sie sind zuständig für die richtige Umsetzung, müssen den Erfolg garantieren und für den Mißerfolg die Prügel einstecken. Die Behörden stellen sich nicht mehr hinter ihre Lehrer. Beschwert sich ein Elternteil, daß sein Kind nicht richtig schreiben lernt, ist die Behörde aus der Schußlinie: die Schule hat ja alle Freiheiten in Form der zuerkannten Autonomie erhalten, beschweren muß man sich also bei der Schule. Niemand aber spricht davon, daß die vielen – von erfahrenen Pädagogen und Lehrern aufs heftigste abgelehnten – „Reformen" ja von der Schulpolitik angeordnet werden und Schulleiter und Lehrer diese weisungsgebunden umsetzen müssen – auch wider besseres Wissen.

Dasselbe gilt auch für die Lehrmethoden. Heute werden in der Schule viele Methoden angewendet, deren wissenschaftliche Nachweise als höchst fraglich angesehen werden müssen (siehe u. a. Mengenlehre, Ganzwortmethode oder die Rechtschreibreform). Die Schulministerien scheinen vieles zu genehmigen, Hauptsache, es handelt sich um eine „moderne" Methode. Und modern wiederum ist, was bestimmte Kreise als solches bezeichnen und was bei entsprechender Werbung interessant klingt und dem grauen Schulalltag etwas Glanz, sprich: Medienwirksamkeit verleiht. Auf diese Weise haben neue Lese- und Schreibmethoden in die Grundschule Eingang gefunden: unter vielen anderen die Methode „Lesen durch Schreiben" des Schweizer Psychologen Jürgen Reichen und die Lautierungs-Methode des Schulpsychologen Norbert Sommer-Stumpenhorst aus Beckum.

Die Theorie der Reichen-Methode „Lesen durch Schreiben" klingt einfach: Wörter werden nicht buchstabiert, sondern lautiert. Kinder schreiben, wie sie sprechen: Marinkefa (Marienkäfer), Fukz (Fuchs), Hama (Hammer). Als Hilfsmittel dient

Ohne Kulturtechniken keine Bildung

ihnen eine Buchstabentabelle, die das gesamte Alphabet von A wie Affe bis Z wie Zange vorgibt. Diese Methode – sozusagen *learning by doing* – dauere im allgemeinen recht lange, betont Jürgen Reichen immer wieder. Eltern und Lehrer müßten nur Geduld haben. Wenn die Methode nicht greife, hätten die Erwachsenen versagt, meint Reichen und begründet das so: „Sie haben nicht den Mut und die Courage aufgebracht, die Kinder unbeeinflußt lernen zu lassen." Ein Rechtschreibtraining lehnt er ab. Das Üben von Wörtern und Sätzen hält er sogar für schädlich. Die Fibel erklärt er für überholt, ein „grausamer Wortschatzdadaismus". Jürgen Reichens Grundsatz: „Jedes Kind findet allein seinen Weg. Irgendwann wird es lesen und auch richtig schreiben." Da können ja alle beruhigt sein und die Beobachtungen erfahrener Pädagogen schnell vergessen, die festgestellt haben, daß die Schüler später Schwierigkeiten haben, sich auf das korrekte Schriftdeutsch umzustellen. Und noch schneller vergessen müssen wir, daß Herr Reichen selbst an einer Hamburger Grundschule mit hohem Ausländeranteil lapidar festgestellt hat, daß seine Methode wohl für die ausländischen Kinder nicht so geeignet sei – er unterrichtet an besagter Schule inzwischen nicht mehr!

Aber da haben ja auch die Kultusminister zum richtigen Zeitpunkt und als letzte große Reform – und sozusagen als Schlußstrich unter die ganze leidige Debatte um die Rechtschreibung – etwas ganz Besonderes angeordnet: die Rechtschreibreform. Damit haben sie den zwei wichtigsten und grundlegenden Kulturtechniken den Garaus gemacht: dem Lesen und dem Schreiben. Für Kinder und Jugendliche ist nun alles viel schwieriger geworden. Von ihnen wird verlangt, daß sie sich in den verschiedensten Rechtschreibungen zurechtfinden. Schreiben lernen sie die neue, die sich inzwischen schon wieder wandelt, lesen müssen sie oft die alte – die im übrigen viel einfacher zu erlernen ist als die neue – und unzählige unterschiedliche

Hausorthographien in Zeitungen, Zeitschriften und Broschüren. Eine wirkliche Erleichterung!

Hinzu kommt, daß ein Grundschulkind nicht einmal mehr seine vielleicht 30 Jahre alte Mutter nach den einfachsten Wörtern fragen kann – sie hat ja die „alte" Rechtschreibung gelernt, hat sich mit der „neuen" nicht beschäftigt, ist also altmodisch, kann ihm nicht helfen. Welche Wertezerstörung mit dieser Reform eingeleitet wurde, muß an dieser Stelle einmal erwähnt werden. Denn alle Bücher, kostbare, gebundene, die gesamte gute Literatur, alle zeitgenössischen Schriftsteller, der berühmte Kanon des Literaturkritikers Reich-Ranicki und vieles mehr, sie alle sind von heute auf morgen veraltet. Bestände ganzer Bibliotheken, die gestern noch aktuell waren: veraltet. Kinder müssen jetzt vor dem Lesen der von ihren Eltern gekauften, sorgfältig ausgesuchten oder ererbten Bücher, die alle in „alter" Rechtschreibung geschrieben sind, gewarnt werden. Lies das nicht, das ist veraltet, da gewöhnst du dir eine falsche Rechtschreibung an! Ein großartiger Fortschritt auf dem Weg zu mehr Bildung.

Die Abwertung des richtigen Schreibens hat aber noch eine weitere fatale Wirkung auf die Grundschulkinder: sie erfahren, daß es egal ist, wie man schreibt. Da sie mit der Reichen-Methode sowieso bis zur 2. Klasse in ihrer eigenen Lautschrift schreiben dürfen und erst ab Klasse 3 die richtigen Schreibweisen der Wörter lernen, diese aber nicht mehr eindeutig definiert sind, machen sie die Erfahrung: richtig schreiben ist nicht so wichtig, Hauptsache, der andere kann's irgendwie entziffern. Geübt werden soll ja auch bewußt nicht. Auch die „neue" deutsche Rechtschreibung läßt sich laut Reformern besser von anderen Wörtern ableiten, ist einfacher und muß nicht mehr so viel geübt werden. Leider ist dies nur eine Werbeaussage und stimmt absolut nicht.

Kinder aber übertragen diese Haltung nun auch auf die Fremdsprachen. Wenn es nicht so wichtig ist, die deutschen

Wörter richtig zu schreiben, warum sollen sie dann die englischen genau schreiben? Und so müssen sie in Klasse 5 lernen, daß es allerdings wichtig ist, richtig zu schreiben, ja daß schon ein einzelner Buchstabe (bei gleicher Aussprache) eine völlig andere Bedeutung hervorrufen kann, wie z.B. bei den englischen Wörtern „*pen* = Füller, Kugelschreiber" oder „*pan* = Pfanne". Hier nun setzt ein verspäteter Lernprozeß ein, der auf Genauigkeit und Sorgfalt ausgerichtet ist. Das haben Grundschüler im Offenen Unterricht eher nicht gelernt! Erschwerend kommt hinzu, daß die Kinder die – vorher nur lautschriftlich geschriebenen – deutschen Wörter ständig umlernen müssen. Und da Umlernen immer schwerer ist als Neulernen, belastet das natürlich sehr. Die Folge ist, die Kinder schreiben immer weiter so, wie sie es die ersten zwei Jahre getan haben. Das haben sie ja auch immer und immer wieder geschrieben, diese Schreibweisen haben sich ihnen ja total eingeprägt. So kommt es, daß mancher Neuntkläßler immer noch „doitsch" statt „deutsch" oder „entnärft" für „entnervt" schreibt. Umlernen ist doch Zeitverschwendung – man kann's ja lesen. Und so geht auch dem letzten Schüler die Sorgfalt verloren.

Das aber ist gar nicht so schlimm, denn im Bericht zum Halbjahr oder zum Ende eines Schuljahres steht das ja nicht. Notenzeugnisse gibt es an vielen Grundschulen schon seit Jahren nicht mehr – Kopfnoten auch nicht. Viele Kinder erhalten am Ende von Klasse 4 zum ersten Mal in ihrem Leben ein Ziffernzeugnis. Klar, daß die Lehrer da nicht die ganze Palette der ihnen zur Verfügung stehenden Möglichkeiten nutzen, und so ist meist die Vier die schlechteste Zensur, die sich auf einem Grundschulzeugnis findet. Warum soll das Kind dann nicht auf das Gymnasium?

Jedes halbe Jahr wird in der Grundschule der Entwicklungs- und Lernprozeß eines Kindes in Form eines Berichts direkt an das Kind geschrieben. Häufig verstehen die Kinder die Texte gar nicht, die Erwachsenen auch nicht – sie werden ihnen dann auf einem Elternsprechtag erklärt. Berichte sind grundsätzlich positiv formuliert, sie dokumentieren den Fortschritt – wie gering er auch sein mag. So steht z. B. in einem Bericht im Fach Mathematik: Du kannst schon bis 100 zählen und hast gelernt, einstellige Zahlen zu addieren und zu subtrahieren. Das klingt gut! Es steht allerdings nicht da, daß die meisten anderen Kinder schon bis 1000 zählen und zwei- bis dreistellige Zahlen addieren und subtrahieren können. Es ist für Schüler und Eltern also äußerst schwierig, in positiv formulierten Berichten auch die dort erwähnten Defizite auszumachen und ihnen das nötige Gewicht beizumessen oder daraus Konsequenzen zu ziehen. Vielleicht sagen da Zensuren eindeutiger: hier muß mehr gearbeitet werden?

Ziffernzeugnisse mögen nicht objektiv sein – sie können es auch gar nicht, aber sie sind eines von vielen Hilfsmitteln für die Einschätzung des eigenen Arbeitens und Lernens. Schlechte Zensuren sagen: das kannst du nicht so gut bzw. hier mußt du noch mehr tun – eine gute Zensur sagt: das hast du gut gemacht, weiter so. Natürlich gibt es auch die Situation, daß ein Kind gelernt, geübt, sich Mühe gegeben hat und doch eine schlechte Zensur erhält. Ein anderes hat vielleicht wenig getan, hat den Stoff einfach gekonnt und bekommt eine gute Zensur. So ist es. Und diese Erfahrungen werden das Kind ein Leben lang begleiten. Doch es kann auch lernen, mit den Zensuren umzugehen, sie zu ertragen, sie als das zu nehmen, was sie sind: eine momentane, subjektive Sichtweise, die Beurteilung einer Leistung, die jederzeit veränderbar ist. Und es kann lernen, mit einer Beurteilung zu leben und zu erkennen, daß die Beurteilung einer Leistung durch einen einzelnen nur einen ganz kleinen Aspekt seiner Gesamtpersönlichkeit betrifft. Ein anderer beurteilt diese oder jene Leistung anders. Die Zensur oder Beurteilung ist nichts Schlechtes, die Einstellung der Eltern und Lehrer, der Umwelt des Kindes macht sie dazu.

Ohne Kulturtechniken keine Bildung

Auswirkungen

Die Grundschule, deren Auftrag es ist, allen Kindern ein zuverlässiges Fundament für das Arbeiten und Lernen in der Schule – und damit auch in der späteren Berufswelt – zu vermitteln, hat versagt. Sie ist zur Spaßschule verkommen, die ohne klare Zielvorgaben zum Entdeckungs- und Erfahrungsraum geworden ist, in den sich jedes Kind einbringen und in dem frei und zwanglos, mit viel Spiel und Spaß gelernt werden kann. Der Lehrer ist heute mehr Moderator, der die individuellen Lernprozesse der Kinder begleitet, nicht mehr Autorität, deren Wissensvorsprung von den Kindern geachtet wird. So jedenfalls sieht es der Offene Unterricht vor. Selbständiges Arbeiten, Eigenaktivitäten und spontanes Entdecken sind wichtige Elemente dieser neuen Art zu lernen, jede Art von Zwang wird abgelehnt.

Offener Unterricht hat vielfach Abstand genommen von der Zeiteinteilung der 45-Minuten-Stunde, Unterricht findet oft mit freien Gestaltungsstunden statt. Kinder machen in den freien Stunden, wozu sie Lust haben, so daß z. B. das eine Kind Mathematik übt, das andere malt, wieder ein anderes liest, das vierte eine Spinne untersucht und das fünfte sich vielleicht sportlich betätigt. Wenn es dann zu laut wird, was von einem Kind gemeldet wird, sorgt die Lehrerin für Ruhe, oder sie schickt die lautesten einmal für zehn Minuten an die frische Luft. Hier findet exakt statt, was Kinder auch zu Hause tun können: sie beschäftigen sich mit Dingen ihrer nächsten Umgebung, mit dem, was sie sehen können. Wo ist der Lernprozeß, wo die Weiterentwicklung, das Staunen, das Aha-Erlebnis, die Erfahrung: ich kann am Ende der Stunde etwas, was ich am Anfang noch nicht konnte, wo die eigene Leistung?

„Öffnung heißt dabei zunächst ganz schlicht, daß die Kinder mit ihren Lernmöglichkeiten und ihren Einstellungen, mit ihrer Begeisterung für die Sache im Mittelpunkt des Unterrichts stehen. Es ist zunächst also eine Öffnung für die Vorschläge und Ideen der Kinder, so daß die Unterrichtsergebnisse deutlich als eigene Leistungen und eigene Lösungen erfahren werden. Das Kind als Lerner, Entdecker und Problemlöser vom ersten Lebenstag an wird mit seinen eigenen Möglichkeiten und ‚seiner natürlichen Lerngeschichte' angenommen und ernst genommen."* Warum das Kind Aufgaben, die es während des Frontalunterrichts bearbeitet, nicht als eigene Leistung und eigene Lösung empfindet, wird leider nicht erklärt.

Der Offene Unterricht verlangt Kindern vieles ab, was sie in diesem Alter – sechs bis acht Jahre – noch nicht allein bewältigen können, wie z.B. einen Gesprächskreis leiten, Aufgaben innerhalb einer Woche bearbeiten (Kinder haben in diesem Alter absolut kein Zeitgefühl) oder sich mit Umweltschutz auseinanderzusetzen (das entspricht nicht kindlichem Interesse, ist also aufgezwungen). Sie müssen sich Hilfe suchen, sie bekommen diese Hilfe auch, doch sie fühlen sich der Anforderung intuitiv nicht gewachsen. Sie merken, sie schaffen vieles nur mit Hilfe der Lehrerin, der Mutter, des Vaters oder eines Nachhilfelehrers. Oft müssen sie sich mit Dingen beschäftigen, deren Grundlagen sie nicht beherrschen. Vielfach wird der dritte Schritt vor dem ersten gemacht. So sollten Grundschüler erst einmal lernen, daß der Müll überhaupt in die Tonne gehört, bevor sie sich im Sachkundeunterricht dezidiert mit Mülltrennung beschäftigen müssen.

Aufgaben, die sie aber selbst bearbeiten könnten, die sie selbständig lösen könnten, werden ihnen nicht erteilt. Das z.B. für das Schreibenlernen wichtige Abschreiben, das Auswendiglernen (beides bekommt durch die neueste Hirnforschung wieder

---

* Wulf Wallrabenstein: „Offene Schule – Offener Unterricht", Rowohlt Taschenbuch Verlag, Reinbek 1994.

absolute Aktualität!) oder das Lesenüben über wiederholendes Lesen ist immer noch verpönt und findet in Grundschulen kaum statt. Dabei machen Kinder mit großer Freude immer wieder dieselben Dinge. Sie malen interessanterweise gern immer und immer wieder Bilder mit demselben Motiv oder schreiben immer wieder dasselbe Wort oder spielen immer wieder dieselben Noten auf dem Klavier. Sie sind Weltmeister im Kopieren und Imitieren – und genau das verweigert ihnen der Offene Unterricht. Damit bleibt es den Kindern verwehrt, das Schreiben von Buchstaben, Silben, Wörtern, Sätzen oder Ziffern wie im Schlaf zu beherrschen. Denn nur Wiederholung läßt sie eine Sache sicher beherrschen. Auch Hausaufgaben, die sie völlig allein bearbeiten könnten, wie z. B. zehn Reihen den Buchstaben „a" zu schreiben, werden nicht aufgegeben, weil überhaupt kaum Hausaufgaben aufgegeben werden. Sicher ist das Thema Hausaufgaben äußerst komplex – es soll hier auch nicht weiter darauf eingegangen werden. Doch wer Hausaufgaben wegen falsch verstandener Chancengleichheit ganz über Bord wirft, verhindert geradezu diese Chancen!

Der Offene Unterricht ist Ursache für viele Defizite bei Kindern und Jugendlichen. Die Fähigkeit, sich zu konzentrieren, wird im Offenen Unterricht nicht trainiert, denn es ist ja geradezu erklärtes Ziel, daß die Kinder jeweils tun, was sie möchten, und das auch zu einer Zeit, die sie wählen. Hier lernen sie also genau das Gegenteil: ich mache, was ich will, wann ich will und wie lange ich will. Habe ich keine Lust mehr, mache ich etwas anderes. Ist das eine Vorübung zu Teamfähigkeit und sozialer Kompetenz? Führt diese Haltung nicht gerade zu Selbstüberschätzung, Egoismus und Ellenbogenmentalität? Und fördert nicht vielmehr gerade der Frontalunterricht, der unter professioneller Führung des Lehrers Zuhören einfordert, Aufmerksamkeit trainiert, Ruhe herstellt, die so notwendige Konzentration?

Claudia Ludwig

Konzentration braucht Anstrengung und Selbstdisziplin. Beide sind überall unentbehrlich. Sie müssen erlernt werden. Das reine Lustprinzip schafft dies nicht. Und wer sich nicht konzentrieren kann, kann nicht lernen, kann nichts behalten, kann sich kein Wissen aneignen oder Neues erarbeiten. Deshalb muß Grundschule diese so wichtigen Fähigkeiten einfordern. Aber nicht als eigenständiges Lernziel, das mit den Kindern theoretisch erörtert wird, sondern im Unterrichtsgeschehen, an Inhalten und Fächern, in denen Konzentration praktisch nebenbei entsteht, wenn Kinder gemeinsam an einer Sache arbeiten.

Auch in der Spracherziehung fehlt es im Offenen Unterricht an Verbindlichkeit. Zu oft wird das Prinzip der Verbindlichkeit (das ist richtig/das ist falsch) vom Prinzip der Beliebigkeit abgelöst. Im Frontalunterricht haben alle Kinder ein sprachliches Vorbild: den Lehrer. Er spricht richtiges Deutsch, liest etwas vor, stellt Fragen, er gibt ein Beispiel, wie man richtig spricht. Im Offenen Unterricht sprechen die Kinder ungewöhnlich viel miteinander. Und auch, wenn sie im Morgenkreis über ihre Erlebnisse diskutieren, hält sich der Lehrer weitgehend zurück mit Korrekturen: der Schüler ist ja die Hauptperson. Aber Kinder können nicht nur von anderen Kindern lernen. Die Menge des Gesprochenen kann Qualität nicht ersetzen. Wenn der Lehrer aber im Offenen Unterricht die Aufgabe des Führens und Korrigierens nicht mehr wahrnimmt, so muß das als verantwortungslos gewertet werden.

Grundsätzlich müssen Kinder in der Grundschule die Fähigkeit erwerben, sich unterrichten zu lassen (Hermann Giesecke). Das ist aber genau das Gegenteil von dem, was heute an Grundschulen veranstaltet wird. Denn es setzt voraus, daß das Kind von einem Lehrer unterrichtet wird, den es als Persönlichkeit anerkennt, von der es etwas lernen kann – also der Lehrer nicht als Moderator, sondern als Fachmann, der etwas kann, von dem das Kind profitiert. Der Lehrer, der lesen und schreiben

Ohne Kulturtechniken keine Bildung

kann, der auch dem Kind das Lesen und Schreiben beibringt. Der Lehrer, der rechnen kann und dem Kind das Rechnen beibringt. Der Lehrer, der weiß, wie man einkauft, wie man sich im Straßenverkehr verhält, wie man malt, zeichnet, Holz bearbeitet usw. usw. Damit ist der Lehrer auch endlich wieder der, der er sein sollte, nämlich ein Profi, der über Kenntnisse, Können und Wissen verfügt, der studiert hat, eine lange Ausbildung und zwei Staatsexamina auf sich genommen hat, der seinen Beruf versteht.

Wenn die Eltern das Kind sozusagen privat erziehen, es die ersten Lebensjahre begleiten, ihm die ersten Schritte, das Sprechen, bestimmte Wertvorstellungen beibringen und vermitteln, so sind die Lehrer für die öffentliche Erziehung zuständig. Elternhaus und Schule sollten klar ihre Kompetenzbereiche definieren. Die Politik hat da nämlich – aus rein wahltaktischen Gründen – in teilweise unverantwortlicher Weise die Kompetenzen der Schule bzw. der Lehrer beschnitten und Eltern Rechte eingeräumt, die eindeutig und ausschließlich in den Bereich der Schule gehören. So muß z. B. die Verantwortung für Unterricht und Zensuren klar bei den Unterrichtenden, bei den Lehrern liegen. Wenn ein Lehrer sein Fach studiert hat und es beherrscht, dann muß ihm auch zugetraut werden, daß er seinen Unterricht gewissenhaft vorbereitet und Zensuren nach bestem Wissen und Gewissen vergibt.

Daß Elternvertreter bei Zeugnis- oder Klassenkonferenzen anwesend sein dürfen, ihnen – wenn auch anonym – Einblicke in die Noten einer ganzen Klasse gewährt werden, zeugt von tiefem Mißtrauen gegenüber den Lehrern und kann einer Zusammenarbeit zwischen Eltern und Lehrern nicht zuträglich sein. Schule kann am besten arbeiten, wenn Eltern und Lehrer am selben Strang ziehen. Schüler müssen wissen, daß Eltern die Lehrer bei ihrer Arbeit unterstützen; sie müssen sicher sein, daß sie miteinander sprechen, daß Verbotenes bestraft wird und

Konsequenzen hat. Heute ist es häufig so, daß Eltern gegen Lehrer ausgespielt werden oder umgekehrt. Das dient weder den Kindern noch den Eltern oder den Lehrern.

Konsequenzen

Die Grundschule muß alles tun, damit alle Kinder am Ende von Klasse 4 richtig sprechen, lesen, schreiben und rechnen können. Dabei beginnt die Erziehung mit dem Sprechen. Viele Kinder – auch deutsche – können nicht mehr richtig artikulieren, nicht richtig und verständlich sprechen, weil manche Eltern nicht mehr mit ihren Kindern reden. Doch sie müssen sich ihnen zuwenden, ihnen Geschichten erzählen, Worte an sie richten, denn nur so erschließt sich das Kind die Welt. Und es lernt nur so selber sprechen: durch Imitation. „Im Sprechen und Zuhören muß ein Kind nicht unterrichtet werden: In die Welt der Oralität gelangt es durch Nachahmen und Mitmachen."* Wenn aber niemand da ist, den das Kind nachahmen kann, dann lernt es auch nicht sprechen. Und deshalb muß die Spracherziehung an der Grundschule verstärkt werden. Der Lehrer muß von Anfang an auf den korrekten Umgang mit Sprache – das gilt für Wort und Schrift – achten. Und es gehört das Auswendiglernen kleiner Reime und Gedichte dazu, sie geben Beispiel und prägen sich dem Kind als Muster ein – das ist echte Hilfe und Gegengewicht zu einem Medium, das immer mehr Einfluß auf die Kinder gewinnt: dem Fernsehen.

Fernsehen verstärkt diese ungute und völlig unterschätzte Entwicklung zur Sprachlosigkeit noch. „Unter dem Gesichtspunkt der Oralität betrachtet, ist das Fernsehen in der akustischen

---

* Barry Sanders: „Der Verlust der Sprachkultur", Fischer Taschenbuch Verlag, Frankfurt am Main, 1998, S. 57.

Ohne Kulturtechniken keine Bildung

wie in der optischen Dimension eine Lüge. Das Fernsehen erstickt die menschliche Stimme. Mit den Bildern auf der Mattscheibe kann man nicht disputieren."* Wenn wir bedenken, daß das Sprechen-Können Voraussetzung ist für das Lesen und Schreiben, dann können wir vielleicht die Dimensionen dieser Entwicklung erahnen. Führen wir uns vor diesem Hintergrund noch einmal die Ergebnisse der PISA-Studie vor Augen. Hier ist festzustellen, daß in Deutschland mit etwa 23 % „...der Anteil schwacher und schwächster Leser... besonders groß ist."** Insgesamt 10 % der getesteten Jugendlichen konnten mit 15 Jahren nicht einmal richtig lesen. Im Klartext heißt das: etwa 10 % der heute 17- bis 18jährigen Jugendlichen in Deutschland sind praktisch Analphabeten. In den Vereinigten Staaten, einem Einwanderungsland, in dem alle Sprachen dieser Erde zu Hause sind, sind es nur etwa 6 %!

Auch beim Schrifterwerb muß die Grundschule auf Bewährtes zurückgreifen, denn es hat einmal eine Zeit gegeben, in der jeder Gymnasiast, jeder Volksschüler, ja sogar jeder Dorfschüler, der mit acht Jahrgängen in einer Klasse unterrichtet wurde, lesen, schreiben und rechnen gelernt und beherrscht hat. Das beginnt damit, daß die Kinder sicher links und rechts unterscheiden können. Man hat nämlich festgestellt, daß Legastheniker eine ausgeprägte Rechts-Links-Schwäche haben. Und dann geht es beim Lesen und Schreiben mit der kleinsten Einheit unserer Sprache, dem Buchstaben, los. Im Deutschunterricht muß dafür gesorgt werden, daß alle Kinder die Buchstaben sicher beherrschen: die Druckbuchstaben und die einzelnen Buchstaben der lateinischen Schrift – dazu braucht allerdings niemand eine vereinfachte Ausgangsschrift (eine völlig unsinnige Kunstschrift, die angeblich das Erlernen der Schreibschrift erleichtert)! Es

---
* Barry Sanders, ebd. S. 60.
** PISA 2000, Zusammenfassung, S.16.

muß gewährleistet sein, daß die Kinder die Buchstaben überall und in jedem Text wiedererkennen und identifizieren können. Dazu gehört die ständige Beschäftigung mit den Buchstaben, die Wiederholung und die Übung. Und jedes Wort, das geschrieben wird, muß korrigiert werden. Kinder können ihre Wörter und Sätze in eine Kladde schreiben, dann werden sie korrigiert und richtig abgeschrieben. Von Anfang an muß das Bewußtsein entstehen: in das Heft gehören nur die richtig geschriebenen Wörter. Das ist – vorausgesetzt, die Kinder üben schrittweise das sichere Schreiben – durchaus machbar.

Innerhalb des Mathematikunterrichts heißt das, daß alle Kinder die Ziffern lesen und schreiben können und daß sie zählen können. Auch hier liegt einiges im argen. Viele Kinder können nicht mehr richtig rechnen, und schon gibt es eine neue Krankheit, die Dyskalkulie. Man hat aber festgestellt, daß Kinder, die nicht rechnen können, gar nicht richtig zählen können. Vielleicht ist das eine Parallele zum Schreibenlernen: es wird mit falschen Methoden unterrichtet. Rechnen beginnt mit Zählen: vorwärts und rückwärts, mit der konkreten Anschaulichkeit: welche Zahl ist größer, welche kleiner usw.

Die Grundschule ist heute wichtiger denn je. Deshalb braucht der Unterricht klare Ziele und Vorgaben. Für alle Fächer in der Grundschule müssen verbindliche Rahmenrichtlinien bestehen. Die während der Grundschulzeit vermittelten Fähigkeiten und Fertigkeiten sind unumgänglich von allen Kindern einzufordern. Kinder, die Schwierigkeiten mit dem Lernen haben, sollten nicht länger mit ständigem Förder- oder Nachhilfeunterricht gequält werden, sondern die Chance erhalten, ein Jahr wiederholen zu dürfen. Bei vielen Kindern führt das zu einer plötzlichen Auflösung von Lernblockaden, und sie lernen, was sie vorher nicht begreifen konnten. Schon das Gefühl: das habe ich alles schon gehabt, das kann ich, gibt ihnen Sicherheit.

Ohne Kulturtechniken keine Bildung

Die Grundschule kann zwar nicht wieder völlig zum Fach- und Frontalunterricht früherer Jahre zurückkehren, kann ihn aber auch nicht völlig durch offene Formen ersetzen. Sie muß klare Ziele formulieren und das Erreichen von allen Kindern einfordern. Dazu gehört unbedingt die Voraussetzung, daß alle Kinder, die in die 1. Klasse eingeschult werden, Deutsch sprechen können. Diese Bedingung muß uneingeschränkt gelten. Da wir aus der Hirnforschung wissen, daß Kinder – gerade im Vorschulalter – besonders gut Sprachen lernen können, ist dies für die Kinder auch ohne große Probleme möglich. Kinder, die auch nach einem Kurs nicht Deutsch sprechen können, müssen einen zweiten machen – nicht zur Strafe, sondern um ihre Chancen zu verbessern. Kein Kind – auch das intelligenteste nicht – kann seine Talente und Fähigkeiten voll zur Geltung bringen, wenn es die Sprache des Landes, in dem es lebt, nicht beherrscht.

Englischunterricht in der Grundschule braucht Richtlinien. Es muß gewährleistet sein, daß Kinder am Ende von Klasse 4 etwa vergleichbare Kenntnisse haben, damit die weiterführenden Schulen den Unterricht auch weiterführen können und sich nicht mit Wiederholungen und Nachbesserungen aufhalten müssen.

Und schließlich müssen der Rechtschreibung, dem richtigen Gebrauch von Sprache, dem Können und der Leistung wieder die Aufmerksamkeit und die Wichtigkeit zukommen, die ihnen gebühren. Wertungen wie die des ehemaligen hessischen SPD-Kultusministers Holzapfel, „Übungen zur Rechtschreibung ließen sich nicht gesondert durchführen, sondern seien in die übrige Arbeit zu integrieren. Durch die Einsicht in die historische Bedingtheit der Orthographie solle der Rechtschreibunterricht den Schüler zu einer kritischen Einstellung gegenüber der Rechtschreibung befähigen",* sprechen für sich: gerade sie haben zu diesem Desaster in unseren Schulen geführt.

Claudia Ludwig

Wenn aber Grundschule verantwortlich ist für ein solides Fundament für Bildung und Ausbildung, wenn wieder Qualität der schulischen Bildung gefragt ist, wenn Leistung wieder etwas bedeuten soll, dann muß auch die Rechtschreibreform – neben der Ganzwort-Methode, der Mengenlehre, der Reichen-, der Sommer-Stumpenhorst-Methode und dem Offenen Unterricht – völlig aus Schul- und Bildungseinrichtungen verschwinden. Erst dann ist wieder guter Sprachunterricht möglich – eine Voraussetzung für Bildung überhaupt!

---

* Heike Schmoll: „Fordern und fördern – Die frühen Wurzeln der Sprachverwahrlosung durch mangelnde Ansprüche", FAZ vom 29. 6. 2002.

Michael Felten, Jahrgang 1951, seit 22 Jahren Gymnasiallehrer in Köln.
Neuere Veröffentlichungen zum Thema: „Kinder wollen etwas leisten", Kösel 2000; „Neue Mythen in der Pädagogik – Warum eine gute Schule nicht nur Spaß machen kann", Auer, 2. Auflage 2001.

Michael Felten

Pädagogische Strenge – eine vergessene Bildungshilfe

Schon im weltweiten TIMSS-Vergleich wurde den deutschen Schülern in Mathematik und Naturwissenschaften nur ein höchst mittelmäßiges Leistungsniveau bescheinigt; PISA hat diesen Befund kürzlich bestätigt und auf weitere Fachbereiche ausgeweitet. Eine Vielzahl möglicher Gründe hierfür wurde bislang diskutiert: die materiellen Aufwendungen für den Bildungssektor, die methodischen Schwächen des hiesigen Durchschnittsunterrichts, die Struktur des Schulsystems (integriert versus gegliedert), die vielfach mangelhafte Anregung im Kindergarten, die geringe Sprachkompetenz von Migrantenkindern; gelegentlich auch die teils verwöhnende, teils vernachlässigende Atmosphäre im Elternhaus sowie die grassierende Leistungsfeindlichkeit unter Pädagogen.*

---

* vgl. Gaschke, Susanne: Die Erziehungskatastrophe. Kinder brauchen starke Eltern, DVA, Stuttgart/München 2001.

Michael Felten

Eine maßgebliche Einflußgröße für die Bildungsmisere wurde hingegen kaum beachtet: das Ausmaß der zugelassenen Unterrichtsstörungen und das Niveau der hingenommenen Lernanstrengungen. Dabei ist spätestens seit der Längsschnittstudie Stochastik* empirisch untermauert, was für Praktiker nie ein Geheimnis sein konnte: Gute Lernergebnisse werden in dem Maße erzielt, wie der Unterricht störungsfrei und lernaktiv verläuft. Bekanntlich ist konzentriertes Lernen mit den „neuen Kindern" hierzulande immer seltener gelungen – aber womöglich haben die „neuen Lehrer" ihr Gutteil dazu beigetragen:

• Etwa zu Stundenbeginn: Der Lehrer begrüßt die Schüler in ein diffuses Gemurmel über die Filme vom Vorabend hinein. Zwar wird es nach einigen Minuten, in denen die letzten Frühstücksbissen hastig angekaut und heruntergeschluckt sowie die Fachmaterialien ausgepackt, wenn auch nicht unbedingt aufgeschlagen werden, einigermaßen ruhig. Aber es ist keine wirkliche Rede davon, es gibt kein Zeichen dafür, daß jetzt etwas Besonderes ansteht, was es so weder in der Familie noch in der Peer-group noch in der Fußgängerzone gibt, nämlich gemeinsames und konzentriertes Lernen.

• Dann bei der Kontrolle der Hausaufgaben: Auf Versäumnisse reagiert der Lehrer – mal mit verständnisvollem Seufzen, – mal mit Ermahnungen, – mal mit schlechten Noten oder auch nur mit Schulterzucken, – nur selten aber bringt eine der Maßnahmen die Schüler dazu, ihre Unlust am Nachmittag zu überwinden und sich den Mühen eines häuslichen Trainings zu stellen.

• Auch während des Unterrichts: Immer wieder führen Albereien und Hänseleien zu größeren Unterbrechungen des

---

* Die zwischen 1987 und 1992 an Münchener Grundschulen durchgeführte Studie ist dokumentiert in: Weinert, Franz Emanuel (Hrsg.): Psychologie des Unterrichts und der Schule, Göttingen 1997.

Lernens; schließlich hat der Lehrer im Seminar oder in der progressiven Fachliteratur erfahren, daß „Störungen" Vorrang vor den Stoffinhalten einzuräumen sei, vielleicht haben die Kinder ja Probleme. Genau das aber – nämlich „Störungen haben Vorrang" – lernen die Schüler aus dem skizzierten Ablauf, kaum jedoch die Regeln eines Miteinanders, bei dem es darum geht, Belastungen auszuhalten, Bedürfnisse aufzuschieben, aus eigenen Fehlern zu lernen oder Leistungen anderer anzuerkennen.

• Nicht zuletzt auf dem Pausenhof – mit naheliegenden Folgen für den darauffolgenden Unterricht: Daß einer hier regelmäßig Schwächere bedroht, beantwortet sein Klassenlehrer womöglich alleine mit verständnisvollen Gesprächen, in der Hoffnung, der Junge werde sich schon friedlicher verhalten, wenn er sich von ihm akzeptierter fühle. Eine gutgemeinte Sackgasse, denn allzu oft kann der jugendliche Rowdy die Zuwendung des Lehrers erst akzeptieren, wenn sein gewalttätiges Dominanzverhalten von diesem deutlichen Einspruch erfahren, der Pädagoge sich also als ein für ihn maßgebliches Gegenüber eingebracht und artikuliert hat.

Auch heute noch mißverstehen viele Lehrer einen Unterricht mit solchen oder ähnlichen Reibungsflächen als schülerfreundlich. Tatsächlich fehlt es ihm aber in vielfacher Hinsicht an Konsequenz, und zwar an spürbarer. Dabei würden die meisten Schüler eine größere pädagogische Entschlossenheit begrüßen.*

• So äußert etwa Jonas, ein 13jähriger Gymnasiast: „Ein strenger Lehrer, das ist wie ein Eimer mit Wasser, da wird man als Träumer aufgeweckt."

• Die 15jährige Petra drückt sich so aus: „Man kann sich

---

* Die folgenden Aussagen entstammen einer anonymen Befragung von Schülern im Raum Köln, durchgeführt 2001. Die angegebenen Namen sind fiktiv.

stärker konzentrieren, als wenn der Lehrer auf nichts achtet, und man dann automatisch mehr Mist baut."
- Und der gleichaltrige Kerim weiß genau, wie man gut mit Arbeitsunlust fertig werden kann: „Bei einem strengen Lehrer macht man seine Hausaufgaben auch dann, wenn man keine Lust hat, weil man ja keinen Ärger will."
- Daß das nicht nur angenehm ist, sagt Bianca aus der 7. Klasse ganz offen: „Die Stunden sind zwar anstrengender, das ärgert einen manchmal, aber leider muß man zugeben, daß man bei diesen Lehrern häufig am besten lernt."
- Wichtig auch, was Sven, 15 Jahre alt, Sonderschule, über das Befolgen von Regeln denkt: „Streng, das ist, wenn du hier Scheiße baust, und dem Lehrer ist das nicht egal, der sagt dir dann, was du tun sollst und welche Strafe es gibt."
- Und wenn am häuslichen Mittagstisch geäußert wird, „unser neuer Lehrer ist – glaube ich, ganz gut – so der Typ streng, aber gerecht", dann klingt daraus in der Regel ein vorsichtiger Optimismus.

Es mag zunächst erstaunen, wie pragmatisch und unbelastet junge Menschen sich hier zu pädagogischer Strenge äußern. Sie haben die drückenden Erfahrungen einer Drillschule des 19. Jahrhunderts eben weit hinter sich gelassen, und sie sind auch nicht verwickelt in die ideologischen Grabenkämpfe der Pädagogik im 20. Jahrhundert. Aber sie reden ja auch keineswegs der Renaissance eines autoritären Paukstils in der Schule das Wort. Sie wollen durchaus nicht „bei falschen Antworten heruntergemacht" oder „bei jeder Kleinigkeit angemotzt" werden. Zweifellos wünschen sie sich einen Lehrer, der freundlich ist und gut erklären kann. Sie finden es aber offenbar auch wichtig, daß dies jemand ist, der das Aushalten von Belastungen beim Lernen einfordert und auf dem Einhalten von Regeln im sozialen Miteinander besteht.

Auch die meisten Eltern hätten übrigens gegen eine straffe

Führung ihrer Kinder nichts einzuwenden. Die einen, weil sie um deren optimale Entwicklung fürchten, wenn die Schule den eher sorgenden häuslichen Erziehungsstil konterkariert und die Heranwachsenden zu früh sich selbst überläßt; die anderen, weil sie ahnen, daß der eigene Umgang mit dem Kind zuwenig konsequent war und sie sich nun von der Schule deutlichere Orientierung erhoffen.

Was heißt eigentlich streng?

Nicht nur Reformpädagogen, denen die Freinet-Formel „den Kindern das Wort geben" ansonsten viel bedeutet, wird beim Ruf der Basis nach mehr Strenge mulmig zumute werden. Schließlich ist diese schulpädagogische Haltung allzuoft mit Lieblosigkeit und Härte, Demütigung und Züchtigung verbunden gewesen. Die berechtigte Kritik an derlei Entartungen hat den Begriff als ganzen aber derart in Verruf gebracht, daß er mittlerweile in der Fachliteratur ebenso verpönt ist wie an Lehrerkonferenzen. So weist das Verzeichnis lieferbarer Bücher von 2001 unter dem Stichwort „Strenge" gar keinen Eintrag auf, und auch das Internet kennt den Begriff nur vereinzelt im Zusammenhang mit „streng geheim" oder „strenge Wissenschaft" – bezeichnenderweise allerdings gehäuft im Kontext von „strenge Domina". Ein Schattendasein scheint die Strenge allenfalls noch in der real existierenden Schulwirklichkeit zu führen, nämlich hinter der geschlossenen Klassenzimmertür: Hier brausen Lehrer durchaus auf oder brüllen herum – aber das ist ja keine pädagogische Strenge, sondern eher gelegentliche bis dauerhafte Verzweiflung. In ihrer Rolle verunsichert, wollen sie vor allem freundlich sein, dabei entgleitet ihnen die Lenkung des Lerngeschehens, und sie reagieren überreizt.

Der Blick in ein etymologisches Wörterbuch könnte das

Tabu brechen: Hier wird als alte Hauptbedeutung etwas keineswegs Anrüchiges erwähnt, nämlich Eigenschaften wie stark, tapfer oder tatkräftig; die Zusammensetzung sich „anstrengen" meint demnach soviel wie „sich bemühen (oder) die Kräfte spannen". Konnotationen wie „unnachgiebig" oder „unerbittlich", also Charakteristika einer Schwarzen Pädagogik, sind hingegen erst in neuerer Zeit hinzugetreten.

Einen ähnlichen Bedeutungswandel hat übrigens der Begriff der „Zucht" erfahren: Während wir hiermit heute – neben Tierzucht – mit verständlicher Abneigung vor allem Züchtigung und die damit verbundene Unterdrückung bzw. Verdrängung unerwünschter Regungen assoziieren, bezeichnete der Begriff ursprünglich eine kultivierte Befindlichkeit, einen Habitus der gelungenen Balance von Innerem und Äußerem, die ausgeglichene Gestaltung der Person, kurzum: moralische Besonnenheit.*

Ließe sich sinnvolle Strenge des Lehrers mithin ganz unaufgeregt definieren, nämlich als etwas, das Kindern und Jugendlichen in kritischen Situationen dabei hilft, eigene Stärke zu entwickeln?** In den geschilderten Schüleräußerungen jedenfalls drücken sich Bedürfnisse aus, die die schulpädagogische Debatte der letzten Jahrzehnte unterschätzt, wenn nicht verachtet hat. Der Begriff Bedürfnis geht hier allerdings über die landläufige Verkürzung auf „altersgerechte Methodik" hinaus – und meint etwas gänzlich anderes als „lustorientierte Inhalte". Es handelt sich mehr um eine Art kindliches Gespür dafür, was langfristig nützt, was nachhaltig guttut, was dauerhaft stärkt: Die Heranwachsenden tun hier letztlich entwicklungspsychologische

---

* vgl. Bröckelmann, Wilfried und Felten, Michael: „Sind Sie streng?" Zum Wandel von Abstand und Differenz in pädagogischen Beziehungen. In: Pädagogik, 54. Jg. 2002, Heft 11, S. 23–26.

** vgl. Roth, Hans-Joachim: Von der Zucht zur Erziehung. In: Neue Sammlung, 41. Jg. 2001, S. 243–262.

Pädagogische Strenge – eine vergessene Bildungshilfe

Interessen kund. Denn so wenig Spaß, Spiel und Selbstbestimmung in Bildungsprozessen fehlen dürfen, so klar ist es auch, daß sie alleine als Garant für eine gelingende Teilhabe am späteren gesellschaftlichen Leben nicht ausreichen.

Erzieherische Strenge - eine Entwicklungshilfe

In der Schule unterrichtet zu werden und zu lernen, das konfrontiert junge Menschen mit drei Kategorien von Problemen – und diese gilt es möglichst gut zu bewältigen:

1. Schüler müssen sich auf bestimmte Regeln einstellen, die nicht nur ein möglichst gutes Funktionieren der Schulgemeinde, der Klasse oder der Lerngruppe gewährleisten sollen, sondern auch zukünftige gesellschaftliche Anforderungen widerspiegeln. So werden die Schüler mancherorts wieder angehalten, sich zu Beginn des Schultages zu erheben, um den Lehrer zu begrüßen. Dieses Ritual gibt ihnen Gelegenheit, sich auf das gemeinsame Lernen einzustimmen und eine erste gegenseitige Wertschätzung zu bekunden. Mancher mag den disziplinierten Ablauf einer solchen Begrüßung als anonyme Prinzipienreiterei kritisieren, weil er die unterschiedlichen Befindlichkeiten der Schüler zuwenig berücksichtige – gerade diese aber sollen Heranwachsende in der Schule ja ein Stück weit relativieren lernen. Ein Blick nach Finnland oder Japan zeigt dann auch, daß hohe Schulleistungen unter anderem damit einhergehen, daß man den Lehrern mit Wertschätzung begegnet, sind sie es doch, die sich darum bemühen, der nachfolgenden Generation das Wissen der Zeit weiterzugeben – nicht umsonst spricht man dort von den „Kerzen des Volkes".

2. Schüler sollen sich auch mit Sachverhalten auseinandersetzen, die sie derzeit vielleicht überhaupt nicht interessieren – dies könnte bislang unbekannte Interessen bei ihnen anregen

oder zu einem späteren Zeitpunkt für sie nützlich sein. So wäre es töricht, den Mathematikunterricht an Gymnasien nach dem siebten Schuljahr nur noch freiwillig anzubieten, wie vor einigen Jahren gefordert wurde, nur weil er mit wachsender Anstrengung verbunden ist. Tatsächlich fordert das Leben in einer hochtechnisierten Gesellschaft von einem Großteil ihrer Mitglieder mehr als Dreisatz oder Prozentrechnung, man denke etwa an die Fähigkeit zum logischen Schließen, an den Umgang mit Ordnungsprinzipien usw.

3. Schüler werden mit den beinahe jedem Lernen innewohnenden Schwierigkeiten konfrontiert – dies eröffnet ihnen vielfältige Wachstumschancen. Schließlich vollzieht sich Wissenserwerb und Kompetenzzuwachs in der Regel nicht nur beiläufig, quasi von selbst, sondern findet vielfach auch und gerade nur gegen Widerstände statt: Man versteht einen Zusammenhang nicht. Oder kann eine Handlung nicht sofort ausführen. Oder nicht so gut wie andere. Oder man kann den Lehrer nicht leiden. Lernen hat insofern vielfach mit starken Unsicherheitsgefühlen zu tun, mit der Befürchtung, etwas nicht schaffen zu können. Würden Lehrer nun darauf verzichten, zumal die labilen und mutlosen Schüler immer wieder auch ohne Lust, gelegentlich gar gegen ihren Willen, verständnisvoll aber scheinbar unerbittlich, an Belastungen und mögliche Mißerfolge heranzuführen und scheinbar bedrohliche Lernsituationen auszuhalten, so würden diese in ihrer Ängstlichkeit belassen oder gar bestärkt. Eine solche pädagogische Nachdrücklichkeit ist heute um so dringlicher, als unsere Gesellschaft in weiten Teilen „vaterlos" (oder zumindest vaterarm) geworden ist. Damit sind nicht nur die vielen alleinerziehenden und mehrfachbelasteten Mütter gemeint, sondern auch die noch zahlreicheren verunsicherten Väter – und in einem übertragenen Sinne all die erzieherischen Einflußfaktoren, die man früher einmal väterlich nannte und die etwas mit Grenzsetzungen, Entbehrungen und

Herausforderungen zu tun haben. Viele Kinder haben bis zum Schuleintritt kaum gelernt, sich Maßstäben zu unterwerfen, sich auf andere einzustellen und auf eigene Wünsche zeitweise zu verzichten.

Es darf deshalb daran erinnert werden, daß es zu den elementaren Aufgaben des Lehrers zählt, immer wieder darauf hinzuwirken,
- daß der Schüler, auch wenn er gerade vielleicht andere Bedürfnisse hat, gewisse Regeln einhält – das Erledigen von Hausaufgaben ebenso wie das Einhalten von Zeiten oder auch das Sauberhalten der Klasse;
- daß er den Lehrer freundlich begrüßt, auch wenn er eigentlich lieber im Bett geblieben wäre, und höflich mit ihm umgeht, auch wenn er auf ihn vielleicht einmal wütend ist;
- daß er Sprachformen verwendet, die allgemein verständlich sind – und sich ggf. klar von der gerade aktuellen Jugendsprache absetzen;
- daß er Enttäuschungen nicht allzuviel Raum gibt und sich auch bei Unlust anstrengt;
- daß er begonnene Arbeiten beendet und nicht bei der erstbesten Schwierigkeit hinschmeißt;
- daß er sich der Furcht vor Mißerfolgen stellt und nicht vor Schwierigkeiten ausweicht;
- daß er Fehler anerkennt und sich mit ihnen gründlich auseinandersetzt.

Eine solche pädagogische Haltung konfrontiert Schüler mit mancherlei Unannehmlichkeiten, und deshalb wird ein guter Lehrer nie einfach nur als netter Lehrer gelten.

In diesem Zusammenhang ist auf die Problematik verwöhnender Lernarrangements hinzuweisen. Verwöhnung bedeutet ja weit mehr als die Überhäufung eines Kindes mit Süßigkeiten oder Streicheleinheiten. Verwöhnend verhalten sich Lehrer immer dann, wenn sie dem Kind Tätigkeiten abnehmen oder gar

nicht erst zutrauen, die es selbst bewältigen – und daran wachsen könnte*; etwa wenn sie:
- kurze Texte fotokopiert verteilen, die die Schüler auch von der Tafel oder vom Projektor abschreiben und dabei ihre Feinmotorik trainieren könnten;
- Essen oder Trinken im Unterricht zulassen, auch wenn alle 45 Minuten Pause ist;
- zu wenig Hausaufgaben aufgeben;
- auf die Verbesserung von Klassenarbeiten verzichten;
- ein nicht fertig oder schludrig gemaltes Bild annehmen.

Wer Schüler unnötig entlastet, unterschätzt und schwächt sie ganz erheblich. Umgekehrt wirkt ein nicht verwöhnender Lehrer auf verwöhnte Kinder eben oftmals streng.

Schulisches Lernen kann also gar nicht nur Spaß machen – aber gerade hierin liegt aus entwicklungspsychologischer Perspektive ein erhebliches Förderpotential:
- Erfahrungen des (Noch-)Nicht-Könnens brauchen nicht kränkend verbucht, sondern können konstruktiv verarbeitet werden – so käme es zu psychischer Reifung.**
- Mißerfolgsängste können als unbegründet erfahren, Ausweichverhalten kann verhindert werden – so käme es zu nachhaltiger Ermutigung.***

So förderlich die Konfrontation mit Schwierigkeiten und Mißerfolgen für Heranwachsende auch ist, sie wird von diesen keineswegs immer als angenehm erlebt: Was *de facto* eine Chance ist, mag zunächst als Plage empfunden werden. Gute Lehrer sind deshalb darauf gefaßt, daß sie – wenn sie den Unterricht unmißverständlich leiten und Regelverstöße spürbar

---

* vgl. Wunsch, Albert: Die Verwöhnungsfalle, Kösel, München 1999.

** vgl. Ahrbeck, Bernd: Konflikt und Vermeidung. Psychoanalytische Überlegungen zu aktuellen Erziehungsfragen, Luchterhand, Neuwied 1997.

*** Alfred Adler hat in seinen Schriften zur Individualpsychologie diese Problematik erstmals untersucht und dargestellt.

Pädagogische Strenge – eine vergessene Bildungshilfe

sanktionieren – auch Ablehnungs- oder gar Wutgefühle auf sich ziehen. Und sie sind bestrebt, auf diese Reaktionen der Schüler nicht zurückschlagend zu antworten, sondern gelassen zu ihren Erwartungen zu stehen. Denn dadurch vermitteln sie diesen – über den Lernfortschritt hinaus – eine wichtige zwischenmenschliche Erfahrung: daß nämlich ihr Gegenüber auch in Konflikten verläßlich für sie bleibt.

So gesehen ist der Ruf nach mehr Strenge im Klassenzimmer kein Plädoyer für Härte, Schroffheit oder Tortur, sondern lediglich gegen modische Unverbindlichkeit. Im Kern geht es „nur" um die konsequente Anleitung und Unterstützung bei der Überwindung von Lernschwierigkeiten. Also darum, Lernprozesse mit all ihren Widrigkeiten besonnen (d. h. unbeirrt von den individuellen Affekten der Schüler) und selbstbewußt (d. h. im Wissen um das sachlich Gebotene) zu leiten. Dazu gehört auch, daß man sich nicht in Kämpfe mit rebellierenden oder auch nur ausweichend argumentierenden Jugendlichen verwickeln läßt. Klar, aber cool – so könnte man die Devise zuspitzen.

Von der Selbstblockade des Lehrerstandes

Warum aber haben sich viele Lehrer mit derlei Selbstverständlichkeiten in den letzten Jahrzehnten immer schwerer getan? Vielleicht, weil sie aufgrund gewisser Eigentümlichkeiten ihrer Profession so leicht verunsicherbar sind.[*] Da ist zum einen die grundsätzliche Unbestimmtheit pädagogischen Handelns. Vor allem im Einzelfall bleibt es relativ ungewiß, ob ein Lehrer seine Ziele tatsächlich erreicht oder ob Lernfortschritte wirklich die Folge seiner Unterrichtsmethoden sind. Dieses

---

[*] vgl. Prange, Klaus: Anders als die anderen Lehrer – was heißt das? In: Grundschule Heft 2/99, S. 22f.

sogenannte Technologiedefizit der Pädagogik bedeutet für den Lehrer sowohl innere Verunsicherung als auch Angreifbarkeit von außen. Was kann er bei Mißerfolgen denn dem Einwand entgegensetzen, er hätte hier geschickter, da freundlicher, ja insgesamt besser, zumindest irgendwie anders vorgehen müssen? Und kann er bei vermeintlichem Erfolg letztlich sicher sein, daß dies ohne ihn nicht ebenso – wenn nicht noch besser – eingetreten wäre?

Aber auch in anderer Hinsicht befinden sich Lehrer in einer strukturellen Defensive. Jedes Erziehen – und insbesondere das Unterrichten – ist auf einen gewissen Konsens der zu Unterweisenden angewiesen: daß diese auch mitmachen statt irgendwie selbst zu machen, daß sie zuhören statt wegzuhören, daß sie aufpassen statt aufzustehen und herumzulaufen. Nun gilt der Vorgang des Lernens gemeinhin als weniger erstrebenswert denn der Zustand des Könnens, sei es, weil einem die Situation des Angeleitetwerdens in ihrer Asymmetrie von oben und unten nicht behagt, sei es, weil man die vor jedem Können liegende Unfähigkeit als unangenehm empfindet. Solche Kränkungs- oder Unsicherheitsgefühle aber rufen nur allzu schnell Widerstand gegen den Lehrer hervor – was diesen wiederum kränken kann.

So erstaunt es nicht, wenn im mittlerweile vergangenen Jahrhundert des Kindes schon früh versucht wurde, das Unangenehme des Lernens und die damit einhergehenden Widerstände gegen den Lehrer zu vermindern, wenn nicht auszuschalten. Im Zuge der Aufarbeitung der NS-Ideologie verkam diese Befreiung aber mehr oder weniger zur pädagogischen Kapitulation: Progressive Erzieher suchten den Konflikt mit Heranwachsenden gänzlich zu vermeiden, aus Furcht, erneut autoritäre Hörigkeiten hervorzurufen, und in der Hoffnung, weitere deutsche Katastrophen abwenden zu können. Kurzum: Mit dem Bade wurde auch das Kind ausgeschüttet. Ein übriges taten psychologische Spekulationen von der Art, Lehrer, das seien in der Regel verunsicherte Menschen, die es nötig hätten, sich mit Unterlegenen zu umgeben und an ihnen abzureagieren.

Das Ergebnis ist jedenfalls bestürzend: Lehrer wollen vor allem eines nicht, nämlich „lehrerhaft" sein. Gut sind sie vermeintlich dann, wenn sie erst einmal anders sind als frühere Lehrer (oder als die Kollegen nebenan), wenn sie sich also nicht zunächst – wie Ärzte oder Handwerker – an Vorbildern orientieren, sondern an Phrasen wie „jeden Tag etwas Neues wagen". Das modisch-pädagogische Credo ist denn auch seit geraumer Zeit kümmerlich: freundlich sein und höchstens Anregungen geben. Kein Wunder also, daß viele Lehrer der Generation „Kumpel" um eine ihrer wichtigsten Aufgaben einen großen Bogen schlagen, nämlich Schülern auch Belastungen und Enttäuschungen zuzumuten. Obwohl daran in der Generation „Narziß und Schmollmund"* reichlich Bedarf wäre: Eine angefangene Arbeit nicht halbfertig liegenlassen - ph! Liederlich Angefertigtes noch einmal überarbeiten – der kann mich mal! Fehler gründlich überdenken – nicht mit mir! Mich anstrengen und dann doch nur Zehnter sein – da könnte ja jeder kommen! Derlei Widerstände gelassen auszuhalten und auf sinnvollen Anforderungen zu beharren, ohne zurückzuschlagen, ist gewiß kein Kinderspiel. Aber werden Lehrer nicht auch für solche „Leistungen" bezahlt?

Fazit

Das Selbstverständnis insbesondere progressiver Lehrer in Deutschland verdient aus drei Gründen überdacht zu werden:

1. Tatsächlich galt es einmal, die Jugend vor autoritärer Deformierung zu bewahren – heute muß sie vor den destruktiven Potentialen der Freiheit in Schutz genommen werden.

---
* vgl. dazu die gleichnamige Titelstory in: Der Spiegel, Heft 22/2001 vom 28.5.2001, S. 115–132.

2. Lehrer, die ihre leitende Funktion nicht annehmen und die Grenzen zwischen sich und den Heranwachsenden verwischen, werden von diesen in der Regel zwar geduldet, nicht aber als für sie maßgeblich angenommen – und nicht selten auch verachtet.

3. Wer Konflikte im Umgang mit Heranwachsenden vermeidet, beschneidet deren Wachstumspotentiale – eine pädagogische Haltung, die Freundlichkeit und Strenge miteinander verbindet, ist hingegen entwicklungsförderlich.

Eine neue pädagogische Selbstgewißheit, mehr „gute Autorität" auch in der Schule wäre mithin wünschenswert. Sie würde die Lehrerschaft nicht nur bei ihrer Kernaufgabe, dem Unterrichten erheblich entlasten, sondern auch die Leistungsfähigkeit und Zufriedenheit der Schüler erhöhen. Nicht wenige in der Zunft tun sich indessen schwer mit solch neuerlichem „Tabubruch". So hat der weithin geschätzte Hartmut von Hentig vor nicht allzu langer Zeit geäußert, er finde „das Gerede von der notwendigen Strenge schlichtweg dumm".* Das war allerdings ein wenig mißverständlich für diejenigen, die den Pädagogen nur aus Reden und Schriften kennen. Schließlich war seine Schulpraxis ein Zeugnis dafür, daß er selbst Momente des Wohlwollens, des Anspruchs und eben auch der Disziplin in glücklicher Ausgewogenheit verkörperte. Insofern war es gut, daß ihm eine Kollegin von der Basis in einem offenen Brief deutlich widersprochen hat; ihr Kernsatz lautete: „Wer erzieht, ist mitunter unbequem – also auch schon mal unbeliebt!"**

Tatsächlich muß sich niemand sorgen, der neue Ruf nach einem „Schuß Strenge"*** auch im Klassenzimmer berge die

---

* vgl. Hentig, Hartmut von: Mut zur Erziehung. Ein gutes Schlagwort in falschen Händen. In: FR vom 12.7.2001.

** Kunsch, Annette: Wer erzieht, ist unbequem. Jenseits von Rohrstock und Kuschelpädagogik. Eine Antwort auf H. v. Hentig. In: FR vom 30.8.2001.

*** Mit dieser Formel hat unlängst auch der Sozialwissenschaftler und

Pädagogische Strenge – eine vergessene Bildungshilfe

Gefahr eines erzieherischen roll-backs in sich. Es geht nicht um ein Plädoyer für eine neue Durchgriffsmentalität, sondern um eine entschiedene Absage an pseudomoderne Identifizierungsmentalität*, diese historisch verständliche, mittlerweile aber überholte, heute geradezu gefährliche Überreaktion auf pädagogische Ideologien aus Kaiserzeit und Nazistaat. Nicht nur die Schwarze Pädagogik hat sich an vielen Kindern vergangen, indem sie deren Individualität nicht respektierte und deren Willen zu brechen suchte. Auch viele Varianten von „verweigerter Erziehung" haben der Jugend nicht gutgetan, indem diese zu früh alleingelassen und den fragwürdigen Kräften in peer-group und Medienwelt ausgeliefert wurde. Und genau das ist die heikle Grundbefindlichkeit vieler Heranwachsender heute: Sie fühlen sich einsam, ohne Ziel, nicht gebraucht. Projekte aller Art – in der Schule, in der Jugendarbeit – können diese Grundstimmung zwar punktuell übertünchen, nicht aber grundsätzlich beheben. Drogen aller Art präsentieren sich genau hier als Scheinlösung – und haben ebendeshalb Hochkonjunktur.

Die Zeit ist überfällig, aus Hitlers langem Schatten über der Pädagogik herauszutreten. Und dabei steht heute weitaus mehr als nur unser pädagogisches Eros auf dem Spiel: So geht es keineswegs nur darum, daß unsere Kinder und Jugendlichen in ihren jungen Jahren zufriedener sein und bessere Noten oder Arbeitsplätze bekommen können. Sie sollen uns auch zur Seite stehen können, wenn wir einmal hilfsbedürftig geworden sind, sei es durch ihre Sozialversicherungsbeiträge, sei es durch pflegende Betreuung. Eine Generation aber, die etwa nicht gelernt hätte sich anzustrengen, würde ihre gealterten oder gebrechlichen Vorfahren nur ungerne lange durchfüttern wollen, ob nun

Jugendforscher Klaus Hurrelmann für eine vorsichtige Rückkehr bzw. Hinwendung zu grenzsetzenden Aspekten in der Erziehung plädiert.
* vgl. Ziehe, Thomas, Schule und Jugend – ein Differenzverhältnis. In: Neue Sammlung, 39. Jg. (1999), S. 619–629.

die eigenen Eltern zu Hause oder fremde alte Menschen im Krankenhaus. Last not least, ist uns vermutlich auch der Fortbestand demokratischer Zustände in unserem Land nicht gleichgültig. Ein freiheitlicher Rechtsstaat kann aber nur bestehen, wenn seine Mitglieder frühzeitig gelernt haben, Regeln auch dann zu akzeptieren, wenn sie ihnen einmal nicht in den privaten Kram passen.

Renate Sander-Schmidt, geb. 1948. Bereits während des Studiums zum Lehramt Sekundarstufe I und dem Diplom-Pädagogik-Studium Unterricht in der Schule und anderen Bildungsbereichen – Kinder, Jugendliche und Erwachsene. In dieser Zeit verstärktes Interesse an der Psychotherapie, Ausbildung in einem körperpsychotherapeutischen Verfahren.

Seit ca. 1986 in freier Praxis in Hamburg mit dem Schwerpunkt pränatale Psychologie, besondere Beschäftigung mit den Verbindungen aus der psychotherapeutischen Praxis und den Erfahrungen der Lehrerzeit.

Renate Sander-Schmidt

Warum Lehrer Supervision brauchen

Ein Plädoyer zur Unterscheidung von Professionalität und Versagen

Schule hat neben dem Bildungsauftrag einen Erziehungsauftrag. Ich verstehe darunter den Auftrag, Kindern und Jugendlichen Wissen zu vermitteln, ihre Fähigkeiten zu entdecken, ihre Stärken zu fördern. Sie dabei zu unterstützen, sich in einem vorgegebenen sozialen Zusammenhang außerhalb der Familie zurechtzufinden, also weiter in die Gesellschaft hineinzuwachsen. Einen ihren Stärken und Schwächen angemessenen Platz in der Gesellschaft zu finden. Für diesen Erziehungs- und damit auch Lernprozeß sind Bindungsfähigkeit und Bindungsmöglichkeiten die Voraussetzungen. Bindungsstörungen haben Auswirkungen auf die psychische und hirnbiologische Entwicklung von Kindern. Kinder entwickeln durch Erfahrungen Bindungsmuster, die es ihnen leicht- oder schwermachen, sich einzuordnen, sich unterstützen, erziehen und belehren zu lassen. Zwar können Bindungsobjekte wechseln und das Bindungsverhalten kann sich ein Leben lang verändern, langsam und durch immer wiederkehrende stützende Erfahrung. Aber der dauerhafte Mangel an angemessenen Bindungsmöglichkeiten erzeugt die Erfahrung und das Gefühl der Vernachlässigung. Und Vernachlässigung erzeugt Gewalt.

Bindungsfähigkeit wird erworben, wenn ein Kind eine abhängige Beziehung mit einem Erwachsenen hat oder gehabt hat, der eine sichere Basis anbieten kann oder konnte. Sichere Basis heißt: Ich bin da, wenn du mich brauchst; und ich bin bereit, dir eine angemessene Antwort zu geben. In einem solchen Rahmen werden die Voraussetzungen für Fähigkeiten wie Emotionsregulierung, Selbstregulation, Bewältigungsverhalten und Beziehungsverhalten zu Gleichaltrigen und Autoritäten erworben und geprägt. Fähigkeiten, die zur Bewältigung des Schulalltages erforderlich sind. In der Schule sind es nach wie vor die Lehrer, die den Bindungswünschen und dem Bindungsabwehrverhalten der Schüler (meist auch noch der Eltern und der Kollegen, ganz zu schweigen vom eigenen Bindungsmuster) standhalten sollen. Aus diesem Grund werde ich im folgenden versuchen, einen Einblick in die Beziehungsdynamik zwischen Lehrer und Schüler, hier besonders den schwierigen Schülern zu geben. Sie gelten als einer der Hauptstreßfaktoren für Lehrer. Mit ihnen erleben Lehrer gehäuft, was auch sonst geschieht: Zurückweisung, Ablehnung und Abwertung. Sie lösen damit Gefühle aus, die häufig sehr unangenehm sind. Ein weiterer oft unterschätzter Streßfaktor ist, daß bei Lehrern, vor allem bei denen, die gute Lehrer sein wollen, schon lange eine emotionale Verunsicherung herrscht. Es bestehen Zweifel über die Zweckmäßigkeit des einzuschlagenden Weges. Diese Zweifel führen zu einer anhaltenden Aktivierung von Streßreaktionen, was auf die Dauer zum Burn-out-Syndrom, psychosomatischen Erkrankungen und Depressionen führen kann. Ein psychisch oder physisch angeschlagener Lehrer aber ist kein guter Lehrer mehr.

Lehrerbild – Schülerbild – Lehrererleben – Schülererleben

Sehen wir uns zunächst einmal die Lehrerseite an und beleuchten das Lehrerselbstbild: Nach außen wirkt es oft so, als hätten Lehrer an sich selbst den Anspruch, alles allein schaffen zu müssen: „Wenn ich das nicht schaffe, dann bin ich nicht ausreichend qualifiziert oder schlecht vorbereitet!" Manch einer gibt den Schülern die Schuld oder jemand anderem. Oder Lehrer sagen sich: „Ich muß einfach noch mehr arbeiten." Oder sie werten sich ab: „Ich war wieder nicht souverän genug. Ich habe mich von meinen Gefühlen davontragen lassen." Es scheint, als schämten sie sich ihrer Nöte und ihrer Hilflosigkeit und müßten sie verstecken. „Hilflos-sein" und „Unterstützung brauchen" wird im inneren Erleben wie auch in der öffentlichen Meinung als negativ bewertet. Andererseits aber erwarten dieselben Lehrer von den Schülern, die Hilfe brauchen, daß sie zu ihnen, den Lehrern, kommen und sich als bedürftig und hilfesuchend zeigen, und daß sie angebotene Hilfe annehmen. Daß sie „Unterstützung brauchen" und „nehmen" positiv bewerten. Diese Erwartungshaltung trifft immer häufiger auf ein Gegenüber, das wie im folgenden beschrieben geprägt ist: Ein Schüler, der es nicht erfahren hat, daß Erwachsene angemessen und mit guter Absicht auf ihn reagieren; der nicht erfahren hat, daß ein Erwachsener für ihn da ist, wenn er ihn braucht; der nicht gelernt hat, daß er ein Recht auf Bedürfnisse hat; der nicht gelernt hat, daß er liebenswert bleibt, auch wenn er Fehler macht oder eine Leistung nicht erbringt; der nicht gelernt hat, was Vertrauen und Sicherheit bedeuten; der nicht weiß, wohin mit sich, wenn er in Not kommt. Im Gegenteil, der Schüler ist mißtrauisch, er erwartet vom Lehrer – wie von Erwachsenen überhaupt – nichts Gutes. Er fühlt sich ausgeschlossen und anders; er möchte dazugehören und mitmachen, kann es aber nicht, weil er immer alles falsch macht. Der ständig befürchtet, ertappt zu werden; der ständig in Bereitschaft ist, sich zu verteidigen; und der inständig hofft, doch anerkannt zu werden. Und wenn er sich dann doch einmal anerkannt fühlt, kommt oft die ganze Wucht seiner Bedürfnisse, Ansprüche, Ängste und Wut hoch. Und er treibt damit die, denen er sich zugewandt hatte, wieder in die Flucht. Denn damit fühlen sie sich überfordert – und sie sind es auch. Doch der „Fehler" lag darin, daß sie etwas angeboten haben, ohne hinzuschauen, wem sie es anbieten. Und ohne zu wissen, was sie damit auslösen. In diesem Spannungsfeld ist schwer zu lehren und zu lernen. Es ist explosiv. Zur Deeskalierung des Spannungsfeldes sind oft Ziele formuliert worden, die trotz guter Absicht das Gegenteil bewirken.

Diesem Dilemma gelten die folgenden Ausführungen. Formulierte Ziele sind: Die Schüler sollen lernen, sich selbst zu akzeptieren, andere zu tolerieren und nach mehr innerer Zufriedenheit zu streben. Gefühle und das soziale Geschehen selbst sollen zum Thema gemacht werden. Es sollen Grundlagen des emotionalen und sozialen Miteinanders gelegt werden. Sehen wir uns wieder an, auf wen die Zielvorstellungen treffen. In den Schulen finden wir immer mehr Schüler mit prägenden Erfahrungen, die es ihnen schwer bis unmöglich machen, sich zu entspannen, zu konzentrieren, sich zu freuen. Mit anderen Worten, es sind Kinder, die nicht einfach dasein und darauf vertrauen können, daß das, was kommt, etwas Gutes sein könnte. Die im Gegenteil, wenn sie zur Ruhe kommen, vorausgesetzt, es geht überhaupt, alles tun werden, um die Ruhe zu stören. Sie haben kein Bild davon, wie es sein könnte, sich einzuordnen, Teil eines Ganzen zu sein. Und wenn sie ein Bild davon haben, dann kein gutes. Denn sie haben keine Idee, daß irgend etwas an ihnen in Ordnung sein könnte, und sie werden alles tun, um das zu verstecken. Und das ist wahrlich kein gutes Gefühl. Vielleicht werden sie sich von den Lehrerangeboten angezogen fühlen, aber sie werden nicht mitziehen können, ohne daß ihre Defizite sichtbar werden. Und dann wissen sie nicht mehr, wohin mit sich und ihren Gefühlen, sie geraten unter inneren Druck.

Schauen wir nun wieder zu den Lehrern. Sie erleben die Resonanz und müssen sich verhalten. Nehmen wir an, der Lehrer nimmt den inneren Kampf des Schülers wahr und fühlt sich angezogen, ihm zu helfen. Er geht in guter Absicht auf den Schüler zu. Kaum ist er dem Schüler nahe genug, um ihn anzusprechen oder ihn zu berühren, wendet der Schüler den Kopf abrupt zur Seite. Unschwer vorstellbar, welches Gefühl sich bei soviel Ablehnung, soviel Unerwünschtheit angesichts der eigenen Hilfsbereitschaft einstellt. Der Schüler bemerkt, daß der Lehrer ihm helfen will. Er aber würde die Hilfe nicht annehmen können, selbst wenn er es wollte. Er hat Angst vor der Nähe, die dies bedeuten würde. Sein innerer Aufruhr wird noch größer. Er weiß sich nicht mehr anders zu helfen, als den „drohenden" Kontakt abzuwehren. Was er in diesem Moment nicht will, ist, den Lehrer zu kränken. Seine Angst vor Kontakt kann er nicht mitteilen. Er bleibt in dem Gefühl stecken, sich nicht verständlich machen zu können und wieder einen Fehler gemacht zu haben. Das, was beide, Lehrer und Schüler, an dieser Stelle verbindet, ist, daß sie das Gefühl von Versagen, Demütigung und Ohnmacht haben und nicht haben wollen.

Der Schulalltag geht weiter. Die Situationen wiederholen sich. Lehrer wie Schüler werden tagtäglich an ihr Versagen erinnert. In dieser Situation ein Gefühl für den eigenen Wert zu behalten ist schwer. Wenn man erfolgreich ist, ist es leichter. Doch gerade dies ist bei den „schwierigen" Schülern so mühsam. Was die schwierigen Schüler brauchen, ist, daß Lehrer mit ihrem Interesse für sie da bleiben, daß sie nicht resignieren oder krank werden, sondern daß sie präsent bleiben. Mit Interesse meine ich nicht nur die gute Absicht, sondern auch die Fähigkeit, Grenzen setzen zu können: den Schülern, wenn sie zu weit gehen; sich selbst, wenn man chronisch etwas anbietet, was gar nicht genommen werden kann – auch wenn es in guter Absicht geschieht. Und es ist schwer, Grenzen zu setzen, wenn man gleichzeitig damit beschäftigt ist, Kränkungen und Zurückweisungen in sich zu regulieren, ohne zu wissen, wohin damit. Grenzen setzen heißt nämlich auch Bindung anbieten: hier bin ich und da bist du; und das sind die Regeln. Und das ist schwer, wenn man selbst für seine Nöte keine Bindungsmöglichkeit sieht. Dann einen Weg zu finden, die angebotene Bindung auch zu halten, das ist heute die geforderte Leistung des Lehrers.

Dazu brauchen Lehrer Vorbereitung durch Veränderung des Lehrerstudiums und Unterstützung, und die Bereitschaft, sich mit den Gefühlen von Ohnmacht, Inkompetenz, Demütigung und Versagen auseinanderzusetzen. Die eigenen Erfahrungen mit diesen Gefühlen zuzulassen, sie als dazugehörend anzunehmen und zu lernen bzw. zu erinnern, was hilft, wenn man diese Gefühle hat. Die schwierigen Schüler haben diese Gefühle eh. Was sie nicht erfahren haben, ist, daß es einen guten Umgang damit geben kann. Wenn die Lehrer für sich eine Möglichkeit gefunden haben, diese Gefühle aus der Isolation zu holen und mit anderen zu teilen, um so ihren Wert wiederzufinden, dann dürfen die Schüler sie vielleicht auch haben. Ohne die Erfahrung wiederholen zu müssen: Ich bin nicht in Ordnung, ich verdiene es, ausgeschlossen und vernachlässigt zu werden. Sie könnten dann vielleicht sogar von den Lehrern lernen, wie man mit solchen Gefühlen umgehen kann.

Warum Lehrer Supervision brauchen

Es hat jetzt vielleicht den Anschein, als dächte ich, Lehrer bräuchten sich nur mit den eigenen Gefühlen auseinandersetzen. Das meine ich nicht. Die Schüler werden dadurch sicher nicht weniger schwierig. Aber meine Hoffnung ist, daß die schwierigen Schüler dann nicht mehr die Macht haben, durch Ablehnung oder Störung darüber zu bestimmen, ob ein Lehrer sich kompetent, ohnmächtig oder als Versager fühlt. Und das würde sich für beide Seiten besser, d. h. sicherer anfühlen. Dies könnte ein erster kleiner Schritt zu einem veränderten Beziehungsverhalten sein. Denn wenn der Schüler das Interesse behielte, dem Lehrer etwas mitteilen zu wollen, dann hätte er ihn als Autorität anerkannt. Und die Anerkennung bzw. die Möglichkeit, eine Autorität anerkennen zu können, gehört zu den Grundvoraussetzungen für das Lernen. Ich sehe in diesem Ansatz keine Patentlösung, sondern ein Vorgehen, das sich, um erfolgreich zu sein, immer wiederholen muß, um der massiven Ablehnung und Ohnmacht, der ein Lehrer tagtäglich ausgesetzt ist, widerstehen und um immer wieder in Kontakt mit den Schülern gehen zu können. Denn das ist es, was die Schüler am meisten brauchen, Zuwendung in Form von Interesse und zuerst auch in Form klarer Grenzsetzung.

Die Schüler – und nicht nur sie – brauchen dringend neue Erfahrungen und die immer wieder. Dafür brauchen Lehrer Supervision. Es ist nötig, Supervision nicht als Versagen, sondern als Ausdruck von Professionalität zu begreifen. Und Supervision ist Prävention: einmal für Lehrer, um den sinnvollen Einsatz ihrer Kräfte zu überprüfen, krankmachende Selbst- und Schülerbilder aufzugeben, sich selbst zu reflektieren, und um einen Ort zu haben, an dem sie sich – was ihren Beruf anbelangt – „angebunden" fühlen können. Supervision braucht einen festen Platz im Schulalltag. Denn präsente und fühlende Lehrer sind Voraussetzung für Lernen und Lernerfolg, nicht überforderte, überlastete und letztendlich alleingelassene Lehrer.

An dieser Stelle sind auch die Computer – wie oft angeregt – keine Lösung, so sinnvoll sie auch sonst sein mögen. Denn sie sind nicht in der Lage, den Schüler als denkendes, fühlendes und mit Erfahrungen und Intentionen ausgestattetes Gegenüber zu verstehen und angemessen zu reagieren. Und sie sind auch nicht in der Lage, sich selbst als denkendes, fühlendes und mit Erfahrungen und Intentionen ausgestattetes Gegenüber zu verstehen und angemessen zu reagieren. Das aber ist letztlich die Grundlage des Lernens.

Literatur zum Thema:

Brisch, Karl Heinz: Bindungsstörungen, Stuttgart 1999.
Hüther, Gerald: Biologie der Angst, Göttingen 1999.
Winnicott, D.W.: Kinder. Gespräche mit Eltern, Stuttgart 1994.

Thelma von Freymann wurde 1932 in Helsinki, Finnland, geboren. Ihre Schulzeit verteilte sich auf Finnland, Schweden, Deutschland und die Schweiz. 1961–1965 unterrichtete sie als Studienassessorin am Gymnasium (St. Ursula-Schule Hannover), danach war sie Redakteurin im Ernst Klett Verlag, Stuttgart. 1975–1995 gehörte sie dem Lehrkörper der Universität Hildesheim an (Institut für Angewandte Erziehungswissenschaft und Allgemeine Didaktik). 1995 wurde sie als akademische Oberrätin pensioniert, seither publiziert sie bei verschiedenen Verlagen.

Thelma von Freymann

...und was ist mit den Schwachen?

Fördern in Deutschland und in Finnland

„Was macht man in Deutschland, um den schwachen Schülern zu helfen?"

Die Frage stellt mir eine finnische Klassenlehrerin, Frau Saari. Wir haben gerade davon gesprochen, daß im Jahresdurchschnitt 16–17 % aller finnischen Schüler für kürzere oder längere Zeit Einzelstunden bei einer speziell dafür ausgebildeten Lehrkraft erhalten, wenn sie im Klassenunterricht nicht aus eigener Kraft mithalten können.

TvF: Schüler, die nicht in der Lage sind, den Anforderungen der Grundschule zu genügen, werden in eine Schule für Lernbehinderte überwiesen. Dort unterrichten Lehrkräfte mit sonderpädagogischer Ausbildung, die Lehrpläne und -methoden sind anders als in der Grundschule und die Klassen viel kleiner.

Frau Saari: Wie viele Schüler betrifft das?
TvF: Rund 4 %.
Frau Saari (konsterniert): Und was ist mit den übrigen 12–13 %?
TvF: Die bleiben in der normalen Klasse, und die Klassenlehrerin soll sie in binnendifferenziertem Unterricht so fördern, daß sie es schaffen.
Frau Saari: Also ich könnte das nicht. Dafür fehlt mir einfach die Kompetenz. Lerndiagnostik und lerntherapeutische Methoden gehören bei uns nicht zur Ausbildung von Klassenlehrern.
TvF: In Deutschland auch nicht.
Frau Saari (voller Entsetzen): Aber dann kann das doch nicht gehen!
TvF: Es geht auch nicht. Aber das gibt in Deutschland niemand zu.

Dieses Gespräch fand 1997 statt, als von PISA noch keine Rede war. Heute wissen wir: Der Anteil der jungen Menschen, die die deutsche Gesellschaft schlicht und einfach im Stich läßt, war mit 12–13 % viel zu niedrig geschätzt. Seit dem 4. Dezember 2001 ist die Katze aus dem Sack: 22,7 % des getesteten Jahrgangs von 15jährigen in Deutschland können nicht gut genug lesen und rechnen, um als Auszubildende in einem Lehrbetrieb zu bestehen. Selbstverständlich befinden sich unter ihnen auch solche, denen man das mit keiner Pädagogik der Welt hätte beibringen können. Aber daß der Prozentsatz dieser schwach Begabten in Deutschland mehr als dreimal so hoch sein könnte wie anderswo, das glaubt doch wohl niemand. Wenn der Anteil derer, die im Lesen nicht einmal die niedrigste im Test erfaßte Kompetenzstufe erreichten, in 13 von 32 Ländern weniger als 5 % beträgt, in Deutschland aber 10 % und nur in vier Ländern mehr als 10 %, dann kann das nur heißen: Die meisten von diesen funktionalen Analphabeten sind durchaus begabt genug, um auf einem Niveau lesen zu lernen, das Arbeitgeber erwarten.

Was ist mit den Schwachen?

Warum also haben sie es nicht gelernt? Die Antwort ist kraß: weil die deutsche Schule sie links liegenließ.

Systematische Realitätsverleugnung war bei uns in bezug auf die Schule schon seit mindestens dreißig Jahren in unserem Land der Brauch (und also keineswegs etwa eine Folge der Präokkupation mit den Problemen der Wiedervereinigung). Tests, die ein objektives Bild des Leistungsniveaus in verschiedenen Bundesländern ergeben hätten, waren Anathema; die vorauszusehenden Ergebnisse hätten nicht in die politische Landschaft gepaßt. Alle Entscheidungsträger machten die Augen zu, um nicht sehen zu müssen, was sich in den Schulen abspielte. Nur die Lehrkräfte wußten es schon immer. Daß deren Berufsverbände nicht rechtzeitig gerufen, geschrien, in sämtlichen Medien trompetet haben: „So geht es nicht! Diese Schule begeht Verrat an den Schwachen!", ist unbegreiflich. Statt dessen haben sie die materiellen Interessen ihrer Mitglieder verfolgt und sich im übrigen an der Gesamtschulfront verkämpft. Als wäre es eine Frage der Schulform, ob für die Lernschwächeren angemessen gesorgt wird! Als wäre es nicht unendlich viel einfacher gewesen, durchschlagende Förderkonzepte in den Grundschulen einzuführen, als das gesamte Schulsystem umzukrempeln! Weil es aber in Wirklichkeit nur um letzteres ging, setzte man sich für ersteres gar nicht erst ein.

Jetzt endlich hat PISA der Desinformationspolitik den Boden entzogen und die deutsche Öffentlichkeit gründlich aufgestört. Während die Resultate der internationalen PISA-Studie in anderen Ländern die Fachleute nicht überraschten und von der Öffentlichkeit kaum zur Kenntnis genommen wurden, schlugen sie in Deutschland wie eine Bombe ein. Offensichtlich ist unsere ganze Zukunft als Industriegesellschaft gefährdet. Alle sind sich darüber einig, daß drastische Konsequenzen fällig sind. Aber worin diese bestehen sollten, darüber gehen die Meinungen weit auseinander.

Thelma von Freymann

Was ist an den PISA-Ergebnissen so brisant?

Folgende Einzelergebnisse demonstrieren das deutsche Desaster:
– Die Leistungen der deutschen Probanden liegen auf allen Testgebieten deutlich unter dem OECD-Durchschnitt. Unter 31 Teilnehmerländern, davon sieben außereuropäischen, steht Deutschland in der Gesamtwertung „Lesen" an 21., in Mathematik und Naturwissenschaft an 20. Stelle.

– Die „Risikogruppe", definiert als diejenigen Probanden, welche die unterste vom Test erfaßte Kompetenzstufe nicht überschritten oder gar nicht erst erreichten, macht knapp 23% der Teilnehmer aus.

– Die Streubreite der Leistungen, d.h. der Unterschied zwischen der obersten und der untersten erreichten Punktzahl, ist in Deutschland größer und der Zusammenhang zwischen den Leistungen der Probanden und dem Sozialstatus ihrer Eltern enger als in irgendeinem anderen Teilnehmerland.

Deutschen Schulen gelingt es also weder, die gegenwärtig 15jährigen als Kohorte auf ein Niveau zu bringen, das internationalem Durchschnitt entspricht, noch die Nachteile auszugleichen, die für den einzelnen aus bildungsferner sozialer Herkunft folgen.

Früher oder später muß der deutsche Steuerzahler für alle Kosten aufkommen, die durch mangelnde Qualifikation von Einwohnern dieses Landes entstehen. Wo immer die Voraussetzungen für volle Teilhabe am gesellschaftlichen Leben nicht erfüllt sind, droht Arbeitslosigkeit und soziale Randständigkeit bis hin zum Absinken in die Kriminalität. In naher Zukunft werden diese Probleme für den getesteten Jahrgang akut. Die Rechnung wird hoch.

Im folgenden blende ich ein Sonderproblem aus meiner

Was ist mit den Schwachen?

Darstellung völlig aus: das der Kinder ausländischer Muttersprache. Solche kommen in finnischen Schulen des Binnenlandes praktisch überhaupt nicht vor. Die Einwanderer machen insgesamt knapp 2% der Bevölkerung aus, aber *de facto* wohnen sie fast nur im südlichen Ballungsraum, und ihre Kinder gehen mehrheitlich in ganz bestimmte Schulen, tragen also keineswegs wie in Deutschland zu allgemeiner Heterogenität von Schulpopulationen bei. Außerdem darf keines in eine normale Klasse, ehe es genug entweder Finnisch oder Schwedisch (je nachdem) gelernt hat. Es muß natürlich zur Schule gehen, aber dort kommt es so lange in eine besondere Sprachlerngruppe, bis es imstande ist, dem Unterricht in einer normalen Klasse zu folgen. Die Verantwortung dafür, daß der Unterricht auf bestimmten Voraussetzungen aufbauen kann, trägt die Schule. Kinder, die vor Beginn der Schulpflicht ins Land gekommen sind, müssen einen Kindergarten besuchen. Zu Hause bleiben, bis sie schulpflichtig werden, und dann „sprachlos" dastehen, gibt's nicht. Kindergärtnerinnen sind auf Hochschulniveau ausgebildet und ihrer Aufgabe gewachsen.

Die Erkenntnis, daß auch in Deutschland ausreichende Sprachkenntnisse bei Kindern ausländischer Muttersprache von Staats wegen sichergestellt werden müssen, setzt sich dank PISA glücklicherweise durch. Einschlägige Programme werden in allen Bundesländern politisch (nicht nur pädagogisch!) diskutiert, mancherorts hat man sogar Beschlüsse gefaßt. Ihre Umsetzung wird zwar nicht schnell gehen, und bis sich Resultate zeigen, wird es naturgemäß Jahre dauern. Dennoch erübrigt sich im hier gegebenen Rahmen eine ausführliche Argumentation zugunsten von Sprachprogrammen nach finnischem Muster.

In bezug auf die Notwendigkeit, allen Kindern ausländischer Muttersprache Deutsch beizubringen, ist inzwischen „der Groschen gefallen". Überhaupt noch nicht gefallen ist er aber in bezug auf den Förderbedarf ganz gewöhnlicher deutscher Kinder.

Thelma von Freymann

Es ist ja mitnichten so, als bestünde die Risikogruppe hauptsächlich aus den Nachkommen von Einwanderern, auch wenn sie darin überproportional vertreten sind. Läßt man die 15jährigen nichtdeutscher Muttersprache aus dem Spiel, sind die Ergebnisse immer noch erschreckend. Im folgenden richte ich meinen Blick also ausdrücklich auf die Probleme, die wir auch dann lösen müßten, wenn es in diesem Lande überhaupt keine Einwanderung gäbe. Und da könnten wir wahrhaftig viel von den Finnen lernen.

Das Gegenbeispiel Finnland

Die finnischen 15jährigen erreichen im Lesen die weltweit höchsten Werte, in Mathematik und Naturwissenschaften werden sie von ein paar außereuropäischen Ländern wie Japan und Korea übertroffen, aber von keinem europäischen. Die Leistungen streuen nur wenig, und die Streuung korreliert weder mit Standortfaktoren noch mit dem Sozialstatus der Eltern. Die Risikogruppe macht prozentual weniger als ein Drittel der deutschen aus, nämlich 7 %. Auch das ist in finnischen Augen noch zu viel. Deutsche aber können diese Zahl nur mit Staunen betrachten. Sie bedeutet, daß es der finnischen Schule weitgehend gelungen ist, gerade diejenigen 15jährigen zum Optimum ihrer Leistungsmöglichkeiten zu bringen, deren Elternhaus sie dabei eher behindert als unterstützt hat, und ihnen dadurch das Tor zur Teilhabe am sozialen, kulturellen und wirtschaftlichen Leben ihres Landes zu öffnen. Wenn diese Generation heranwächst, werden die gesellschaftlichen Kosten für Arbeitslosigkeit, soziale Randständigkeit und Kriminalität in Finnland vergleichsweise niedrig sein.

„Wie haben die Finnen das bloß gemacht?" Diese Frage hat mittlerweile in der deutschen Diskussion breiten Raum

Was ist mit den Schwachen?

eingenommen. Und fast alle Kommentatoren führen den finnischen Erfolg im wesentlichen auf zwei Faktoren zurück: das selektionsfreie Gesamtschulsystem und die angebliche methodische Überlegenheit finnischer Lehrkräfte über die deutschen. Dabei wird immer als selbstverständlich vorausgesetzt, daß finnische Gesamtschulen im Prinzip dasselbe seien wie deutsche.

Diese Voraussetzung ist falsch. Das deutsche Wort „Gesamtschule" (das durchaus nicht die Übersetzung des finnischen *peruskoulu* ist, das wäre vielmehr „Grundschule") fungiert als ein Etikett, das Identität völlig unterschiedlicher Institutionen vortäuscht. Die *peruskoulu* setzt sich aus einer 6jährigen Grundstufe (*alakoulu*) mit den Klassen 1–6 und Klassenlehrerprinzip sowie einer 3jährigen Oberstufe (*yläkoulu*) mit den Klassen 7–9 und Fachlehrerprinzip zusammen, die nur ausnahmsweise unter einem Dach existieren. Von ersteren gibt es rund 3700, von letzteren rund 600.

Wer Abitur machen will, geht nach der Pflichtschule auf eine der rund 400 *lukios* mit jahrgangslosem Kurssystem. Mit den PISA-Ergebnissen haben diese aber nichts zu tun, weshalb ich sie nur der Vollständigkeit halber kurz erwähne.

Diese knappen Angaben genügen schon, um zu zeigen: das finnische System entspricht weder dem deutschen System im allgemeinen noch deutschen Gesamtschulen im besonderen. Dabei sind die Unterschiede in Wirklichkeit noch viel drastischer, weil die Schulen verpflichtet sind, auf der Grundlage der staatlich vorgegebenen Rahmenrichtlinien ihr eigenes Profil zu entwickeln und weil die Schulautonomie, die sich im Rahmen dieses Beitrags nicht darstellen läßt, auch zu je eigenen, den Bedürfnissen der örtlichen Klientel entsprechenden Organisationsformen (z. B. Unterrichtsangeboten in Zusammenarbeit mit außerschulischen Institutionen) führt. Es gibt keine Schulaufsicht. Schulträger sind die Gemeinden. Sie stellen nach Bedarf Lehrkräfte ein und entlassen sie gegebenenfalls auch wieder, befristete Arbeitsverträge sind normal. Eine unkündbare Stelle bekommt nur eine in langen Jahren bewährte Lehrkraft.

Dem finnischen Schulwesen liegen, wie jedem anderen, bestimmte gesellschaftliche Voraussetzungen zugrunde. Solche lassen sich nicht aus einem Land in ein anderes transferieren. Sie zur Kenntnis zu nehmen, ehe man Schlüsse zieht und politische Forderungen erhebt, ist allerdings ein Gebot intellektueller Redlichkeit und politischer Klugheit.

Demographie, Sprach- und Religionsgruppen in Finnland

Finnland hat 5,2 Mill. Einwohner auf 338 000 qkm Fläche (zum Vergleich: Deutschland 82 Mill. Einw. auf 357 000 qkm); Wald oder Wasser bedecken 79 % davon. Die Bevölkerung verteilt sich extrem ungleichmäßig. In der Provinz Uusimaa, zu der auch der Ballungsraum Helsinki gehört, wohnen rund 1,5 Mill.; die Besiedlungsdichte entspricht in etwa mitteleuropäischen Verhältnissen. Schon wenige hundert Kilometer nordöstlich von Helsinki kommen statistisch auf den qkm aber nur noch 13 Personen und im hohen Norden weniger als eine.

Ungleich verteilt sind auch die Sprachgruppen. Es gibt noch immer Gegenden, in denen praktisch nur Schwedisch gesprochen und Finnisch erst in der Schule gelernt wird. Die Schwedisch sprechenden Einwohner Finnlands sind eine gleichberechtigte Minderheit, Finnländer, nicht etwa Schweden. Sie haben Anspruch auf jegliche Art von Bildung in ihrer Muttersprache, vom Kindergarten bis zur Universität. Die Existenz von zwei Bevölkerungsgruppen und zwei Landessprachen führt also keineswegs zu Heterogenität von Schulpopulationen oder gar -klassen.

Die zweite anerkannte sprachliche Minderheit sind die Saamen, früher Lappen genannt. Sie wohnen aber nicht über das

Was ist mit den Schwachen?

ganze Land verstreut. Auch sie haben Anspruch auf muttersprachlichen Unterricht und dürfen z. B. den Abituraufsatz auf Saamisch schreiben. Außerdem gibt es die alteingesessenen Roma, die Romani sprechen, sowie Flüchtlinge und Einwanderer aus aller Herren Länder. Der Bevölkerungsanteil der Einwanderer liegt bei knapp 2%, und sie wohnen zum allergrößten Teil in der Region Helsinki.

Religionszugehörigkeit: 85,5 % der finnischen Bevölkerung gehören entweder der Staatskirche (ev.-luth.) oder einer der zahlreichen freikirchlichen Gemeinden an, 12,1% sind konfessionslos. Der Rest verteilt sich auf verschiedene Religionsgemeinschaften, die für das Schulwesen insgesamt keine Bedeutung haben. (Der Kuriosität halber sei erwähnt, daß sich unter ihnen alteingesessene Sunniten befinden. Sie sind seit Generationen völlig integriert; keine finnische Muslima trägt Kopftuch.)

Die insgesamt so dünne Besiedlung des Landes ist die entscheidende Voraussetzung für die konkrete Gestalt der Schulen. Es gibt welche mit weniger als 10 Schülern. 40 % der finnischen Schulen haben bis zu 50 Schüler, 60 % haben bis zu sechs Lehrkräften. Nur 3 % haben mehr als 500 Schüler. In einer Klasse oder Lerngruppe (jahrgangsübergreifend) sind Schülerzahlen unter 20 normal.

Aus all diesen Zahlen geht hervor, daß im Binnenland die Population einer Schule und so auch eine jede Schulklasse oder Lerngruppe normalerweise sprachlich, sozial und kulturell sehr homogen ist. Finnen und Finnländer mischen sich meist nicht in der Schule, Saamen wohnen praktisch nur in Lappland.

Gesellschaftlicher Stellenwert von Bildung

Die Finnen haben seit langem begriffen, daß sie ihren Lebensstandard im Zeitalter der Globalisierung nur dann halten können, wenn sie für ein durchgängig hohes Ausbildungsniveau sorgen. Immer bessere Qualifikation der Arbeitskräfte aller Sparten ist ein nationales *sine quo non*. Darum gibt es für Bildung relativ viel Geld. Darum genießen Lehrkräfte hohes Ansehen, obwohl sie weit weniger verdienen und weniger soziale Sicherheit haben als ihre deutschen Kollegen. Darum haben Bildungsfragen in der öffentlichen Diskussion einen hohen Stellenwert. Und weil dank der Schulautonomie alle Entscheidungen lokal fallen, nicht zentral, ist das System als Ganzes auch nicht „träge", sondern in einem geradezu verblüffenden Maße beweglich.

Der gesetzliche Auftrag der Schule

Der Auftrag der Gesellschaft an die Schule ist in Finnland wie auch in allen deutschen Bundesländern gesetzlich festgelegt. Deutsche Schulgesetze definieren diesen Auftrag grundsätzlich als Unterricht und Erziehung. Daß seine Erfüllung nur unter bestimmten Voraussetzungen möglich ist, daß also die Schule an ihrem Auftrag notwendig scheitern muß, wenn diese nicht gegeben sind, und daß infolgedessen diese Voraussetzungen innerhalb des Systems zu sichern sind, wenn der Auftrag wirklich erfüllt werden soll, davon ist in Deutschland in den für das Schulwesen konstitutiven Texten mit keinem Wort die Rede. Schon an dieser Stelle zeigt sich die deutsche Realitätsverleugnung in bezug auf Schule.

Das finnische Schulgesetz geht von einer Erkenntnis aus, die an Trivialität kaum zu übertreffen ist: Ein Kind, dem es schlecht geht, kann nicht gut lernen. Was immer Unterricht vermittelt, kann der Schüler nur so weit verarbeiten, als es ihm gutgeht. Der zentrale Begriff heißt *hyvinvointi* (Aussprache: hüwinwointi, Ton auf der ersten Silbe) und läßt sich nicht übersetzen,

Was ist mit den Schwachen?

nur ziemlich umständlich umschreiben. Er umfaßt sowohl subjektives Wohlbefinden als auch den objektiven Befund, daß es dem Betreffenden gutgeht, und zwar physisch, psychisch und sozial. Für das *hyvinvointi* der ihr anvertrauten Kinder und Jugendlichen zu sorgen, ist der erste Auftrag der finnischen Schule. Erfüllte sie diesen nicht, hätte sie grundsätzlich versagt. Daß sie ihn erfüllt, beweisen die PISA-Ergebnisse.

Lernprozesse sind

1. Stoffwechselvorgänge: Ein Kind, das nicht gut ernährt ist, kann nicht gut lernen.

2. psychische Vorgänge: Ein Kind, dessen psychische Ressourcen durch Angst, Trauer oder andere belastende Gefühle blockiert sind, kann nicht gut lernen.

3. soziale Vorgänge: Ein Kind, das sich in seiner sozialen Umgebung nicht als akzeptiert und gestützt erfährt, kann nicht gut lernen.

Daß es dem Kind gutgeht, dafür sollten in erster Linie die Eltern sorgen. Es ist ihre ureigenste Aufgabe. Aber nicht alle Kinder haben Eltern, die dazu in der Lage sind. Das ist überall auf der Welt so, auch in Finnland – auch in Deutschland. Jede Lehrkraft, die bei uns an einer Schule mit problemträchtigem Einzugsgebiet unterrichtet, weiß, daß viele Kinder unter Fehl- oder Mangelernährung leiden und darum in ihrer Lernfähigkeit beeinträchtigt sind. Hierzulande wird das einfach hingenommen: Mit solchen Folgen elterlichen Versagens müssen die Kinder halt leben. In Finnland aber nicht. In jeder Schule, auch der abgelegensten, gibt es täglich eine – selbstverständlich kostenlose – Mahlzeit für alle. Sie ist darauf angelegt, ein Drittel des täglichen Bedarfs an Kalorien, Vitaminen und Mineralien zu decken, aber natürlich darf jedes Kind so viel essen, wie es will. Schulen mit entsprechender Klientel bestellen für Montag doppelte Portionen, weil sie wissen: nach dem Wochenende sind manche Kinder sehr hungrig.

Hyvinvointi umfaßt auch Gesundheit über den Ernährungszustand hinaus. Darum gibt es an jeder finnischen Schule eine einschlägige Fachkraft, eine Krankenschwester mit Zusatzausbildung (das Berufsbild ist hierzulande unbekannt). An großen Schulen ist sie täglich anwesend, jeder Schüler kann sie jederzeit aufsuchen. An kleinen ist sie es, je nach Schülerzahl, nur an bestimmten Tagen, mindestens aber einmal die Woche. Sie führt z. B. die Gesundheitsakte eines jeden Kindes und berät ggf. die Lehrkräfte, wenn es Lernprobleme bekommt. Diese könnten ja gesundheitlich begründet sein, z. B. durch eine leichte Schwerhörigkeit. In komplizierteren Fällen wird der Schularzt konsultiert, der ohnehin regelmäßig in die Schule kommt. Im übrigen läuft die gesamte zahnärztliche Betreuung bis Ende der Schulpflicht über die Schulen.

Hyvinvointi umfaßt weiterhin das psychische Wohl. Darum gehört zu jedem Kollegium eine Psychologin. Auch hier gilt, daß sie an jeder Schule mindestens einmal die Woche präsent sein sollte, sonst könnte sie ja weder die Schüler noch die Kollegen gut genug kennen, um beim Auftreten von Problemen sinnvoll eingreifen zu können. Die Lehrkräfte sind also grundsätzlich nicht allein gelassen wie hierzulande, sondern werden laufend gestützt und beraten. Statistisch kommt in Finnland auf je 800 Schüler ein Schulpsychologe.

Hyvinvointi umfaßt schließlich auch das soziale Wohl. Niemand darf zum Außenseiter werden, jedes Kind, auch das schwache, auch das weniger sympathische, auch das schwierige, hat Anspruch auf Gemeinschaft. Da das nicht immer von allein klappt, gibt es – zu denselben Bedingungen wie in den oben genannten Fällen – an jeder Schule eine Kuratorin. Sie hat eine sozialpädagogische Ausbildung und ist für alle Arten von sozialen Konflikten zuständig, auch, wenn sie außerhalb der Schule selbst liegen. Z. B. ist es ihre Sache, mit Eltern Kontakt aufzunehmen, wenn ein Schüler schwänzt, Lehrkräfte haben sich da herauszuhalten. Sie sind für Sozialarbeit nicht ausgebildet und haben dafür keine Kompetenz.

Selbstverständlich gibt es Kinder, die während ihrer gesamten Schulzeit weder die Psychologin noch die Kuratorin in Anspruch nehmen. Um so wichtiger sind diese Fachkräfte für diejenigen, die zu Hause das Maß an Zuwendung und seelischer Fürsorge nicht erhalten, das ein Kind nun einmal braucht, um ein gesundes Selbstwertgefühl und psychische Stabilität zu entwickeln. Die aber sind die Grundlage von Lernprozessen.

Daß diese selbst effektiv ablaufen, ist Sache der Lernberaterin. Sie vermittelt Studientechnik und hilft vor allem in der *yläkoulu* bei der Kurs- und Fächerwahl. Das Angebot ist oft schwer zu überschauen, weil auch außerschulische Instanzen daran beteiligt sind (Museen, Sportvereine uw.).

Soweit die institutionelle Sicherung der Voraussetzungen für erfolgreiches Lernen in finnischen Schulen.

Bekommen finnische Kinder mehr Unterricht als deutsche?

Zunächst drängt sich der Verdacht auf, daß in der finnischen Ganztagsschule einfach sehr viel mehr Unterricht stattfinde als in der deutschen Halbtagsschule. Aber die finnischen Sommerferien dauern zweieinhalb Monate, und die Stundentafeln sehen durchaus ähnlich aus wie deutsche. So erhalten finnische Kinder den offiziellen Zahlen zufolge keineswegs mehr Stunden pro Schuljahr als deutsche – in Wirklichkeit aber doch! Denn in Deutschland fällt sehr viel Unterricht aus, weil es normalerweise keine Vertretung gibt, wenn eine Lehrkraft erkrankt. Daß dies auch nicht für wichtig gehalten wird, zeigen immer wieder einschlägige politische Entscheidungen. So soll laut dpa-Bericht in der SZ vom 21.11.2002 in Berlin „die Zahl der Lehrer, die bei Unterrichtsausfall einspringen, reduziert werden". Reduziert, nicht etwa erhöht! Dabei weiß ja jeder, daß Unterrichtsausfall immer in erster Linie zu Lasten der schwächeren Schüler geht. Da die wieder gesundete Lehrkraft die verlorene Zeit „einholen" muß, verschärft sie notgedrungen das Tempo. Dem lernstärkeren Schüler macht das wenig aus, den Schwachen aber kann es an seine Grenzen bringen. Und an dieser Stelle greift dann die soziale Schere: Wer es sich leisten kann, läßt seinem Sprößling Privatunterricht geben – nicht alle Eltern können das.

In Finnland findet der vorgesehene Unterricht unter fast allen Umständen statt, denn die Gemeinde hat eine Vertretungsreserve, die auf Abruf bereitsteht. Meist springt die Vertretung noch am Tage der Krankmeldung ein. Dies wirkt sich zuallererst zugunsten der schwachen Schüler aus und ist eine der Erklärungen dafür, daß gerade diese bei PISA vergleichsweise gut abschnitten. Übrigens, im umgekehrten Fall – wenn also nicht eine Lehrkraft, sondern das Kind selbst krank war – ist es Sache der Klassen- oder Fachlehrerin, den versäumten Stoff mit ihm nachzuarbeiten.

Erklärt sich der Erfolg finnischen Unterrichts durch die Einheitlichkeit der Schulen?

Die zweite hierzulande weitverbreitete These lautet: In Finnland lernen eben alle gemeinsam dasselbe, das dann aber gründlich, und nicht wie hierzulande nach Schularten getrennt. Daran ist soviel wahr, daß es einen für alle verbindlichen Rahmen gibt und daß regelmäßig landesweit an einer Stichprobe von 20 % der Schulen überprüft wird, wie weit sie den Pflichtstoff auch tatsächlich vermitteln. Sie sind sehr daran interessiert, Rückmeldung über ihre Unterrichtsergebnisse zu erhalten, und nehmen an diesen Tests oft auch dann freiwillig teil, wenn sie nicht an der Reihe sind. Jede Schule erfährt allerdings außer den eigenen nur die Durchschnittsergebnisse, niemals die einer anderen Schule. Ein *ranking* gibt es also nicht.

Schulen sehr unterschiedlichen Anspruchsniveaus gibt es

Was ist mit den Schwachen?

aber sehr wohl. Am 13. Mai 2002 wurden die Ergebnisse der neuesten Evaluation publiziert, und sie besagten, daß die Schüler mancher Schulen von 100 möglichen Punkten im Durchschnitt 85 erreichten, die mancher anderer aber nur 40. Dabei handelte es sich keineswegs um ein Nord/Süd- oder Stadt/Landgefälle, sondern ganz im Gegenteil um Schulen jeweils ein und derselben größeren Stadt. Das konnte auch niemanden wundern, der die finnische Schullandschaft kennt.

Dank der gesetzlich vorgegebenen Profilbildungspflicht gibt es in Ballungsgebieten ein breites curriculares Angebot. Z. B. bieten fünf Schulen in Helsinki eine Lateinlinie an. Über ein Dutzend bieten eine Musiklinie, Sport und Kunst gibt es in vielen Variationen. Auch Eltern von Kindern mit einer ausgefallenen Begabung finden im Schulkatalog die passende Schule. Die Schulwahl ist frei. Allerdings muß das Kind eine Eignungsprüfung bestehen, um in eine Sonderlinie aufgenommen zu werden (was ja sinnvoll ist: Was soll es auf der Sportlinie, wenn es die körperlichen Voraussetzungen für erhöhte Anforderungen nicht mitbringt?). Selektionsdruck nach der Aufnahme gibt es aber nicht. Keine Schule wird ein Kind wieder los, das sie einmal aufgenommen hat.

Finnische Schulen erteilen Fremdsprachenunterricht spätestens ab Klasse 3 und immer öfter im Rahmen der Profilbildung bereits ab Klasse 1. Die Sprachenfolge ist frei, aber zwei Fremdsprachen – die je andere Landessprache und Englisch – sind Pflicht für jeden. Das trägt natürlich zur Lesefertigkeit bei.

Sind finnische Lehrkräfte den deutschen methodisch überlegen?

Daß finnische Lehrkräfte schlichtweg besseren Unterricht geben als hiesige, ist ein deutscher Mythos. Insbesondere gilt dies für den in Finnland angeblich so weitverbreiteten binnendifferenzierten Unterricht in heterogenen Klassen. Die durch PISA nachgewiesenermaßen höhere Effektivität des finnischen Unterrichts erklärt sich nicht durch methodische Überlegenheit der dortigen Lehrkräfte, sondern dadurch, daß sie unter ganz anderen Bedingungen arbeiten. Die Stunden sind für Unterricht da und *nur* dafür. Während deutsche Lehrkräfte vom Milchgeldeinsammeln bis zur Schlichtung zwischen verfeindeten Gruppen (Türken gegen Russen!) für alles und jedes zuständig sind und oft genug erst in der zweiten Stundenhälfte überhaupt „zur Sache selbst" kommen, *dürfen* sie in Finnland nichts anderes tun als das, wofür sie ausgebildet sind: unterrichten. Für ausnahmslos alle anderen Aufgaben sind andere zuständig.

Außerdem ist die Lehrkraft in großen Schulen mit großen Klassen – d.h. über 20 – meist nicht allein. Eine Assistentin steht zur Verfügung, um mit Schülern zu arbeiten, die anderes „Futter" brauchen als das Mittelfeld der Klasse. Auf keinen Fall wird von der Klassenlehrerin erwartet, daß sie allen zugleich gerecht wird. Selbst eine Fachlehrerin (Geographie und Biologie) in einer Oberstufe (Klasse 7–9) mit nur fünfzehn Schülern im Kurs erklärt mir klipp und klar, daß es nicht ihre Aufgabe sei, den Unterricht so zu gestalten, daß auch der letzte alles mitkriege. Eine Assistentin bekommt sie bei dieser Schülerzahl zwar nicht, aber die Speziallehrerin ist für alle da, unabhängig von der Größe der Lerngruppe. Wer im Unterricht überfordert ist, erhält Spezialunterricht. Das ist das reguläre Verfahren. Was „Binnendifferenzierung" auf Finnisch heißt, weiß ich nicht. Es wird ein Wort dafür geben, aber es ist in keinem der vielen Gespräche gefallen, die ich seit 1997 in Sachen Schule führte. Wann immer ein Kind Leistungsschwächen zeigt, die sein „Mitkommen" gefährden könnten, wird die Speziallehrerin eingeschaltet. Es gibt an jeder Schule mindestens eine, an größeren mehrere. Sie hat außer der normalen Klassenlehrerausbildung

Was ist mit den Schwachen?

ein Jahr Spezialstudium hinter sich und verfügt u.a. über lerndiagnostische und -therapeutische Kompetenz. Sie gibt jedem Kind, das im Klassenunterricht „untergeht", so viel Einzelunterricht, wie es braucht.

Darum gibt es in Finnland keinen Markt für kommerziell betriebenen Nachhilfeunterricht, der ja nur eine wohlhabende Klientel bedient. Die Schule selbst ist dafür verantwortlich, daß alle ihr anvertrauten Kinder und Jugendlichen dasjenige Grundpensum lernen, das die Richtlinien vorgeben. Aber eben: die *Schule* – nicht die einzelne Lehrkraft! Die Verantwortung liegt bei einem Kollegium, in dem die Kompetenz von unterschiedlich ausgebildeten Menschen versammelt ist. Weil die Schwachen durch eine ganze Gruppe von Fachleuten aufgefangen, gestützt und gefördert werden, beträgt die Sitzenbleiberquote in Finnland nur 0,6% pro Jahr. Darum fühlen sie sich in ihrer Klassengemeinschaft geborgen und können angstfrei lernen. Und so lernen sie weit mehr, als sie könnten, wenn ihre psychische Energie durch die ständige Angst vor Tadel, Herabsetzung, schlechten Noten und letztlich Ausschluß aus der Klassengemeinschaft blockiert wäre.

Daß finnische Schüler nicht unter Selektionsdruck stehen, wenn sie einmal in eine bestimmte Klasse aufgenommen worden sind, trifft also zu. Dagegen trifft es ganz und gar nicht zu, daß es in der *peruskoulu* keine Leistungsbeurteilung gäbe. Schon „in den Klassen 5 und 6 sind Ziffernnoten fakultativ, aber wohl verbreitet, ab dann obligat und – so mein Eindruck – es wird Leistung gemessen und benotet, was das Zeug hält". So der Bericht einer kompetenten deutschen Beobachterin.*

Daß die finnischen PISA-Ergebnisse so wenig streuen und

---

* Vgl. Elisabeth Gessner, „Was alle angeht, können nur alle lösen!" – Anmerkungen zu einer Informationsreise nach Finnland, nachzulesen in: Pädagogik, September 2002.

daß die Leistung der Probanden extrem schwach mit dem Sozialstatus der Eltern korreliert, liegt also daran, daß das System in sehr hohem Maße darauf abgestellt ist, niemanden „verlorengehen" zu lassen. Der Tatsache, daß die Kinder unterschiedliche Voraussetzungen mitbringen, trägt man Rechnung, statt sie zu ignorieren. Die Schule hat den gesellschaftlichen Auftrag, diese Unterschiede soweit wie möglich auszugleichen, und den erfüllt sie geradezu mit Bravour. Der speziellen Förderung von Hochbegabten wird demgegenüber nicht viel Aufmerksamkeit gewidmet. Sie funktioniert in Ballungsgebieten aber trotzdem verhältnismäßig gut, weil die Schulautonomie, die Profilierungspflicht und die freie Schulwahl von selbst zu einer Kanalisierung der Schülerströme und damit zur Entstehung von Hochleistungsklassen einerseits, Förderklassen für Lernschwache andererseits führt. In welchen Schulen man solche findet, steht in den Schulkatalogen, die den Eltern automatisch zugehen. Wer allerdings als hochbegabtes Kind irgendwo im Binnenland sitzt, wo es keine Auswahl, sondern nur eine einzige Schule gibt, kann nur hoffen, daß die Eltern an Umzug denken.

Natürlich ist das noch nicht alles; eine vollständige Abhandlung des Themas „Schule in Finnland" ist im hier gegebenen Rahmen nicht möglich. Wer es gründlicher wissen möchte, sei auf das Literaturverzeichnis verwiesen. Ich habe mich hier auf diejenigen Aspekte beschränkt, aus denen sich am ehesten Konsequenzen für die deutsche Bildungsdiskussion ziehen lassen.

Konsequenzen

1. Wer aus den finnischen PISA-Ergebnissen folgert, daß man in Deutschland flächendeckend Gesamtschulen einführen müsse, hat sich über die konkrete Gestalt finnischer Schulen so unzureichend informiert, daß man ihn getrost der Fahrlässigkeit zeihen kann. Er disqualifiziert sich damit selbst.

2. Wer heute glaubt, eine Lehrkraft könne im Klassenunterricht allen Kindern gleichermaßen gerecht werden, wenn sie nur methodisch kompetent genug sei – die Lernstarken so fordern, daß sie ihre Möglichkeiten ausschöpfen, die „Mitte" angemessen voranbringen und die Lernschwachen so fördern, wie sie es nötig haben – der glaubt an den Pädagogischen Weihnachtsmann. Er sollte die Augen aufmachen und erkennen: Den gibt es nicht. Die Reformpädagogen seligen Angedenkens, die seinerzeit – lang ist's her! – die Binnendifferenzierung erfanden, hatten es mit „heterogenen" Klassen zu tun, die im Vergleich zu heutigen Klassen von geradezu paradiesischer Homogenität waren. Eine Heterogenität von der Art, mit der wir es heute zu tun haben, haben sich die Reformpädagogen nicht einmal träumen lassen. Sie liegt vollkommen „quer" zu der Dimension, die jene im Auge hatten. Da ging es im wesentlichen nur um das Gefälle zwischen den „Dummen" und den „Klugen", salopp ausgedrückt. Ja, wenn's weiter nichts ist..!

3. Was Deutschland braucht, wären demnach nicht Gesamtschulen mit heterogenen Klassen und binnendifferenziertem Unterricht, sondern ein Fördersystem nach finnischem Muster, und das zuallererst in den Grundschulen. In jeder Grundschule eine Sonderschullehrerin mit diagnostischer und methodischer Spezialkompetenz und für jede Grundschule ein bestimmtes Deputat sowohl an schulpsychologischer Beratung als auch an Schulsozialarbeit, und zwar fest, pro Woche, nicht fallweise – das wäre ein bescheidener Anfang.

In Finnland gibt es das alles und mehr dazu bis einschließlich Klasse 9. An einen solchen Aufwand ist hierzulande „von jetzt auf gleich" selbstverständlich gar nicht zu denken. Aber mit der Grundschule fängt alles an. Und die Ergebnisse ließen sich ohne Zweifel schon nach einem Durchgang – nach vier Jahren also – mit wissenschaftlich abgesicherten Begleituntersuchungen nachweisen. Langfristig – und Schulpolitik funktioniert nur langfristig: ein „Schülerdurchlauf" braucht eben neun Jahre oder mehr, je nach Abschluß – kann Deutschland ebensowenig wie Finnland umhin, den veränderten gesellschaftlichen Bedingungen Rechnung zu tragen. Gesundheitsfürsorgerinnen, Speziallehrerinnen, Psychologen und Kuratoren gehören auch hierzulande an jede Schule. Nur dann können sich die Lehrerinnen und Lehrer mit voller Kraft der Aufgabe widmen, für die sie ausgebildet sind und die den Kern von Schule ausmacht: dem Unterricht.

Literatur:

Deutsches PISA-Konsortium (Hrsg.), PISA 2000 – Basiskompetenzen von Schülerinnen und Schülern im internationalen Vergleich, Opladen 2001
Eine breit angelegte Darstellung des finnischen Schulwesens, die auch dessen geographischen, klimatischen, historischen und kulturellen Voraussetzungen beleuchtet, enthält:
Thelma von Freymann: Schule an der europäischen Peripherie – Bildungs- und Sprachenpolitik in Finnland, in: Zeitschrift für internationale erziehungs- und sozialwissenschaftliche Forschung 1/1998, S. 121-142
dies.: Ein anderes Land, eine andere Schule – Zu den finnischen Pisa-Ergebnissen, in: Neue Sammlung 2/2003, im Druck. Enthält Stundenbeispiele zur Methodik.
Im Anhang Beispiele für Aufgaben aus dem finnischen Zentralabitur, die eine Vorstellung von dessen Anspruchsniveau vermitteln.
dies.: Zur Binnenstruktur des finnischen Schulwesens, in: freiheit der wissenschaft 2/2002, S. 11, im Internet unter http://www.bund-freiheit-wissenschaft.de
dies.: Modell Finnland, in: PÄD Forum unterrichten – erziehen (PF:ue) Nr.1/2003, S. 25-31
Einen sehr kompetenten, detaillierten Bericht über finnischen Schulalltag und die Praxis der Evaluation enthält ein nur in Kurzform (in PÄDAGOGIK 9.1.2002) publizierter Text aus dem Hessischen Landesinstitut für Pädagogik, dessen vollständige Fassung aber über E-Mail zu haben ist:
Elisabeth Gessner: „Was alle angeht, können nur alle lösen!" –

Was ist mit den Schwachen?

Anmerkungen zu einer Informationsreise nach Finnland, nachzulesen in: Pädagogik 9/2002.
Einen knappen, konzentrierten Überblick über die Schulentwicklung in Finnland einschließlich statistischer Angaben, auch zu den öffentlichen Ausgaben, aber ohne Darstellung der Profilbildung und der Personalbesetzung, bietet:
Riitta Piri / Rainer Domisch, Schulentwicklung in Finnland, in: PÄDAGOGIK 6/2002, S. 43-48
Farbige, konkrete Bilder aus dem finnischen Schulwesen findet man bei:
Heike Schmoll, Die Finnen wissen, wo das Gleichheitsprinzip seine Grenzen hat – Die bildungspolitischen Strategien der PISA-Sieger, in: Frankfurter Allgemeine Zeitung vom 9. 2. 2002, S. 3
dies.: Finnische Lesekultur, in: FAZ vom 14. 2. 2002
dies.: Selbständigkeit und frühe Förderung, in: FAZ vom 21. 2. 2002, S. 8

Ulrich Sprenger, geb. 1931.
Studiendirektor a.D. mit den Fächern Deutsch, Philosophie, Religionslehre, Latein und Biologie.
1959–1971 an Gymnasien tätig (fünf Jahre an einem Ganztags-Gymnasium). Danach 22 Jahre Studiendirektor an einer der ersten integrierten Gesamtschulen von NRW, davon sieben Jahre Leiter der gymnasialen Oberstufe und Mitglied der Schulleitung.
1993 Erfahrungsbericht „Vier Thesen zum Thema Gesamtschule", veröffentlicht August 1994 von der GEW in der „neuen deutschen schule". Vorsitzender des 1994 gegründeten „Arbeitskreises Gesamtschule e.V.".

Ulrich Sprenger

Die Nase der Kleopatra ...

„Die Nase der Kleopatra, wäre sie kürzer gewesen, die Weltgeschichte hätte einen ganz anderen Verlauf genommen!" – so sinnierte Pascal in seinen berühmten „Gedanken".

Wenn das Max-Planck-Institut für Bildungsforschung (MPIB) vor mehr als 25 Jahren die zentralen Ergebnisse seines „Projektes Schulleistung" rechtzeitig und mit der gehörigen Breitenwirkung veröffentlicht hätte, dann hätte die Geschichte des deutschen Bildungswesens ebenfalls einen ganz anderen Verlauf genommen.

Das „Projekt Schulleistung", auch „Gymnasiasten-Studie" genannt, war die gründlichste Studie dieser Art, die je in Deutschland durchgeführt wurde. Im Rahmen dieses Projektes

Ulrich Sprenger

sind zwischen 1968 und 1970 in den zehn Ländern der damaligen Bundesrepublik und in West-Berlin – mit Unterstützung aller Kultusministerien und mit Unterstützung des Deutschen Philologenverbandes – etwa 14.000 Gymnasiasten an etwa 450 Gymnasien untersucht worden.

Ziel dieser ersten großen Studie des 1963 gegründeten MPIB war es, herauszufinden, welche *„Faktoren des Systems"* die Lernleistungen fördern und welche *„Faktoren des Systems"* die Lernleistungen behindern. Ertrag der Studie: *„verarbeitbare Datensätze für 12.594 Schüler aus 427 Schulen und für insgesamt 1.130 Deutsch-, Englisch- und Mathematiklehrer"*, gespeichert auf etwa 150.000 Lochkarten, mit Angaben zu den *„Unterrichts-Strategien"* der Lehrer und mit Angaben zum Leistungsstand der Schüler in Deutsch, Englisch und Mathematik, mit Angaben zu ihren intellektuellen Grundfähigkeiten und zu ihrem Freizeitverhalten sowie mit Angaben zum Bildungsstand der Eltern- und sogar der Großeltern-Generation. Die Untersuchungen beanspruchten jeweils drei Tage am Beginn und am Ende des siebten Jahrgangs.

Anhand des reichen Datenmaterials hätte der deutschen Öffentlichkeit schon sehr früh, spätestens aber bis 1977, mit der erforderlichen Breitenwirkung bekanntgemacht werden müssen, daß Gesamtschulen – unter den in Deutschland gegebenen Rahmenbedingungen – die Gymnasien nicht ersetzen können. Denn die Studie hatte ergeben: Leistungsstärkere Schüler können hierzulande in leistungsgemischten Lerngruppen, die ja das tragende Element von Gesamtschulen sein sollten, nicht begabungsgerecht gefördert werden. Eine strukturbedingte Vernachlässigung leistungsstärkerer Schüler durfte sich Deutschland als Industrienation jedoch auch damals schon nicht erlauben.

Tatsächlich aber wurden Angaben über die *„Faktoren von Schulleistungen"* aus dem *„Projekt Schulleistung"* erst 1986 bzw. 1991 veröffentlicht, doch nur für Teilbereiche, dazu an abgelegener Stelle, in Fachzeitschriften nämlich. Deshalb sind sie auch heute noch – selbst in der Fachwelt und unter Bildungspolitikern – kaum bekannt. Eine zusammenfassende, allgemeinverständliche Darstellung der originären Ergebnisse hat es nicht gegeben. Ohne die Erwähnung in den Veröffentlichungen von 1986 und 1991 wäre das „Projekt Schulleistung" vielleicht völlig in Vergessenheit geraten.

Wir stellen fest: Den Entscheidungsträgern in Politik und Bildungspolitik standen in den entscheidenden Jahren zwischen 1977 und 1982 entscheidende Informationen nicht zur Verfügung, zum Schaden der betroffenen Schüler und Lehrer, zum Schaden des Standortes Deutschland – und zum Schaden der SPD. Die hätte sich dann nämlich nicht auf ihre überstürzten bildungspolitischen Experimente eingelassen. Es wäre ihr zum Beispiel 1978 in NRW schon das blamable Scheitern der „Kooperativen Schule" ganz sicher erspart geblieben. Die sollte, so hatte Kultusminister Girgensohn wissen lassen, lediglich *„ein Zwischenstadium zur Integrierten Gesamtschule"* sein, mit leistungsgemischten fünften und sechsten Jahrgängen. Wie uns auf Anfragen mehrmals bestätigt wurde, hätten die zentralen Ergebnisse des „Projektes Schulleistung" bereits 1977 vorgelegt werden können.

Es hatte sich nämlich herausgestellt: Schon am Gymnasium ist es ein großes Problem, wenn innerhalb einer Klasse Vorkenntnisse und Leistungsvermögen der Schüler allzu verschieden sind. In einer 1986 von Jürgen Baumert, Peter Martin Roeder, Fritz Sang und Bernd Schmitz vorgelegten Zusammenfassung von Teilergebnissen dieser MPIB-Studie von 1968–70 liest sich das so: *„Auf zunehmende Streuung beziehungsweise ein geringes Vorkenntnisniveau antworten Lehrer offenbar unter anderem mit einer Verlangsamung des Unterrichtstempos und einer Intensivierung von Üben und Wiederholen. Diese repetitive Unterrichtsführung nützt wider Erwarten Schülern* *mit ungünstigen Eingangsvoraussetzungen nur wenig, während die Lernfortschritte der Schüler des oberen Leistungsdrittels merklich beeinträchtigt werden."* (Baumert u.a. 1986, S. 655) Das war im Grunde eine vernichtende Prognose für alle Versuche, in Deutschland die Effektivität des Unterrichts in den weiterführenden Schulen durch die Einführung von leistungsgemischten, heterogenen Klassen zu verbessern.

Professor Roeder (als Direktor am MPIB von 1973 bis 1995 Vorgänger von Professor Baumert) und Dr. Fritz Sang teilten dann 1991 mit, welche Leistungsdefizite am Anfang des siebten Jahrgangs in diesem *„oberen Leistungsdrittel"* bei jenen Schülern vorgefunden wurden, die bis dahin in völlig leistungsgemischten, heterogenen Lerngruppen unterrichtet worden waren, wie sie in den fünften und sechsten Jahrgängen von sechsjährigen Grundschulen üblich sind: Bremer und Berliner Gymnasiasten hatten am Anfang des siebten Jahrgangs gegenüber den Gymnasiasten anderer Bundesländer, die im fünften und sechsten Jahrgang schon das Gymnasium besuchten, erhebliche Nachteile: *„Im Englischen beträgt der durchschnittliche Leistungsunterschied zu Beginn des Schuljahres etwas mehr als eine Standardabweichung, im Mathematikunterricht etwa eine dreiviertel Standardabweichung."* (Roeder/Sang 1991, S.167) Das entspricht bei gymnasialem Lerntempo nach üblichen Maßstäben einem Leistungsunterschied von ungefähr anderthalb Schuljahren.

Was hier über den niedrigeren Fördereffekt der fünften und sechsten Jahrgänge von Grundschulen herausgefunden wurde, gilt ebenso auch für die leistungsgemischten Klassen der fünften und sechsten Jahrgänge von Orientierungsstufen und Gesamtschulen. Professor Roeders „Binnendifferenzierungs-Studie" von 1980 und sein Gutachten von 1995 haben das bestätigt.

Wenn das Datenmaterial des „Projektes Schulleistung" seinerzeit so schnell wie möglich ausgewertet und die wichtigsten Ergebnisse dann – ihrer Bedeutung entsprechend – der

Öffentlichkeit nachhaltend mitgeteilt worden wären, dann hätte die Geschichte des deutschen Bildungswesens ganz sicher einen anderen Verlauf genommen. Denn dann hätten die vielen Gesamtschulen, Regionalschulen, Sekundarschulen, Orientierungsstufen und sechsjährigen Grundschulen gar nicht erst eingerichtet werden dürfen, die seit 1982 hierzulande eingerichtet worden sind – zum Schaden der in langen Jahren gewachsenen und durchaus reform-offenen Schullandschaften. Die „*Schulversuche mit Gesamtschulen*" hätten ein Ende gehabt.

Im Mai 1982 beschloß nämlich die Kultusministerkonferenz ihre „*Rahmenvereinbarung für die gegenseitige Anerkennung von Abschlüssen an integrierten Gesamtschulen*". Diese Vereinbarung wäre ganz sicher am Veto einiger Kultusminister gescheitert, wenn die hier erwähnten zentralen Ergebnisse des „Projektes Schulleistung" rechtzeitig veröffentlicht worden wären.

Die „*Empfehlungen zur Einrichtung von Schulversuchen mit Gesamtschulen*" wurden bekanntlich 1968 für den „Deutschen Bildungsrat" von seinem Unterausschuß „Experimentalprogramm" erarbeitet, und zwar unter dem Vorsitz von Dr. jur. h.c. Hellmut Becker. Derselbe Dr. Becker hatte 1963 das MPIB gegründet und fungierte dort bis zu seiner Emeritierung im Jahre 1981 neben anderen Direktoren als dessen Gründungsdirektor. Weitere Mitglieder in jenem zwölfköpfigen Unterausschuß „Experimentalprogramm" waren: Wolfgang Edelstein, Hartmut von Hentig, Jürgen Raschert, Peter M. Roeder und Hans-G. Rolff. (In jener Zeit gab es Leute, die das Gymnasium abschaffen wollten!)

Dr. Becker hatte sich auf diese Weise einem ungewöhnlichen Interessenkonflikt ausgesetzt: Einerseits engagierte er sich für die Einführung der Gesamtschule als Einheitsschule, andererseits war sein Institut dabei, eine Qualitätskontrolle des Gymnasiums zu erstellen, das durch die geplante Gesamtschule ersetzt werden sollte. Er war also in der Situation eines Architekten, der mit einem Team von Mitarbeitern ein hochmodernes Gebäude entwerfen durfte. Irgendwie kommt es dazu, daß er gleich anschließend die Aufgabe hat, mit einem anderen Team von Spezialisten jenes ältere Gebäude zu begutachten, das erst abgerissen werden muß, bevor das neue, unter seiner Leitung entworfene Gebäude, errichtet werden kann. – Was nun, wenn sich herausstellen sollte, daß der alte Bau so schlecht gar nicht war, wie allgemein verbreitet wurde?

Welches auch immer die Ursachen der Verzögerungen gewesen sein mögen: Dr. Becker hätte mit Nachdruck auf einer rechtzeitigen Auswertung des Datenmaterials der „Gymnasiasten-Studie" von 1968-1970 bestehen oder ein neues Team aufstellen müssen, um zu verhindern, daß dieses kostenintensive, aufschlußreiche Projekt versandete und fast sogar in Vergessenheit geriet.

„Schnee von gestern!" sagen die einen. Wir aber sagen: Es sind die Probleme von heute und morgen und übermorgen! So durfte und so darf mit der Zukunft von Kindern, mit den Hoffnungen der Eltern, aber auch mit der Einsatzbereitschaft von Lehrerinnen und Lehrern nicht umgegangen werden. Tag für Tag sehen die sich mit Erwartungen konfrontiert, von denen vor mehr als 25 Jahren schon zu erkennen war, daß sie unter den gegebenen Bedingungen nicht zu erfüllen sind.

Wenn all der Eifer und all das Geld und all der gute Wille, die seit 1982 in die Gesamtschulen investiert worden sind, der Weiterentwicklung des gegliederten Schulwesens, vor allem aber den Hauptschulen zugute gekommen wären, dann stünde das deutsche Schulwesen heute besser da.

Im Februar 2002 stießen wir auf ein unveröffentlichtes Gutachten von Professor Roeder aus dem Jahre 1995 (abrufbar unter: *www.ak-gesamtschule.de*). Darin rät er in seiner Eigenschaft als Direktor des MPIB (mit Briefkopf des Institutes) dringend davon ab, in Sachsen-Anhalt die Orientierungsstufe

Die Nase der Kleopatra

einzuführen, weil dies, wie Studien des MPIB ergeben hätten, zu einer erheblichen Benachteiligung leistungsstärkerer Schüler führen würde. Zitat aus der Zusammenfassung: *„Die unter den gegebenen Bedingungen (...) problematischste Organisationsform zur einzig möglichen zu erklären, dürfte Frustration und Scheitern vorprogrammieren. Aber offenbar ist sich der Gesetzgeber dieser Schwierigkeiten nicht ausreichend bewußt, wie es scheint."*

Professor Roeder beruft sich bei diesen Warnungen auf seine zu der Zeit noch nicht veröffentlichte „Binnendifferenzierungs-Studie" aus dem Jahre 1980 und vor allem auf die erwähnten Ergebnisse des „Projektes Schulleistung" aus den Jahren 1968 bis 1970.

Unsere Frage: Wenn für Professor Roeder die Ergebnisse dieser Studie auch nach 25 Jahren immer noch eine so hohe Gültigkeit hatten, daß er mit seinem Gutachten von 1995 eine Tradition des Schweigens und Verschweigens durchbrochen hat, warum konnten diese Ergebnisse dann nicht schon sehr viel früher veröffentlicht werden? Die Geschichte des deutschen Bildungswesens wäre ganz anders verlaufen.

Eins steht jedoch fest: Mit der Nase der Kleopatra und dem nicht mehr zu ändernden Verlauf der Weltgeschichte verhält es sich anders als mit dem deutschen Bildungswesen! Da läßt sich vieles immer noch ändern.

Die Ergebnisse des „Projektes Schulleistung" können nämlich mit den Befunden späterer Studien aktualisiert, weiter präzisiert und so Grundlage von Revisionen werden. Gemeint sind die Befunde des 1991 im siebten Jahrgang gestarteten MPIB-Forschungsprojektes „Bildungsverläufe und psychosoziale Entwicklung im Jugendalter (BIJU)" und die Befunde der PISA-Studie von 2000.

Mit der BIJU-Studie gab es aus Berlin und aus NRW wiederum Daten über den im siebten Jahrgang vorgefundenen

Leistungsstand in Mathematik und Englisch von jeweils etwa 800 Gymnasiasten. Und mit der PISA-Studie gab es Angaben über den im neunten Jahrgang erreichten Leistungsstand, wiederum von jeweils etwa 800 Gymnasiasten aus Berlin und NRW, im Lesen, in Mathematik und in den Naturwissenschaften.

Angaben über den unterschiedlichen Fördereffekt verschiedener Schulen und Schulformen sind erst dann nah an der Realität, wenn *„die Leistungen vergleichbarer Schüler"* verglichen werden, von Schülern also, die *„einen ähnlichen familiären Hintergrund und ähnliche intellektuelle Grundfähigkeiten"* haben. Derartige Angaben liegen sowohl für die BIJU-Studie wie auch für die PISA-Studie vor.

Im Rahmen der PISA-Studie sind solche Vergleiche in einem einzigen Falle sogar gemacht worden: Verschiedene Zeitungen hatten im November 2002 aufgrund einer dpa-Meldung über angebliche *„Spitzenleistungen"* der Laborschule Bielefeld berichtet. Diese Meldung hat das MPIB in seiner „Stellungnahme" vom 26.11.2002 als *„irreführend"* korrigiert. Die Schüler der als Muster-Gesamtschule gepriesenen Laborschule Bielefeld erreichen nämlich im Lesen und in den Naturwissenschaften nur sehr knapp das Niveau von *„vergleichbaren Schülern anderer Schulen in NRW"*, in Mathematik lagen sie sogar ein halbes Schuljahr unter deren Niveau! *(www.mpib-berlin.mpg.de/pisa)*

Im März 2003 hätte das Deutsch-PISA-Konsortium unter der Leitung von Professor Jürgen Baumert bei seiner 3. Veröffentlichung von PISA-Befunden sehr wohl weitere von konkreten Schulform-Vergleichen bekanntgeben können, erstellt nach den hier erwähnten *„Grundregeln der Schuleffektivitätsforschung"*. Aber das ist unverständlicherweise nicht geschehen.

Mit den bisher veröffentlichten PISA-Befunden wurde von ihren Befürwortern eine Re-Animation der deutschen Gesamtschul-Bewegung betrieben. Das war nur möglich, weil aus der PISA-Studie die Ergebnisse solcher bundesweiten *„Vergleiche*

Die Nase der Kleopatra

von vergleichbaren Schülern" bisher noch nicht veröffentlicht worden sind. Sie hätten den Gesamtschulen und anderen integrativen Schulformen in Deutschland bei vergleichbaren Schülern zweifellos einen deutlich niedrigeren Fördereffekt bescheinigt.

Nach Ausweis der BIJU-Studie hatten nämlich NRW-Gymnasiasten am Ende des zehnten Jahrgangs gegenüber vergleichbaren NRW-Gesamtschülern z.B. in Mathematik *„einen Leistungsvorsprung von mehr als zwei Schuljahren"* (Pädagogik 6/98, S.17). Diese wichtige Information über die im Jahre 1995 vorgefundenen Leistungsunterschiede erfolgte lediglich in einer Fachzeitschrift und blieb daher in der Bildungspolitik ohne Beachtung und Wirkung. Die Abbildung 10.8 (S. 285 in Pisa 2000/3) bestätigt diese Befunde.

Es ist also an der Zeit, daß mit dem Datenmaterial der BIJU-Studie und mit dem Datenmaterial der PISA-Studie die Ergebnisse des „Projektes Schulleistung" aktualisiert und präzisiert werden und daß dann diese neueren Erkenntnisse über den niedrigen Fördereffekt von leistungsgemischten Lerngruppen breitenwirksam an die Öffentlichkeit kommen. Weil die Daten in verarbeiteter Form vorliegen, kann das schon recht bald geschehen. Es handelt sich unseres Erachtens hierbei um eine Bringschuld! Eine seit Jahren anstehende, auf empirischen Befunden basierende kritische Analyse der 1968 induzierten Bildungsreformen und eine Revision der Entwicklung des deutschen Bildungswesens wären dann möglich. Und nicht mehr möglich wären dann jene Vorschläge, die Grundschulzeit auf sechs bis neun Jahre zu verlängern!

Einmal angenommen, das „Max-Planck-Institut für medizinische Forschung" in Heidelberg hätte herausgefunden, eine traditionelle Behandlungsmethode der Kinderheilkunde wäre im hiesigen Klima erheblich wirksamer als eine von den zuständigen Ministerien mit großem Aufwand eingeführte neue Behandlungsmethode: Wie würde die Öffentlichkeit wohl reagieren, wenn sie erführe, daß dieses Institut über lange Jahre – aus welchen Gründen auch immer – nicht imstande gewesen wäre, die Ergebnisse seiner Forschung bekanntzumachen?

Ulrich Sprenger, Vorsitzender des Arbeitskreises Gesamtschule e.V., Recklinghausen, Februar 2003.

Der Arbeitskreis Gesamtschule e.V. (Sitz in Recklinghausen) existiert seit 1994. Seine Mitglieder sind in der Mehrzahl Lehrerinnen und Lehrer, die an Gesamtschulen unterrichten oder dort unterrichtet haben. Aufgrund ihrer praktischen Erfahrungen und gestützt auf Ergebnisse der Bildungsforschung halten sie die integrierte Gesamtschule in Deutschland unter den hier gegebenen Bedingungen nach wie vor für *„ein nicht zu haltendes Versprechen"* und für *„eine pädagogische Fehlkonstruktion"*. Sie hat sich in den 30 Jahren ihres Bestehens trotz aller Begünstigungen und Nachbesserungen nicht als *„die pädagogisch und volkswirtschaftlich effektivere Organisationsform von Schule"* erwiesen, als die sie 1969 vom Deutschen Bildungsrat empfohlen worden ist.

Weitere Informationen unter: *www.ak-gesamtschule.de*

Hans A. Schieser, geb. 1931 in Ulm/ Donau.

Dr. phil. der Loyola University, Chicago (1970), Lehrstuhl für Theoretische Grundlagen der Erziehungswissenschaften an der DePaul University, Chicago (1971–1991); Gründer einer Sonderschule für lernbehinderte Kinder, Evanston (Chicago); Gründer des 1. SOS-Kinderdorfes in USA, Lockport (Chicago).

Seit 1991 emeritiert. Ord. Prof. für Pädagogik an der Gustav-Siewerth-Akademie, Bierbronnen (Südschwarzwald); Gastprofessuren an den Staatl. Universitäten Tscheljabinsk und Irkutsk (Sibirien); Seminare und Kurse in der Lehrer(fort)bildung im deutschen Sprachbereich Europas, in Rußland und USA.

prof-schieser@t-online.de

Hans A. Schieser

Ganztagsschule – notwendiges Übel, aber doch ein Übel

Abstract:

„Was spricht für und gegen die Ganztagsschule"? – „Bedürfnisse des Kindes, der Gesellschaft, ideologische und pädagogische Prinzipien." „Kinder-Aufbewahrung" – „In den Händen von Fachleuten" – „Mehr und bessere Erziehung und Bildung" – „Ideologie der Befreiung von der ausschließlichen Mutter-Rolle der Frau" – Erfahrungen mit der Ganztagsschule – Psychologisch-didaktische Bewertung – Alternativen und Empfehlungen

Hans A. Schieser

1. Was ist und will die Ganztagsschule? Was spricht dafür und dagegen?

Um es vereinfacht zu sagen: Die Ganztagsschule soll Eltern die Obhut ihrer Kinder im Schulalter für den größten Teil des Tages abnehmen, vor allem, wenn sie berufstätig sind. Das ist möglich, wenn die Kinder nicht nur morgens, sondern bis zum Nachmittag, evtl. sogar bis zum Abend in der Schule bleiben und dort betreut werden.

Es geht nicht nur um die Erweiterung der Unterrichtsstunden bis in den Nachmittag, sondern mehr um das Verbleiben der Kinder im Schulbereich über die Unterrichtszeit hinaus.

Angesichts der Tatsache, daß viele Eltern, vor allem alleinerziehende Mütter, keine andere Möglichkeit haben, ihre Kinder tagsüber in die Obhut von Erwachsenen zu geben, scheint dies die beste Lösung zu sein. Die Alternativen, die Kinder am Nachmittag allein zu Hause oder gar auf der Straße zu lassen, sind in den meisten Fällen nicht verantwortbar.*

Wenn es nur um die „Aufbewahrung" von Kindern ginge, könnte man noch mit „zugedrücktem Auge" zustimmen. Der Bedarf wächst: Immer mehr Kinder sind in Deutschland sich selbst überlassen auf der Straße oder sitzen tagsüber zu Hause vor dem Fernseher, während die Eltern bei der Arbeit sind. Abgesehen von den damit verbundenen Gefahren (für Leib und Seele), ist das ein ernstes Problem, das nach Lösungen sucht. Die Ganztagsschule ist da naheliegend; dennoch gibt es schwere pädagogische Bedenken, die wir im folgenden noch erörtern wollen.

---

* Zur Zeit geben Eltern in den USA und in Europa immer noch in der Mehrzahl ihre Kinder in die Obhut von Verwandten (z. B. Großeltern) oder Nachbarn, wenn sie nicht zu Hause sein können. Studien, die das belegen, werden einfach nicht zur Kenntnis genommen.

Ganztagsschule – notwendiges Übel?

Schwerer wiegen die Argumente derer, die meinen, daß die Eltern ihre Kinder sowieso am besten in die Hände von „professionellen" Erziehern geben sollten, weil sie selber – ob berufstätig oder nicht – die Voraussetzungen für eine gute Bildungs- und Erziehungsarbeit gar nicht erfüllen können. Viele sind auch gar nicht fähig und gewillt, alles zu tun, um ihren Kindern einen guten Start ins Leben zu geben. Das ist nicht erst in unserer Zeit ein Problem.

Schon vor 2400 Jahren hatte Platon in Athen* vorgeschlagen, was bis in unsere Zeit immer wieder versucht wurde, besonders in den totalitären Staaten (Nationalsozialismus, Bolschewismus, Mao Tse Tungs Kommunismus): Kinder sollten schon im frühen Alter den Müttern weggenommen und den Paidagogoi übergeben werden. Hier soll nicht den Eltern, auch nicht den Kindern, sondern der „Polis" (heute sagt man: Staat, Gesellschaft) geholfen werden, „gute" Bürger heranzuziehen.

Was man unter „gut" versteht, wurde seit Platon oft sehr unterschiedlich erklärt: der gute Nationalsozialist, der gute Sowjetmensch ... Immer besteht ein gewisses Mißtrauen gegen die Eltern, die man als inkompetent, unzuverlässig und verantwortungslos sieht, hinter dieser „Politik". Gleichzeitig wird ihnen ein fundamentales Menschenrecht abgenommen, das den Eltern die erste Verantwortung für ihre Kinder zuspricht.**

Auch das ist ein gültiges Argument für die Ganztagsschule, wenn es auch mit erheblichen Vorbehalten zu sehen ist.

---

* Platons Staat (eigentlich Politeia = Voraussetzungen für eine menschenwürdige Gesellschaft), ca. 400 v. Chr. Sein Anliegen war, in einer (damals schon!) moralisch defekten, krankhaften, dekadenten Welt seelisch-geistig gesund zu bleiben. Siehe E. Sandvoss, Platon (Göttingen: Musterschmidt, 1972).
** Die Universale Menschenrechtserklärung der Vereinten Nationen vom 10. Dezember 1948 wurde von fast allen Nationen in der Welt ratifiziert. Artikel 26.3: Eltern haben das erste Recht, die Erziehung ihrer Kinder zu bestimmen.

Hans A. Schieser

Wilhelm Dilthey (1833–1911), bestimmt kein Verfechter des Totalitarismus, hat darauf hingewiesen, daß die Industriegesellschaft an die Erzieher neue Herausforderungen stellt.

Wir befinden uns heute – 100 Jahre später – in einer Situation, wo Diltheys Hinweis auf die wichtigste Aufgabe der Pädagogik (seine „höchste Regel") erst richtig relevant wird:

„... die in der Nation vorhandenen psychischen Kräfte dem Lebensberuf zuzuführen und für denselben zu bilden, in welchem sie am meisten Befriedigung für sich und Nutzen für das Ganze erreichen".

Der Erzieher allein vermag nach längerer Schulung über die Anlagen des Zöglings zu urteilen, und ihm gebührt daher eine Mitwirkung*... Er sah aber die Gefahr, daß man das Problem der Erziehung nur politisch und ökonomisch betrachten will und das „Humanum" (das Kind) verhängnisvoll vernachlässigt wird. Deshalb spricht er von „Mit"-wirkung. Die primäre Aufgabe und Verantwortung bleibt immer bei den Eltern!

Die erhofften Ergebnisse einer „professionalisierten" Bildungs- und Erziehungsarbeit allgemein und einer verlängerten Schulzeit (Ganztagsschule, längeres Schuljahr) sind oft in erschreckender Weise eingetroffen: gewissenlose, zum Gehorsam bis zur Brutalität bereite „Funktionäre" waren (und sind) das Produkt solcher Schulen. Wo man nicht das Kind, sondern das „System" oder andere Dinge in den Vordergrund stellt, kommen keine Persönlichkeiten, sondern Funktionäre heraus.

Gerade die psychischen Kräfte sind heute bei vielen Kindern und Jugendlichen (und Erwachsenen) nicht stark genug, um den Anforderungen gewachsen zu sein und den Versuchungen zu widerstehen, die heute aus einer kranken Gesellschaft und krisengeschüttelten Wirtschaft auf uns zu kommen.

---

* Wilhelm Dilthey: Gesammelte Schriften, Stuttgart, 1960 (2. Aufl.) 16/IX, S. 192 ff.

Ganztagsschule – notwendiges Übel?

Man kann weder die Eltern noch die Schulen aus der Verantwortung entlassen, Kinder nicht nur physisch, sondern auch psychisch lebenstüchtig zu machen!

Wenn heute die Ganztagsschule gefordert wird, um das Bildungsniveau der Bevölkerung zu verbessern (nach dem Schock der PISA-Studie im Jahr 2001), dann mit Erwartungen, die einmal genauso enttäuscht werden wie in den 60er Jahren in den USA, wo man nach dem „Sputnik-Schock" den technologischen Vorsprung der Sowjetunion einholen wollte, mit möglichst früher Einschulung aller Kinder und mehr Unterrichtsstunden in Mathematik und den Naturwissenschaften. Es wurde eher das Gegenteil erreicht! Immer mehr Klagen kamen von der Industrie und vom Militär*: Die jungen Leute wußten nicht die einfachsten Dinge, konnten nicht gut rechnen und lesen, und sie waren nicht belastbar, wenn man Anforderungen im Beruf, in der Armee und im Alltagsleben an sie stellte. Und immer mehr Schüler gingen ohne Abschluß von den Elementar- und Sekundarschulen.

Die Situation in den USA ist heute noch nicht besser: in manchen Staaten ist die „dropout rate"** über 50 %. Das sind nicht immer die weniger intelligenten Jugendlichen. Die meisten haben schon in der sechsten Klasse der Elementarschule „die Nase voll" und schwänzen oder kommen überhaupt nicht mehr.

Auch in Deutschland nehmen diese „Dropouts" zu: die

---

* Als im Oktober 1958 die Sowjetunion den ersten Satelliten („Sputnik") in den Weltraum schickte, waren die Amerikaner schockiert. Es wurde den Schulen angelastet, die Wissenschaften und Mathematik vernachlässigt zu haben. Also gab es mehr Stunden und kürzere Ferien, und die Kinder sollten schon möglichst früh eingeschult werden.

Admiral H. G. Rickover (US-Marine) wies in zwei aufsehenerregenden Büchern auf die verheerenden Folgen einer unrealistischen Schulpolitik hin: Education and Freedom (1959) und American Education A National Failure, (New York, Dutton, 1963).

** drop out = ausscheiden; „school dropout" = einer, der ohne Abschluß von der Schule weggeht.

„Straßenkinder" in unseren Städten. Wird eine „Ganztagsschule" dieses Problem lösen, oder ist sie nicht bereits Ursache des Problems?

Bei uns wird heute die Diskussion um die Ganztagsschule – und über eine notwendige Reform des deutschen Bildungswesens – weniger von den Pädagogen und Humanwissenschaftlern, sondern mehr von Politikern und selbsternannten Experten geführt.

Die Forderung nach mehr Ganztagsschulen wird hauptsächlich von ideologischen Motiven getragen. Das Argument, man wolle die Frauen von der ausschließlichen Rolle der „Hausfrau" befreien und ihnen *neben* der Kindererziehung auch die Ausübung eines Berufs ermöglichen, kann durchaus ernst genommen werden.

Es geht den „Befreiern" aber nicht immer um das „Neben", sondern um die „Übernahme" der Erziehungsaufgabe. Die Abwertung der Mutterrolle ist ganz im Sinne der sozialistischen Ideologie, wie sie von Marx und Lenin einmal vorgebracht und immer wieder neu aufgelegt wurde.

Nach den Plänen der jetzigen Regierung soll genau das verwirklicht werden: Die Bildungsministerin Bulmahn (SPD) will „Schülern und Eltern neue Optionen ermöglichen".* Ganz abgesehen davon, daß dafür gegenwärtig nicht das Personal, d. h. qualifizierte Lehrer und Betreuer (-innen sind immer mitgemeint!) vorhanden sind und schon gar nicht die dazu notwendigen Einrichtungen (Räumlichkeiten, Ausrüstung, usw.), sind solche Pläne pädagogisch und wirtschaftlich bedenklich. Auch wenn sich Beruf und Kindererziehung in manchen Fällen vereinbaren ließen, wenn auf dem Arbeitsmarkt entsprechende Gelegenheiten bestehen, so wird in den meisten Fällen die

---

* Interview in DIE WELT vom 4. Dezember 2002: „Erziehung und Beruf werden sich mit der flächendeckenden Einführung von Ganztagsschulen insbesondere für Frauen nicht mehr ausschließen" (Ministerin Edelgard Bulmahn).

psychische Belastung der Frau bleiben, besonders wenn ihre Kinder noch unter 12 oder 14 Jahren sind. Darüber täuscht alles Schönreden nicht hinweg!

Insgesamt ist das Konzept der Ganztagsschule ein „Ladenhüter" aus der Mottenkiste des Sozialismus. Es ist nicht die Sorge um das Kind oder um eine der Erziehung förderliche Umgebung bereitzustellen (vgl. Montessori-Pädagogik), sondern die „neuen Optionen" sind die Verwirklichung einer Ideologie, die „neue Menschen" heranbildet, die sich in das Kollektiv der sozialistisch geprägten Gesellschaft einfügen. Aber auch das hat sich bisher nirgends verwirklichen lassen. Die Ergebnisse waren immer ganz andere!

Auch in USA, wo es die Ganztagsschule schon lange gibt – sie wurde von den „Progressivisten"* der 30er Jahre propagiert –, haben diese sozialistischen Utopien einer „Neuen Gesellschaft" die Schule als Vehikel benützt und zu verheerenden Verhältnissen geführt.

Alle ernstzunehmenden Pädagogen und Humanwissenschaftler haben mehrfach nachgewiesen, und Statistiken in den USA und Europa bestätigen, daß die „Sozialisierung" durch die frühe „Verschulung" (von der Kinderkrippe bis zur Sekundarschule) der Kinder nicht stattfindet.** „Soziales" Verhalten lernen Kinder sehr schnell – sie passen sich an, aber das soziale Denken entwickelt sich in der Kindheit nicht im Kollektiv!

Die Theorien der Behavioristen wurden nicht bestätigt. So

---

* Vertreter des „Progressivismus" (auch „Reconstructionismus") war hauptsächlich John Dewey (1859–1952), ein Bewunderer der Sowjetunion und ihres Bildungswesens. – Siehe Heinz Loduchoswki: Pädagogik aus Amerika; Analyse der „progressive education", Freiburg/Wien, Herder 1961.

** Eine gewichtige Stimme ist die des Kinderarztes Dr. Theodor Hellbrügge, Gründer des Kinderzentrums in München mit dem weltbekannten Institut für Sozialpädiatrie.

Siehe dazu auch Konrad Adam: „Sozialpolitik als Feind der Familie" und

Hans A. Schieser

haben Länder, in denen die Mehrzahl der Kinder in Vorschuleinrichtungen sind, eine auffallend höhere Jugend- und Erwachsenen-Kriminalitätsrate gegenüber denen, deren „Sozialisierung" man nicht mit Pflicht-Kindergärten erreichen will.

In Rußland waren bis jetzt fast 100 % der Kinder im Vorschulalter in Krippen und Kindergärten. Nach 75 Jahren sozialistischer Erziehung dürfte dort doch kaum mehr asoziales Verhalten in der Gesellschaft vorkommen. Die gegenwärtige Situation in Rußland zeigt, daß da kaum eine „Sozialisation" des Denkens und Verhaltens stattgefunden hat. Ähnliche Beobachtungen macht man in den USA: Unter den Jugendlichen, die schon früh in „Day Care"-Einrichtungen waren, ist die Kriminalitätsrate höher als bei denen, die erst im Schulalter eingeschult wurden.

Außerdem: Die zunehmende Zahl von berufstätigen Müttern mit psychischen Problemen ist nicht gerade ein überzeugender Beweis dafür, daß die Frauen „befreit" oder „glücklicher" sind. Diese Probleme sind ein Symptom intra-psychischer Spannungen, die immer dann entstehen, wenn der Mensch verschiedene Rollen spielen muß, die er nicht in Einklang bringen kann.

Das ist einfach so, daß Kindererziehung ein „full-time job" ist und bei aller Hilfe durch andere „Agenturen" (Verwandte, Nachbarn, Schule, Gemeinde) die letzte Verantwortung doch bei der Mutter des Kindes bleibt. Bei Untersuchungen kommt auch immer wieder die Klage der Kinder und Jugendlichen auf, daß ihre Eltern „keine Zeit" für sie haben, daß sie „oft nervös und ungeduldig" sind. Man versucht, sich damit herauszureden, daß man zwar nicht viel Zeit für die Kinder hat, aber dafür um so mehr auf „Qualitäts"-Zeit bedacht ist. Als ob ein Kind mit gelegentlicher „intensiver Zuwendung" zufrieden wäre! Die Mutter soll einfach „da" sein.

Wolfgang Tietze: „Notwendigkeit und Grenzen qualitativ guter öffentlicher Kinderbetreuung" in: Proceedings, Internationales Symposium „Kindererziehung in Familie oder Kollektiv", München 1.–2. Dez. 2000.

Ganztagsschule – notwendiges Übel?

2. Erfahrungen mit der Ganztagsschule: Positives und Negatives

In Deutschland gibt es einige Ganztagsschulen. Wir haben allerdings nur wenige Berichte über ihre pädagogische Qualität. Darunter sind positive Beobachtungen, auf die wir noch eingehen werden. Im Gegensatz zu den USA, wo die Ganztagsschule schon lange die Regel ist (meist von 8 Uhr bis etwa 15 Uhr), gibt es bei uns noch keine ausreichende Basis für die Erforschung der Langzeitwirkung von ganztägigem Schulaufenthalt auf fachliche Leistung und das Verhalten der aus diesen Schulen hervorgegangenen Erwachsenen.*

Die schon immer hohen Scheidungsraten in den USA machten einerseits die Ganztagsschule „populär" – und notwendig –, aber die kritische Einstellung wuchs seit der Zeit nach dem 2. Weltkrieg, je mehr man die Folgen einer verfehlten Pädagogik erkannte.

Heute ist die Kritik in den USA unübersehbar: Schon in den frühen 60er Jahren wurde man auf die hohe Zahl von „Dropouts" (s. Fußnote **, S. 201) aufmerksam und versuchte die Gründe herauszufinden. Immer mehr erkannte man, daß viele Kinder und Jugendliche durch asoziales Verhalten, fachliches Versagen und Apathie auffielen und jede Gelegenheit benützten, von der Schule wegzugehen. Die Lehrerinnen (in den USA überwiegen die Frauen im Schuldienst) „brennen" nach wenigen

---

* Klaus Grossmann (Universität Regensburg): „Qualität der Eltern-Kind-Beziehung und ihre Auswirkung auf die Bindungsrepräsentation im frühen Erwachsenenalter", und Emmy Werner-Jacobsen (University of California): „40-year Longitudinal Study on Risks and Protective Factors of Consequences of Family Breakdown" in: Internationales Symposium „Kindererziehung in Familie oder Kollektiv", München 1.–2. Dezember 2000.

Jahren aus („burnout"), und so ergibt sich ein häufiger Wechsel im Personal, der für das pädagogische Niveau nicht gerade förderlich ist.

Ich habe selber 22 Jahre in den USA gelebt und war in der Lehrerbildung tätig. Meine Erfahrungen im amerikanischen Schulsystem bestätigten immer wieder, daß sowohl die Lehrer(innen) als auch die Schüler an den Nachmittagen vielfach nicht mehr „konnten". An den Schulen, die mit „extra-curricular activities" und mit Eltern als „volunteers" (ehrenamtliche, freiwillige Helfer) die Schüler oft bis in die späten Nachmittagsstunden behielten, war es zwar besser, aber die Kinder waren keineswegs glücklicher als an den anderen Schulen. Was die negativen Wirkungen (z. B. Aversion gegen die Schule, Vandalismus) manchmal ausgleichen kann, sind die langen Sommerferien (in den USA bis zu 3 Monaten).

In Rußland, wo praktisch alle Kinder vom frühen Alter bis zur Sekundarschule in Ganztags-Erziehungseinrichtungen sind, hat man erst jetzt ernstliche Untersuchungen angestellt. Das Pavlov-Institut (St. Petersburg) hat bei Hunderten von Kindern in russischen pädagogischen Tagesstätten auffällige Schäden in ihrer Sozialisation, Verselbständigung und Kommunikationsfähigkeit (Sprachentwicklung) festgestellt.

Studien in den USA* zeigten vielfach, daß sowohl die Qualität des zur Verfügung stehenden Schulpersonals als auch die Aktivitäten an den Nachmittagen oft nicht den Bedürfnissen der Kinder, auf ihren jeweiligen Entwicklungsstufen, entsprechen.

Schwerwiegender sind die Hinweise auf die Folgen einer

---

* In USA werden die meisten Forschungsprojekte und Studien im ERIC-System veröffentlicht (Educational Resources Information Clearinghouse, National Institute of Education, Washington DC, 20208).
Siehe z. B. ERIC Document ED 192 877 / PS 011 643: Schieser, Socialization of Young Children: Successful Principles and Models (1980).

Ganztagsschule – notwendiges Übel?

„kollektiven" Erziehung, bei der von früher Kindheit bis in die Adoleszenz in den wachen Stunden (also von 12 bis 14 Stunden des Tages) die meisten Aktivitäten „außengesteuert" sind. Mit anderen Worten: ein Kind und Jugendlicher tut fast nur, was ihm „geboten" oder „angeboten" wird, und hat nur wenig Gelegenheit, „initiativ" zu sein, d.h. selber Entscheidungen zu treffen.

Das hatten schon Pestalozzi, Fröbel und Maria Montessori („Gesetz der Selbsttätigkeit") erkannt und Piaget (Entwicklung der Intelligenz) und Erik Erikson (Persönlichkeitsentwicklung) wissenschaftlich begründet: der Lernprozeß ist wesentlich an die Fähigkeit zur Initiative gebunden.

Die bei Jugendlichen und jungen Erwachsenen oft beobachtete Apathie und Interesselosigkeit ist auf diese mangelnde Erfahrung mit „selbst-bestimmten" Aktivitäten (freie Entscheidungen zum Handeln) zurückzuführen. Wie soll einer auch Erfahrungen machen, die sich aus seinen eigenen, frei getroffenen Entscheidungen ergeben, wenn er in den Jahren von 4 bis 18 kaum Gelegenheit dazu hatte?

Ein weiterer Aspekt kommt hinzu: von der Kindheit bis zum Erwachsenenalter befindet sich der junge Mensch fast immer in derselben Altersgruppe, vom Kindergarten bis zur Universität.

Urie Bronfenbrenner hat auf die negativen Folgen dieser „age segregation"* hingewiesen. Die Schule ist sowieso schon von der Wirklichkeit der sie umgebenden Welt abgekoppelt und wird jetzt erst richtig zur Brutstätte der Entfremdung.

---

* Urie Bronfenbrenner: Influences on Human Development, Hinsdale, IL, Dryden Press, 1972: „Roots of Alienation", pp. 658 ff. Bronfenbrenner weist darauf hin, daß diese „Alters-Trennung" schlimmere Folgen hat als die „Rassen-Trennung".

Hans A. Schieser

Da war die kleine Dorfschule besser, mit ihrem einzigen Klassenzimmer, in dem alle Schulklassen zugleich unterrichtet wurden. Natürlich können und wollen wir nicht zurück zu diesen einfachen Verhältnissen. Es sollte dennoch zu denken geben, daß aus unseren Dorfschulen und aus den „Little Red Schoolhouses" Amerikas die meisten der Geistesgrößen des 19. und frühen 20. Jahrhunderts hervorgingen.

Die technische Ausrüstung und der hohe Standard der Schulgebäude machen nicht den wesentlichen Unterschied aus, sondern die Erfahrungen, welche die Kinder während der Schuljahre mit der Wirklichkeit machen. Alle Erfahrung ist letztlich „personal". Es gibt deshalb keine „kollektiven Erfahrungen", die tiefgehen. Selbst wenn 1000 Menschen das gleiche erleben, erfährt es jeder mit seinem persönlichen „Hintergrund". Wer ständig in derselben Altersgruppe, in einem „Kollektiv" lebt, verliert allmählich die Fähigkeit, „tiefe" Erfahrungen zu machen.

Die „Oberflächlichkeit" unserer jungen Generation kommt nicht nur vom Fernsehen und der Überreizung durch die Umwelt, obwohl auch da das „Kollektiv" mitspielt: alle sehen zwar dasselbe, aber sie haben weder die Zeit noch die Gelegenheit, es zu „verdauen" oder im Dialog mit anderen (Älteren und Jüngeren!) zu besprechen und damit zu vertiefen.

Die Ganztagsschule wird immer ein „Kollektiv" sein. Wenn es gelingt, kleinen Gruppen Verschiedenaltriger oder gar dem Einzelnen Raum und Gelegenheit zu selbsttätigen Aktivitäten zu geben, wird diese Struktur mehr zurückgedrängt werden zugunsten der Freiheit des Kindes. Dies gelingt im Montessori-Kindergarten und in den Schulen des „Marchtaler Plans" (siehe weiter unten).

Die personale Qualität des Lernprozesses ist nicht nur für den Unterricht von entscheidender Bedeutung, sondern auch für den gesamten Erfahrungsbereich des Kindes im Alltag.

Ganztagsschule – notwendiges Übel?

Das allein ist schon ein ausreichender Grund, warum vom Kindergarten bis zur Universität kleine Gruppen notwendig sind für den Erfolg.

Nach dem 2. Weltkrieg haben viele Städte die zerstörten großen Schulgebäude nicht mehr aufgebaut, sondern nur noch kleine Schulen in den verschiedenen Stadtvierteln erstellt. Das war zwar teurer im Unterhalt, aber auf lange Sicht doch billiger, weil viel weniger Probleme auftauchten.

Diese Probleme haben wir jetzt mit den großen „Zentralschulen", da die kleinen Dorfschulen aufgelöst wurden und die Kinder mit Schulbussen oft bis zu 25 km weit transportiert werden müssen. Viele Kinder bleiben bis in den späten Nachmittag im Schulbereich. Der aufgestaute Druck löst sich bei vielen Kindern in Vandalismus, Gewalt und Disziplinschwierigkeiten.

Es ist ein Naturgesetz, daß mit der Konzentration der Materie ein „kritischer Punkt" erreicht wird und dann eine „thermo-nukleare Reaktion", d. h. eine Explosion stattfindet. Analog haben wir in der Soziologie das Phänomen der „Konzentration", die bei Tieren und bei Menschen ähnliche Reaktionen (Aggression, Rebellion) hervorrufen.[*]

Die Massenschule mit all ihren Problemen kann, wenn sie auch noch zur Vollzeitschule wird, den Bedürfnissen des jungen Menschen schon deshalb nicht gerecht werden, weil jeder Mensch als Person „einmalig" ist. Der Unsinn der „Chancengleichheit" ist dieser „Einmaligkeit" diametral entgegengesetzt!

Es geht in einer freien, menschenwürdigen Gesellschaft nicht um Chancengleichheit, sondern um eine unbegrenzte Anzahl von Chancen, die den verschiedenen Interessen, Talenten,

---

[*] Entgegen aller „Gesetzmäßigkeit" haben die Städte in Japan mit ihrer hohen Bevölkerungsdichte weniger Kriminalität als die Großstädte in den USA und Europa mit ähnlicher Dichte.

Lebensplänen und Fähigkeiten der Menschen entsprechen, und um die Freiheit, seinen Beruf und Lebensweg zu wählen. Die Massengesellschaft schränkt diese Freiheit ein, das Kollektiv der Schule ebenso. Der Drang aber bleibt und findet seinen Weg oft in ungezügeltem Verhalten. Die oft lächerlichen Klamotten und gefärbten Haare der Jugendlichen sind Symptome dieses Drangs, „anders zu sein". Schade, daß viele gar nicht sehen, daß sie nur in einem anderem „Kollektiv" gelandet sind. Sie wissen gar nicht, was Freiheit wirklich ist.

Ist Freiheit unmöglich in einer Massengesellschaft? Rousseau glaubte das und plädierte für eine „Rückkehr zur Natur". Seit Rousseau gab es aber immer wieder Pädagogen, die (im Gegensatz zu seinen Ideen und seinen heutigen „Aposteln") auch Erfahrung in der Kindererziehung hatten und die zeigten, daß auch in der Massengesellschaft noch personale Erziehung und Bildung möglich ist, die Grundlage für echte Freiheit.*

Man müßte von den „Bildungspolitikern" erwarten, daß sie sich kundig machen auf diesem Gebiet, bevor sie Reform- und andere Pläne für unsere Schulen angehen. Zu lange haben wir es hingenommen, daß unsere Kinder von selbsternannten Experten als „Versuchskaninchen" für allerlei pädagogische Experimente und utopische Hirngespinste mißbraucht wurden.

Es scheint, daß die Erfahrung von über 2000 Jahren, besonders aber die Einsichten der Humanwissenschaften in den letzten 100 Jahren, gar nicht zur Kenntnis genommen werden. Nachdem unser Bildungswesen schon lange ernste Symptome der Schwäche zeigt und mancher auf den „Bildungsnotstand" hingewiesen hat, fanden Ideologen und selbsternannte Experten mehr Gehör.

---

* Siehe die Untersuchung von Berthold Saup zur Dimension des Ethischen im Marchtaler Plan: „Zur Freiheit berufen", Frankfurt, Peter Lang, 1994.

Allein von den deutschen Pädagogen, Psychologen und Didaktikern gingen einmal fruchtbare Impulse aus für die Schulen in der ganzen Welt. Heute rangiert Deutschland am unteren Ende der Bildungsskala!

Es gibt aber auch in Deutschland noch Schulen (sogar „Ganztagsschulen"!), die das Niveau gehalten haben – nicht nur das fachliche, sondern auch das menschliche. Sie sind allerdings nicht auf ideologische Utopien, sondern auf die Wirklichkeit des Kindes und der sie umgebenden Umwelt ausgerichtet.

Zwei Modelle möchte ich hier kurz vorstellen, die sich bewährt haben und deren Prinzipien diesen Schulen zum Erfolg verhalfen: die Montessori-Pädagogik und den „Marchtaler Plan", der weitgehend auf den Ideen von Montessori aufbaut.

3. Alternativen zur sozialistischen Ganztagsschule

Wir werden um die Notwendigkeit nicht herumkommen, Kindern eine Umgebung bereitzustellen, in der sie ohne Gefahren für Leib und Seele aufwachsen können. Wenn in der Industriegesellschaft viele Mütter die normale Umgebung – das Zuhause – ihren Kindern nur noch am Abend und am Wochenende bereithalten können, bleibt nichts anderes übrig, als ein „Ersatzzuhause" zu finden. Da bietet sich die Schule an, da sie sowieso die Kinder unter ihrem Dach hat.

Es gibt jedoch Alternativen zur Schule. Immer noch ist auch in Deutschland die Mehrzahl der Kinder arbeitender Mütter bei Verwandten, solange die Mutter nicht zu Hause ist. Kirchen und Vereine haben nach wie vor Freizeitprogramme, die nachmittags Räumlichkeiten und Zeit für sinnvolle Aktivitäten für Kinder und Jugendliche anbieten. Da wäre noch mehr zu tun! Es scheint aber, daß die Kirchen den „Randgruppen" mehr Aufmerksamkeit widmen als unseren Kindern. Da wurde in den

Jahren nach dem 2. Weltkrieg mehr getan, um Jugendliche „von der Straße zu holen" und ihnen Gelegenheit zu sinnvollen Aktivitäten zu bieten. Heute haben wir trotz Wohlstand nicht mehr viel übrig, um in die Zukunft zu „investieren": in unsere Kinder!

In den USA gibt es, wie bei uns, solche Programme, meist von Kirchen getragen (z. B. Jugendorganisationen, wie die Pfadfinder), welche die Kinder nach der Schule in Obhut nehmen, bis die Eltern zu Hause sind. Das sind indessen verhältnismäßig wenig Kinder, die diese „Option" haben. Viel mehr benützen jedoch überall Kinder im Schulalter die Möglichkeit, an den öffentlichen Bibliotheken* ihre Hausaufgaben zu machen (unter Anleitung von Bibliothekarinnen, die dort ehrenamtlich tätig sind – meistens pensionierte Lehrerinnen) oder einfach in einer Leseecke zu schmökern. So etwas könnten auch bei uns die Stadtbibliotheken anbieten.

Es wird aber letztlich doch die Schule bleiben, die über die Unterrichtszeit hinaus die Kinder in Obhut nimmt, bis die Eltern zu Hause sind. Das muß aber nicht unbedingt die „Aufbewahrung" nach dem sozialistischen Muster sein.

Für das Kindergartenalter ist das „Kinderhaus" mit der Montessori-Pädagogik wohl das einzige, was man guten Gewissens empfehlen kann. Manche Kindergärten und Schulen haben in der letzten Zeit Elemente dieses Modells übernommen: die Freiheit der Kinder, sich selbst zu beschäftigen und die Zurückhaltung der Kindergärtnerin bzw. des Lehrers, die dem Kind die Initiative überläßt, soweit es nur möglich ist.

Es gibt bei Montessori nur wenig „kollektive" Aktivitäten.

---

* Jede, selbst die kleinste Gemeinde hat in USA eine „Public Library", die, von Steuergeldern finanziert, nicht nur gut bestückt ist, sondern auch Schulkindern (kostenlos) bei den Hausaufgaben hilft und Leseecken hat, wo sich Kinder aufhalten können.

Ganztagsschule – notwendiges Übel?

Das Kind kann allein oder – wenn es will – mit anderen spielen (Montessori sagte immer: „sich beschäftigen"), mit Lernmaterial, das bereitsteht und frei benützt werden kann.

Auf dem christlich-abendländischen Menschen- und Weltbild aufgebaut, ist diese Pädagogik wissenschaftlich haltbar. Nicht umsonst breitet sich dieses Modell überall in der Welt aus. Sie findet auch in Ländern Anklang, die nicht von der abendländischen Kultur geprägt sind (z.B. Indien). Ihre Grundelemente sind das Kind und die vorbereitete Umgebung, in der es sich entfalten kann; damit ist dieses pädagogische Modell mit jeder Kultur „kompatibel".*

Auf den Prinzipien von Maria Montessori (1870–1952) aufgebaut ist auch der „Marchtaler Plan", ein Schulmodell für die Elementar- und Hauptschule. Vom süddeutschen Raum (Württemberg) ausgehend, verbreitet sich nun dieses erfolgreiche Modell in Deutschland, in Rußland und im Baltikum. Es ist eine echte Alternative zu den unrealistischen „Reformen" der letzten 30 Jahre.

Hier steht das Kind in der Mitte, und von ihm aus wird das ganze Schulgeschehen (Lehrplan, Tagesablauf usw.) gestaltet: Der Tag beginnt in der Regel mit der „Freien Stillarbeit". Der Unterricht ist weitgehend „vernetzt", d.h., die Fächer werden fast alle „übergreifend" behandelt. Die Initiative des Schülers läßt den Lehrer zum Helfer werden, nicht zum Befehlenden. Schon dadurch wird der „Kollektiveffekt" vermieden.

Einige der „Marchtaler-Plan-Schulen" sind Ganztagsschulen (z.B. die „Bodensee-Schule" bei Friedrichshafen). Man kann sie vorbehaltlos bejahen, weil sie von vornherein nicht in das Schema einer „kollektiven" Schule passen. Hier sind z.T. Eltern als

---

* Eine gute Einführung ist das Buch von Maria Montessori: Der absorbierende Geist (Freiburg, Herder 1994, 10. Aufl.), und Ulrich Steenberg: Kinder kennen ihren Weg (Ulm, Kinders 1997, 2. Aufl.).

ehrenamtliche Helfer am Nachmittag tätig, so daß gar nicht mehr der Charakter einer „Schule" im Vordergrund steht.

Die Marchtaler-Plan-Schulen sind in privater Trägerschaft, folgen aber den staatlichen Lehrplänen – nur in einer Struktur, die vom Kind und nicht vom Lehrplan ausgeht. Der „vernetzte Unterricht" entspricht der Wirklichkeit und der Natur des Kindes mehr als der reine Fachunterricht. So geht oft das Lernen in die Freizeitaktivität über, und da wird auch ein ganzer Tag oft zu kurz, wenn sich ein Schüler in ein Projekt vertieft.*

4. Empfehlungen

Zuerst möchte ich den Verantwortlichen in den Regierungsämtern empfehlen, sich kundig zu machen, was die Humanwissenschaften (Erziehungswissenschaft, Entwicklungspsychologie, Soziologie, Medizin, vor allem die Pädiatrie und die Didaktik) vor der sogenannten „Kulturrevolution" von 1968 über Bildung und Erziehung erarbeitet haben und welche Modelle sich bewährten. Dabei müßten jedoch die ideologische Brille und die Vorurteile gegen alles, was nicht auf dem sozialistischen Mistbeet gewachsen ist, abgelegt werden.

Anstatt Millionen von Euros in neue Schuleinrichtungen und Personal zu stecken, wäre es vernünftiger (und billiger), den Eltern oder Privatinitiativen Zuschüsse zu geben, die Kindern zugute kommen, deren Eltern arbeiten müssen.

---

* Eine sehr gute Beschreibung dieser Schule und ihrer Organisation, Lehrplan und „Philosophie" (Theorie und Praxis – zugleich Darstellung des „Marchtaler Plans") findet man in Klaus Mandler: Das Kind in der Mitte (Friedrichshafen 1992).

Siehe auch Hans Schieser: „Der Marchtaler Plan – Philosophische und wissenschaftliche Grundlagen", in: Marchtaler Pädagogische Beiträge, 17. Jahrgang, Heft 2/94.

Ganztagsschule – notwendiges Übel?

Den Müttern möchte ich raten, sich wirklich zu überlegen, ob es sich lohnt, außer Haus zu arbeiten, solange ihre Kinder noch in die Schule gehen. Bei einer Untersuchung in Chicago fanden wir heraus, daß arbeitende Mütter im Durchschnitt ein ganzes Jahr für netto 75 Dollar (!) arbeiteten. Der monatliche Zuverdienst wurde durch Kosten für Transport zur Arbeit, Mahlzeiten außer Haus, Arbeitskleidung, Kosten für Kinderbetreuung und zusätzliche Steuern soweit reduziert, daß am Jahresende tatsächlich ein monatlicher Durchschnitt von etwas über 6 Dollar Nettoverdienst herauskam!

Selbst wenn in Deutschland vergleichsweise mehr herauskommen sollte, wäre zu überlegen, ob es sich lohnt, ein ganzes Jahr lang für netto 200 Euro zu arbeiten und dabei zu riskieren, daß die Kinder verwahrlosen.

Wer gezwungen ist zu arbeiten, möge sich bemühen, daß die Kinder bei Verwandten oder zuverlässigen Nachbarn bleiben können, wenn sie von der Schule kommen. Es gibt bereits solche Nachbarschaftsgruppen in manchen Städten.

Den Kirchen und Gemeinden wäre zu empfehlen, sich mehr um die Kinder zu kümmern, deren Eltern arbeiten müssen. Es gibt genügend Möglichkeiten, an Nachmittagen Räumlichkeiten zur Verfügung zu stellen, wo Kinder unter der Aufsicht von Erwachsenen ihre Hausaufgaben machen und spielen können. Das gäbe auch manchen Senioren noch Gelegenheit, mit jungen Leuten zusammenzukommen.

Nicht zuletzt möchte ich auch an meine Kollegen (u. -innen) aller Schulstufen appellieren, sich mehr zu bemühen, daß Kinder lernen, auch außerhalb der Schule sich diszipliniert zu verhalten. Das wird nicht ohne die Mitarbeit der Eltern gehen, aber es ist eine der wichtigsten Aufgaben der Lehrer, ohne die ihre Lehrtätigkeit weitgehend fruchtlos bleibt. Dieses Problem scheinen die PISA-Leute nicht genügend zur Kenntnis genommen zu haben. Man kann Kinder „disziplinieren", ohne sie zu tyrannisieren.

Hans A. Schieser

Ob Ganztagsschulen oder andere Einrichtungen sich um unsere Kinder kümmern, es wird immer darauf ankommen, daß genügend Personal bereit ist, diese Aufgabe zu übernehmen. Die größten Hemmungen kommen von der Furcht, mit den Kindern „nicht fertig zu werden". Das wird nie möglich sein, wenn die Gruppen zu groß und die Voraussetzungen bei den Kindern nicht gegeben sind: Anstand und diszipliniertes Verhalten sind Maßstäbe, an denen wir „Bildung" messen. Sie sind Grundlage einer funktionierenden Gesellschaft, Wirtschaft und Politik.

Dies muß man allerdings auch vom pädagogischen Personal erwarten. Wir verlangen bei der Ausbildung nicht mehr das ethische und professionelle Niveau, das Voraussetzung für eine jede Arbeit, besonders aber der Erziehungsarbeit ist.

Kinder werden immer lebhaft sein und manchmal „auf die Nerven gehen", das macht die pädagogische Arbeit nicht immer leicht. Wir dürfen aber keine Kompromisse machen, wenn wir unsere Kinder Leuten anvertrauen, die entscheidenden Einfluß auf ihr Leben haben und auf die Zukunft unseres Landes.

„Alle Kinder sind unsere Kinder". Sie werden die Zukunft unseres Landes tragen. Was wir in sie investieren, wird einmal mehr „Dividenden" bringen als alle anderen Investitionen!

Bibliographie (zur Weiterbeschäftigung mit dem Thema)

Biermann, Gerd: Die psycho-soziale Entwicklung des Kindes unserer Zeit, München, E. Reinhardt, 1975
(Etwas zu viel von Freud beeinflußt, aber brauchbar für Denkanstöße)
Brezinka, Wolfgang: Erziehung und Kulturrevolution. Die Pädagogik der Neuen Linken, E. Reinhardt, 1974
(Das „Standardwerk" zu den ideologischen Hintergründen der neueren Pädagogik. Vor allem den Lehrern zu empfehlen!)
Derbolav, Josef (Hrsg.): Grundlagen und Probleme der Bildungspolitik, München/Zürich, Piper, 1977

Ganztagsschule – notwendiges Übel?

(Obwohl vor fast 30 Jahren zusammengestellt, sind diese Beiträge von Erziehungswissenschaftlern gerade heute relevant! Den Politikern zum ernstlichen Studium zu empfehlen!)

Foerster, Friedr. Wilh.: Schule und Charakter, Recklinghausen, Paulus Vlg. 1953 (15. Aufl.); Politische Erziehung, Freiburg: Herder, 1958

Hahn, Wilhelm: Mehr Bildung, mehr Leistung, mehr Freiheit. Bildungspolitik zwischen Wunsch und Wirklichkeit, Stuttgart, Seewald Verlag, 1972

(Heute noch aktuelle Thesen des Bad.-Württ. Kultusministers. Den jetzigen Kultusministern und den Lehrern sehr zu empfehlen!)

Max, Pascal: Pädagogische und politische Kritik im Lebenswerk Fr. W. Foersters, Stuttgart, Ibidem Verlag, 1999

(Foerster ist auch heute noch der „Altmeister" der deutschen Pädagogik. Sein Werk umfaßt praktisch alle Fragen zur Bildung und Erziehung. Pascal Max gibt einen guten Überblick über Foersters Lebenswerk, das heute noch und wieder hochaktuell ist.)

Meves, Christa: Was unsere Liebe vermag. Hilfe für bedrängte Eltern, Freiburg, Herder, 1982; Mut zum Erziehen, Stein/Rh., Christiana 2001 (25. Aufl.), Kurswechsel: Aus Irrtümern lernen, Herder, 1992

Meves, C. und Ortlieb, H. D.: Die ruinierte Generation; Wie man junge Menschen heute und unsere Gesellschaft morgen lebensunfähig macht, Freiburg, Herder, 1984 (3. Aufl.)

(Unter den z.Zt. lebenden Psychagogen ist C. Meves wohl die einzige, die aus reicher Erfahrung und wissenschaftlich fundiert zu Erziehungsfragen und Gesellschaftsproblemen Stellung nimmt und realistische Lösungen zeigt.)

Pöggeler, Franz: Jugend und Zukunft. Erkenntnisse und Hoffnungen, Salzburg, Otto Müller, 1984

(Allen Lehrern und Eltern als „Pflichtlektüre" zu empfehlen!)

Jürgen Kaube, geb. 1962, studierte Wirtschaftswissenschaften, Philosophie und Kunstgeschichte an der Freien Universität Berlin, war Hochschulassistent am Lehrstuhl für Allgemeine Soziologie der Universität Bielefeld und ist seit 1998 Redakteur im Feuilleton der „Frankfurter Allgemeinen Zeitung".

Jürgen Kaube

Computer in Schulen

Neue Medien als Versprechen und Erkenntnishindernis der Pädagogik

Den Kindern heute beizubringen, was sie morgen gebrauchen können, ist ein verständlicher, ja ein verführerischer Wunsch. Heute nimmt er vielfach die Form eines Rufes nach technologischer Mehrausstattung der Schulen an. Kinder sind die Zukunft der Gesellschaft, Computer sind auch die Zukunft der Gesellschaft – mithin drängt sich die Forderung, beide zusammenzubringen, fast zwanglos auf. Zu einem Schulunterricht, der die Schüler auf kommende Anforderungen vorbereitet, so wird befunden, gehört die Ausbildung am Computer und der Einsatz solchen Geräts teils in eigens dafür geschaffenen, teils in allen klassischen Fächern, von Sportstunden vielleicht abgesehen. Über diese Forderung noch hinaus gehen Bildungspolitik und Pädagogik, wenn sie „Medienkompetenz" als eine vierte Basisqualifikation neben Lesen, Schreiben und Rechnen stellen. Damit soll einerseits Entwicklungen in einer Berufswelt

Rechnung getragen werden, in der computertechnisch unterstützte Kommunikation der Normalfall werde. Andererseits haben Soziologie und Kulturwissenschaft in den letzten Jahrzehnten einen generalisierten Medienbegriff entwickelt, der Schrift, Zahl, Musik, Bilder und Filme, aber auch Geld oder Macht als Kommunikationsmedien bezeichnet. Damit sind entsprechende Veränderungen im Begriff der Grundbildung vorbereitet worden. Schließlich nähren auch die außerberuflichen Verwendungen des Computers als Freizeitgerät den Wunsch, ihn im Unterricht einzusetzen. Das Interesse von Kindern und Jugend an den Spielmöglichkeiten, die Software und das Internet bieten, erscheint der entsprechenden Pädagogik nutzbar. Moderne Technik biete entsprechende Motivationschancen für den Unterricht. Ihre Hersteller sehen das alles genauso.

Dieser Komplex aus pädagogischen Vermutungen, bildungspolitischen Projektionen, kulturwissenschaftlichen Befunden und wirtschaftlichen Interessen ist längst folgenreich geworden. „Schulen ans Netz", so hieß ein Vorhaben des Bundesministeriums für Bildung und Forschung unter Edelgard Bulmahn. Im Herbst 2001 wurde Vollzug gemeldet. Kurz danach sattelte die Ministerin weitere Erwartungen drauf und verlangte zur Eröffnung der Industriemesse CeBit von den Computerherstellern eine Verbilligung transportierbarer Personalcomputer, damit sich demnächst in jedem Schulranzen ein Laptop befinde. Das „mobile Klassenzimmer" ergänzt so als Utopie für Erziehungsorganisationen das „mobile Büro" als Vision dezentraler Wirtschaftsorganisation.

Eine Diskussion des Sinns solcher Vorschläge sollte zunächst unterscheiden zwischen Unterricht am Computer und Unterricht in Computerbenutzung, also zwischen dem Einsatz von Software und dem Internet als Lehrmittel auf der einen Seite, der Einführung in Textverarbeitung, Tabellenkalkulation, in Programmiersprachen und Informatik durch ein eigenes

Schulfach auf der anderen. Es ist leicht zu sehen, daß der Computer als Unterrichtsgegenstand mit anderen Schulfächern konkurriert, der Computer als Lehrmittel hingegen mit anderen Arten des Unterrichts. Beides führt auf ganz unterschiedliche Fragen. Im folgenden wird nur ein Teil davon behandelt. Computer als Unterrichtsgegenstand erscheinen nämlich vergleichsweise unproblematisch. Wie man sie benutzt und programmiert, was ein Betriebssystem ist und worin der Unterschied zwischen Hardware und Software besteht, das kann man natürlich zum Lehrstoff eines eigenen Faches machen. An vielen Schulen ist das in Form von fakultativen Informatik-Kursen in der Oberstufe auch seit langem schon üblich. Solch ein Unterricht fordert so wenig zu grundsätzlichen Fragen heraus wie die ebensogut denkbare Einrichtung von „Wirtschaft" oder „Recht" als Schulfach. Man möchte sagen: Solange es nicht zu Lasten von Mathematik, Deutsch, Biologie und Englisch geht – sei's drum, warum nicht auch Informatik? Die skizzierten Erwartungen an eine Revolutionierung des Klassenzimmers durch neueste Technologien beziehen sich aber durchweg auf den Unterricht am und durch den Computer. Es geht also nicht vorrangig um die Einführung eines neues Faches, sondern um die Modernisierung der Lehre in fast allen Fächern.

Zieht man für eine Einschätzung des Realitätsgehaltes solcher Erwartungen die Erfahrung mit älteren Technologien heran, so empfiehlt sich Reserve gegenüber weitgespannten Hoffnungen. Sprachlabore etwa sind inzwischen so etwas wie die Industrieruinen der Schulen. An ihnen hat sich eine Einsicht der Betriebssoziologie bestätigt: daß Arbeiter stets versuchen werden, kaputte Maschinen wieder zum Laufen zu bringen – daß sie aber umgekehrt auch erheblichen Ehrgeiz daran setzen, an vollkommen intakten Maschinen nachzuweisen, daß diese doch einen Fehler haben, es doch eine Möglichkeit gibt, sie zu stören. So auch Schüler. An Knöpfen kann man nicht nur drehen,

Jürgen Kaube

man kann auch versuchen herauszubekommen, ob sie sich abreißen lassen. Schüler werden es versuchen. Schwämme werden geworfen, weil man jedes Requisit, das dem Unterricht dienen soll, auch unter dem Aspekt in den Blick nehmen kann, wie es zur Störung des Unterrichts oder auch nur zur Unterhaltung – beides fällt oft zusammen – dienen kann.

Auch andere Medien weckten einst die schönsten Erwartungen. 1922 sagte Thomas Alva Edison voraus, der Film werde in der Grundschule Epoche machen. In den 50er Jahren setzte sich der behavioristische Psychologe B. F. Skinner für den Einsatz von Lehrmaschinen im Unterricht ein. Später versprach man sich von der Fernseh-Analyse, sie statte die Kinder mit kritischer Distanz gegenüber der Kulturindustrie aus. Was Ingenieure und Sozialingenieure dabei leicht übersehen, ist, daß der Schulunterricht eine eigentümliche Form der Interaktion unter Anwesenden darstellt. Die Beobachtungsmöglichkeiten der Lehrer sind schnell erschöpft, sie können sich immer nur wenigen zuwenden, obwohl der Unterricht allen gelten soll. Das merken die Schüler und schalten entweder leicht ab oder verlegen ihre Aufmerksamkeit auf „Nebendinge": die Mitschüler, mitgebrachte Lektüre, das Schnitzwerk der Schulbank. Die Einführung von Maschinen in den Unterricht steigert diese Ablenkungschancen beträchtlich. Wenn das Licht ausgeht, damit Filme gezeigt werden können, wenn Stühle gerückt werden müssen, um alle das Video sehen zu lassen, wenn im Sprachlabor die Teilnahme der einzelnen nur noch zufälligerweise registriert werden kann, dann steigert das alles die Kontroll-Lasten seitens der Lehrer. Medien, die außerhalb der Schule gerade der Entspannung dienen, im Unterricht der Konzentration der Schüler zuzuführen, dürfte eines der schwierigsten pädagogischen Unterfangen sein.

Gegen diesen Vorbehalt könnte man einwenden, daß der naturkundliche Unterricht schließlich auch mit Experimenten arbeitet, oder daß mit der Gruppenarbeit eine Unterrichtsform didaktisch äußerst angesehen ist, die ebenfalls die Aufmerksamkeit im Klassenzimmer „dezentriert". Kontrolle des Lehrers über die Situation ist nicht alles. Das trifft zu, unterschätzt aber den Unterschied zwischen Technologien wie einer chemischen Versuchsanordnung oder einem mathematischen Problem, das gemeinsam gelöst werden soll, und Computern. Diese sind auf einen einzigen Benutzer angelegt, absorbieren Aufmerksamkeit auch über konkrete Aufgabenstellungen hinaus, sind Maschinen, mit denen äußerst leicht auch unterrichtsferne Zwecke verfolgt werden können – und sind darüber hinaus sehr empfindliche Geräte. Empfindlich einerseits, was fehlerhafte Bedienung angeht: Ein Unterricht mit Computern wird einen Großteil der Schulstunde damit verbrauchen, technische Fragen ihres Ingangsetzens zu klären. Empfindlich andererseits, was ihr Inganghalten angeht. Worin besteht der Unterschied zwischen einem Laptop und einem Schulbuch? fragt der amerikanische Astronom Clifford Stoll*, und antwortet: Gießen Sie einmal eine Cola über beides. Noch bevor man also Fragen des pädagogischen Werts dieser Technik erörtert, stehen nicht wenige unterrichtspraktische Schwierigkeiten ihrer Verwendung entgegen.

Der erste Computer im Unterricht war der Taschenrechner. Kann man etwas gegen Taschenrechner haben? Man muß kein Anhänger des mühsamen Wurzelziehens per Hand sein, um diese Frage zu bejahen. Ein Mathematiktest, dem vor Jahren 45.000 amerikanische Schüler unterzogen wurden, enthielt unter anderem diese Aufgabe: 36 Soldaten kann ein Militärbus befördern. Wie viele Busse sind nötig, um 1128 Soldaten zu ihrem Trainingslager zu bringen? 30 % der Kinder rechneten falsch. 23 % sagten richtig „32" – obwohl sie auch mit der Antwort „Ein Bus, der 1128 mal fahren muß" nicht falsch gelegen hätten.

---

* Clifford Stoll: LogOut – Warum Computer nichts im Klassenzimmer zu suchen haben, Frankfurt 2001.

Jürgen Kaube

Mehr als ein Drittel hatte richtig dividiert und sagte dann abrundenderweise, es würden 31 Busse benötigt oder sogar „31 Busse, Rest 12". So falsch kann Genauigkeit sein.

Hätten die Schüler Taschenrechner benutzen dürfen, so hätte mancher von ihnen vermutlich sogar 31,3333 Busse losfahren lassen. Man kann also etwas gegen Maschinen haben, deren Autorität darin besteht, das angeblich perfekt zu können, wovon die Schüler nur glauben, es werde von ihnen verlangt: richtig rechnen. Tatsächlich wird von ihnen, im günstigen Fall, etwas ganz anderes verlangt, nämlich mathematisches Denken oder das Lösen von Problemen unter Zuhilfenahme von Mathematik. Beides kann die Maschine nicht. Das spricht nicht gegen ihren Einsatz als Rechenmittel in Jahrgangsstufen, deren Lernziele Fragen wie die des sachadäquaten Dividierens bereits hinter sich gelassen haben. Es verweist aber auf die Problematik aller Lernmaschinen: etwas zu erleichtern, was gar nicht leicht sein soll, eine Präzision zu ermöglichen, um die es im Lernen gar nicht vorrangig geht, einen Weg abzukürzen, der gerade durch seine Irrtumsmöglichkeiten erzieherisch interessant ist. Computer haben den Nachteil, genau zu sein und den Zufall zu töten.

Der Taschenrechner ist hier nur ein Beispiel dafür, daß es auf der Ebene dessen, was die Schule vermitteln soll, gar keinen Fortschritt gibt und der Versuch, ihm Rechnung zu tragen, im Gegenteil Rückschritte in Kauf nimmt. Zu den vielfältigen Zielen des Schulunterrichts gehört es, die Fähigkeit zum Denken auszubilden und die Kinder zu Vergleichen anzuregen, sie auf interessante, entwicklungsfähige, variantenreiche Sachverhalte aufmerksam zu machen. Zeichnen können, Musik genauer hören, verstehen, was Kraft im Unterschied zu Leistung oder Spannung ist, oder die Verwendungsmöglichkeiten von Modellen, Zahlen und guten Formulierungen begreifen – all diese Fähigkeiten sind vortechnologischer Natur. Das heißt nicht, daß

Technik kein Thema ist, an dem sie sich bewähren können. Ein Voltmeter ist eine Maschine, die eine Eigenschaft des Stromes mißt. Durch Computer mag sie verbessert werden. Was aber Strom ist und was Messen, und was es heißt, daß Strom Eigenschaften hat, das zu durchdringen gibt es kein Gerät, und die elementaren Operationen, die dazu nötig sind, lassen sich auch nicht fortschrittlicher gestalten. Statt physikalische Lernsoftware anzuschaffen, sollten die Schulen darum lieber die physikalischen Geräte selber auf dem Stand der Technik und in Schuß halten.

Maschinen entlasten, die Schule aber ist ein Arrangement zur Erzeugung spezifischer Belastungen aus erzieherischen Gründen. Wenn Hartmut von Hentig[*] formuliert, für Tätigkeiten, die Freude bereiten, würden wohl kaum Maschinen erfunden, Skat-, Tennis- oder Tanzmaschinen etwa, dann hält die pädagogische Vorstellungskraft nicht ganz mit der technischen Entwicklung Schritt. Denn natürlich gibt es Skat-Spielprogramme, und natürlich kann ein Kind, das gerade einen virtuellen Ball durch einen von ihm ausgewählten NBA-Star ins Netz drücken läßt, in derselben Stunde nicht selber draußen Basketball spielen. Möchte man ihm darum das Vergnügen des Computerspiels versagen? Gilbert K. Chesterton hat einst aufgrund der Tatsache, daß es Schallplatten gibt, die Besorgnis angemeldet, die Leute sängen nicht mehr, sie ließen singen.

Man muß nicht so weit gehen, um festzustellen: Der Computer entlastet von vielen Tätigkeiten, von denen nicht eindeutig zu sagen ist, wieviel an ihnen Last und wieviel an ihnen „Praxis" bildender Vollzugsgewinn ist. Selbst die Langeweile, die von vielen Handlungen wie dem Ausklammern von Termen, dem Wurzelziehen oder dem Abschreiben von Sätzen ausgelöst werden mag, ist nicht einfach nur etwas, was vermieden werden

---

[*] Hartmut von Hentig: Der technischen Zivilisation gewachsen bleiben, Weinheim 2002, S. 198.

sollte. Viele Erfahrung gründet auf wiederholenden Momenten, der Übergang von einübendem zu lernendem Verhalten ist gleitend – insbesondere der Musik-, Kunst- und Sportunterricht macht hier deutlich, was auch in allen anderen Fächern gilt. Den Unsinn der Forderung, anstelle von Fußball das entsprechende elektronische Spiel zu spielen, würde jeder sofort einsehen. Daß es sich beim Einsatz elektronischer Lernsoftware in anderen Fächern um eine ähnliche Abstraktion handelt, scheint schwerer verständlich. Man glaubt, auf den Schritt von der Anschauung zum Lehrbuch nunmehr den vom Buch zur Software folgen lassen zu sollen, ohne zu erkennen, daß die Software, anders als das Buch, gerade durch ihre bewegten Bilder und ihre vorgebliche Interaktivität suggeriert, Buch plus Anschauung zu sein und gerade dadurch zum Irrglauben verführt, man habe es mit den Dingen selbst zu tun. Niemand verwechselt den Bericht über einen Schmetterling mit einem Schmetterling. Aber die Animation des Tieres am Bildschirm täuscht vor, mehr habe auch das Tier selber nicht zu bieten.

Bleibt das Argument der modernen Berufswelt, die „Kompetenz" im Umgang mit Medien verlange. Worauf aber genau sollen Kinder durch die Benutzung von Computern im Unterricht vorbereitet werden? Bis zum heutigen Tag sind die Anforderungen, die an durchschnittliche Arbeitnehmer im Umgang mit „digitalen Medien" gestellt werden, diese: Textverarbeitung, eventuell Tabellenkalkulation, Benutzung eines E-Mail-Programms, die Fähigkeit, sich mittels einer Suchmaschine im Internet Auskünfte zu beschaffen. Nichts Kompliziertes, nichts, das eigener Unterrichtung bedürfte, nichts, das es notwenig machen würde, unter die Oberfläche der entsprechenden Benutzeroberflächen zu dringen. Fahrradfahren samt der Kenntnis der wichtigsten Verkehrsregeln und Straßenschilder sowie die Fähigkeit, einen Reifen zu wechseln, ist schwieriger, ohne darum zum Gegenstand eines Schulfaches erhoben zu werden.

Computer in Schulen

Könnte es sein, daß eine Generation, für die der Personalcomputer eine späte Erfahrung ihres fortgeschrittenen Berufslebens ist, die sie sich, wenn überhaupt, unter Mühen angeeignet hat, daß eine solche Generation von Politikern, Verwaltern, Erziehern um so überzeugter davon ist, daß der Computer eine ganz grundsätzliche Innovation darstellt?

Nehmen wir die berühmte „Recherche im Internet", die in der Wissensgesellschaft unausweichlich sein soll. Schon heute wird sie von Schülern, die Referate halten sollen, betrieben. Die Vorzüge, die es haben soll, auf diese Weise den Besuch einer Bibliothek zu vermeiden, sind aber nicht ersichtlich. Von allen Fähigkeiten, die dazu nötig sind, um aus der ungeordneten Datenmenge des Netzes sinnvolle Informationen herauszuziehen, läßt sich nicht eine einzige durch das Internet selbst lernen. Jede Quellenkritik, die Unterscheidung von reputierter und verdächtiger Mitteilung, das Wiedererkennen von Namen und Argumenten, bezieht sich auf Bücher und läßt sich jedenfalls im Umgang mit ihnen viel leichter lernen als in der opulenten Wüste, zu denen Suchmaschinen einen Zugang eröffnen. Im Internet kann nur recherchieren, wer sich in der Buchwelt zu orientieren vermag. Die Dauer des Schulbesuchs reicht bestenfalls dafür aus, diese Orientierungsfähigkeit vorzubereiten.

Schließlich wird gesagt, der Computer stelle eine Motivationsquelle für Schüler dar. So zu argumentieren entspricht einer alten Lehre, wonach Erziehung am Spieltrieb des Menschen anzusetzen habe. Aber diese Lehre wird zur Ideologie, wenn man sie aus gesellschaftlichen Verhältnissen beträchtlicher Härte, in der sie entstand, in solche überträgt, in der es das geringste Problem der allermeisten Kinder unserer Breiten sein dürfte, zu wenig Spaß und Unterhaltung zu finden. Nicht zu wenig Bilder, zu viele sind es allenfalls, die uns umstellen. Wenn es zum Sinn der Schule gehört, durch die Begegnung mit Fremdem, sich nicht sofort von selbst Erschließendem, Rätselhaften zu bilden, wozu sollte sie dann ausgerechnet auf Gerätschaften zurückgreifen, die längst in den Alltag und die Kinderzimmer vorgedrungen sind? Die Faszination des Computers sorgt dafür, daß sich Kinder und Jugendliche ohnehin ganz leicht in Besitz der entsprechenden Fähigkeiten bringen, ihn zu benutzen. Da die Autorität des Lehrers ganz wesentlich darauf beruht, etwas zu können, was die Schüler noch nicht können, dürfte es ein zweifelhafter Versuch sein, diese für den Unterricht ausgerechnet durch ein Gerät zu gewinnen, das sie im Zweifel besser beherrschen als das Lehrpersonal.

Wohl wahr, der Computer ist nicht des Teufels, aber gerade daß er es nicht ist, macht ihn nicht zum Schicksal der Schule. Darum ist es auch falsch, wenn Hartmut von Hentig schreibt: „Es gibt keinen Weg zurück, weder in eine Wirklichkeit ohne Computer, Internet und Fernsehen, noch in eine Schule ohne Computer, Internet und Fernsehen." Man kann die Uhren nicht zurückstellen? Doch, Uhren sind so ziemlich das einzige, was man zurückstellen kann. Und Uhren, die Schulstunden anzeigen, gleich gar: Nirgendwo sonst hat die Stunde 45 Minuten. Es gibt eine Schule ohne Autos, ohne Kühlschränke, ohne Hydraulik und ohne Fernsteuerungen, ohne Kreditkarten und ohne Mobiltelephone – warum sollte es, wenn es sich pädagogisch als sinnvoll herausstellen würde, nicht Schulen ohne Computer, Internet und Fernsehen geben? Oder Schulen, in denen der Computer nur dazu dient, Stundenpläne zu erstellen, Bilder an die Wand zu werfen, Klausurnoten abrufbar zu machen, in der er aber kein eigenes Unterrichtsthema ist, so wenig wie der Verbrennungsmotor, die Geldmengensteuerung oder die Technik, Wasser durch Kläranlagen zu schicken?

Die Liste der Zweifel an technologischen Visionen für den Unterricht erlaubt es, abschließend noch einmal auf die Prämissen jener Begeisterung am Computer als Erziehungstechnologie zurückzukommen. Denn diese Begeisterung und alle Maßnahmen zur Präparierung der Schule für die sogenannte Wissensgesellschaft und ihren vermuteten Qualifikationsbedarf sind nicht an eine spezifische Technologie gebunden. Sie können sich genausogut wie am Computer künftig auch an anderen Techniken und Maschinen entzünden, weil der soziologische Fehlschluß, auf dem sie beruhen, allgemeiner Art ist.

Kinder gelten H. von Hentig als die Zukunft der Gesellschaft. Das ist im trivialen Sinne richtig, im nichttrivialen falsch. Trivialerweise richtig ist, daß Kinder erzogen werden, um sie auf eine Gesellschaft vorzubereiten, in der sie älter werden und in der sie Chancen zur Teilnahme am sozialen Leben erhalten, die andere Chancen sein werden als diejenigen ihrer Eltern. Falsch ist es hingegen anzunehmen, daß Kinder, sind sie erst erwachsen geworden, als Möglichkeitsspielraum solcher gesellschaftlichen Teilhabe genau das besitzen, was ihnen als Kindern in den Familien, den Schulen und den auf sie zugeschnittenen Freizeitstätten begegnet ist und auf sie Einfluß genommen hat. Wenn viele Kinder an altsprachlichen Gymnasien Unterricht erhalten, heißt das nicht, daß die Zukunft der Gesellschaft humanistische Züge tragen wird, wenn sie viel fernsehen, läßt das keine Schlüsse auf die Gesellschaft zu, die entsteht, wenn die kleinen Zuschauer groß geworden sind. Man kann, mit anderen Worten, die Zukunft der Gesellschaft nicht schon jetzt festlegen oder auch nur bestimmen, indem man die eigenen Vorstellungen von dieser Zukunft zum Gegenstand von Erziehungsprogrammen macht. Wenn es eines empirischen Beweises für diese Behauptung bedarf, dann läßt er sich aus der Geschichte der Erziehungsmethoden autoritärer Regime, die der Maxime folgten „Wer die Jugend hat, der hat die Zukunft", leicht gewinnen. Kaum eines dieser Regime hatte die Zukunft und keines diejenige, die es sich durch die Steuerung seiner Bildungsanstalten erhoffte.

Gegenwart und Zukunft sind nicht durch einen Kausalmechanismus namens „Erziehung" oder „Sozialisation" miteinander verbunden. Daraus folgt: Es ist auch umgekehrt nicht sinnvoll, aus den Bildern, die sich eine Gesellschaft von ihrer Zukunft macht, Programme für Schulen abzuleiten, um die Kinder auf diese Zukunft vorzubereiten. Erziehung bereitet auf Zukunft vor, sie übt in Familien und an Schulen Wissen und Verhalten, das später auch außerhalb von Schulen und Familien hilfreich sein soll. Die moderne Gesellschaft zeichnet zum einen dem Individuum keine bestimmten Wege vor. Zum anderen läßt sich das Verhalten, das sie ihm im Beruf, vor Gericht, in der Ehe, gegenüber der Religion oder der Regierung abverlangt, nicht auf einen bestimmten Nenner bringen. Darum ist Erziehung unter modernen Verhältnissen notgedrungen Erziehung für eine unbestimmte Zukunft. Für die Erziehung stehen gewissermaßen nur sehr allgemeine Dinge fest: daß es auch in dieser Zukunft Organisationen geben wird, daß auch in ihr zwischen Rollen und Personen zu unterscheiden sein wird, daß Mathematik und Sprachkenntnis ebenso wie die Fähigkeit, Gelerntes zu modifizieren und die Bereitschaft, sich taktvoll zu verhalten, von Bedeutung bleiben, daß auch weiterhin das Gefühl für Hierarchien, für Legalität und brauchbare Illegalität im sozialen Leben weiterhilft, daß es auch in Zukunft wichtig ist, die eigenen Kräfte einschätzen zu können, und daß es wichtig bleibt zu wissen, woran man erkennt und was man davon hat, wenn Wasser kocht. Nur diese Art von fortschrittsloser Zukunft kann die Schule unterstellen. Der Fortschritt selber kommt für die Schüler früh genug.

Reinhard Schmidt-Rost, geb. 1949. Dr. theol., Dipl. psych., Studium in Bonn, Mainz, Tübingen, 1979–1981 und 1987–1993 Pfarrer in Württemberg, Habil. 1986, 1993–1999 Prof. für Praktische Theologie in Kiel, seit 1999 in Bonn (Fachgebiete: Homiletik, Christl. Publizistik, Seelsorge), zugleich Universitätsprediger.

Reinhard Schmidt-Rost

Schwamm drüber?
oder:
Bildung ohne „Ein-Bildung" macht Ausbildung zur Einbildung

1. Schwimmen in der Informationsflut

Die folgenden Überlegungen sind Hypothesen über Erkenntnisse aus einem längeren individuellen Selbstversuch und aus Beobachtungen im Umgang mit Studenten. Sie fragen nach Beglaubigung durch Kritik und Zustimmung der Leser; wollten sie ihre Plausibilität von vornherein gegen Einreden quantitativ absichern, würden sie ebendem Vorgang unterliegen, den sie kritisieren; sie würden die Flut einzelner Daten und Informationen noch vermehren, deren Wirkung auf die Bildungsvorgänge gerade zur Diskussion gestellt werden soll. Zwar läßt die vorherrschende wissenschaftliche Meinung nur gelten, was durch zahlreiche Daten als belegt gilt; daß auch Neues gedacht werden und Wirkungen auslösen könnte, wird zwar nicht bestritten, man läßt es aber erst gelten, wenn es meßbare Wirkung erzielt, andere Formen der Anerkennung von Plausibilität stehen derzeit öffentlich nicht zur Verfügung. Man könnte noch schärfer sagen: Die Frage der öffentlichen Anerkennung von Gedanken wird auf dem Markt entschieden – und gelegentlich auch auf dem Schwarzmarkt, jedenfalls kaum noch im öffentlichen Diskurs.

Ein durchaus bekannter, weil anschaulicher Sachverhalt, der in diesem öffentlichen Diskurs vollständiger Verschwiegenheit unterliegt, ist das „Auswischen" das „Herbeiführen von Vergessen", das lediglich in der behavioristischen Verhaltenstherapie genutzt wird, nicht aber in der öffentlichen Bildungsdebatte eine Rolle spielt, obwohl dieser Vorgang im Bildungsprozeß besonders wirksam wird. Ein Leserbrief, der diesen Sachverhalt ins öffentliche Gespräch bringen wollte, aber an seinem Ort – in der FAZ – unter der Zustimmung Gleichgesinnter ehrenvoll begraben blieb, soll hier als Zeuge exhumiert werden:

„Vom frühesten Kindesalter an wird heute das menschliche Gehirn mit Informationen überfüttert, die es nicht mehr verarbeiten kann. Da es anpassungsfähig ist, gewöhnt es sich an die Oberflächlichkeit mit der Folge, daß es zur Denkunfähigkeit geradezu trainiert wird. Die Auswirkungen kann man dann überall erkennen. Der moderne Mensch glaubt völlig unkritisch alles, außer an Gott. Dort, wo Denken gefragt ist, ist er völlig überfordert und wird im allgemeinen aggressiv.

Von der Denkunfähigkeit sind schon viele Generationen betroffen, ohne es selbst wahrnehmen zu können. Man beobachtet das an politischen Parolen wie zum Beispiel: ‚Schulen ans Internet' oder ‚Jedem Schulkind einen Laptop'. Da die Hochschulreform aus der gleichen Richtung stammt, ist zu befürchten, daß Wissenschaft und Technik in Deutschland keine Zukunft mehr haben." (Heinz Wellhausen zum Artikel „Vom Spaß an der Technik" von Gero von Randow, in: FAZ 15. April 2002, S. 1).

Es gibt sicher viele Gründe, warum solche kritischen Bemerkungen unbeachtet bleiben; einer davon ist der, daß sich das Denken normalerweise gegen die Vorstellung sträubt, ein „Mehr" könne ein „Weniger" sein. Wenn der technische Fortschritt der Informationstechnologie die Handlungsmöglichkeiten spürbar vergrößert hat, dann muß die Vermehrung der Zugriffsmöglichkeiten doch in gleicher Richtung wirken: Mehr Computer für mehr Kinder erzeugen mehr Bildung. Mindestens genauso beliebt und absurd zugleich ist eine andere Auffassung: Mehr Informationen ermöglichen tieferes Denken. Wellhausen vertritt die abweichende Auffassung: Mehr Informationen verlangen tieferes Denken, verhindern aber dessen Entwicklung und Vertiefung durch fortgesetzte Ablenkung. Diese These kann öffentlich nicht beachtet werden, weil sie den institutionalisierten Medien- und IT-Betrieb grundsätzlich in Frage stellt.

2. „Eins ausgewischt!"

Die durch technische Möglichkeiten vielfältig wirksamen Medien des Alltags bearbeiten die Erinnerungsspuren im Gedächtnis wie ein nasser Schwamm die Kreideschrift auf einer Wandtafel: „Alle Zeichen müssen weichen", eben noch frisch aufgetischt, augenblicklich aufgeweicht und gleich wieder abgewischt.

Trotzdem – oder gerade deshalb – spielt die Frage nach den Inhalten in der aufgeregten Bildungsdiskussion in den allgemeinen Medien praktisch keine Rolle. Was sich schnell abwischen läßt, kann nicht viel bedeuten. Was aber schnell aufgeweicht wird, kann nicht trocknen, kann den Nachweis seiner Bedeutung nicht führen.

Reinhard Schmidt-Rost

Die durch PISA diagnostizierte Schieflage deutscher Schulbildung betrifft die Grundkompetenzen Lesen, Schreiben und Rechnen; welche Aufgaben und Texte der Prüfung zugrunde lagen, bleibt undiskutiert, ist scheinbar unerheblich. Ob Größe und Preis verschiedener Pizzen ins Verhältnis zu setzen sind oder die Frage nach dem Insektizidgebrauch in einem Kuhstall beurteilt werden soll oder welche Texte gelesen werden, stets geht es um graduelle Unterschiede in der abverlangten Kombinationsfähigkeit, nicht um die Inhalte der Aufgaben. Diese bilden allenfalls das weiterhin unvermeidliche Material von Problemstellungen, das aber in geschlossenen Fragen (multiple choice) weiter methodisch verdünnt wird.

Bei dieser Konzentration der Aufmerksamkeit auf die Kombinations- und Problemlösungsfähigkeit als höchste Formen der intellektuellen Kompetenz bleibt jener alltägliche Vorgang des Auf- bzw. Abbaus von Bildung, das „Einprägen" und „Auswischen" der Erinnerungsspuren, unbeachtet, mit dem sich die Bildungspolitik in Deutschland selbst eins „auswischt". Die Überflutung mit verschiedenen Informationen schwemmt die Informationen weg, die jeweils gerade im Begriff waren, sich abzulagern; wie Wellen Spuren im feinen Strandsand in kurzer Zeit auflösen, so verschwinden Gedächtnisinhalte spurlos. Die Ruhe, etwas „trocknen" zu lassen, die Kreide auf der Wandtafel, die Spuren im Sand oder die Informationen im Gehirn, solche Ruhe kommt nicht auf, wird nicht zugelassen; die hektischen Reformbemühungen auf allen Ebenen sind dafür ein Ausdruck, kein Gegenmittel. Die längst schon etablierten und von finanziell ausreichend versorgten Familien favorisierten pädagogischen Konzepte (Reformschulen, konfessionelle Schulen, Waldorf-Pädagogik u.a.) werden zumeist weiterhin öffentlich im Abseits der Verschwiegenheit belassen.

3. Durch Formalisierung zur Flexibilisierung

Die politische Reaktion auf PISA konzentriert sich in Deutschland wie die Studie selbst auf das Problem formaler Fähigkeiten und deren organisatorischer Förderung; man interessiert sich für das Lesen, nicht für das zu Lesende. Damit wird die seit den 60er Jahren betriebene Förderung technisch-formaler Bildung immer weiter fortgeschrieben und vorangetrieben. Daß diese kulturpolitische Linie seit langem auf die Auswahl der Bildungsinhalte erheblich einwirkt, zeigte sich schon häufiger, etwa bei der faktischen Abschaffung des humanistischen Gymnasiums in den 70er Jahren oder bei der Einrichtung der reformierten Oberstufe, die durch Spezialisierung auf die Anforderungen der Universität vorbereiten sollte, aber das Gegenteil bewirkte, weil das Angebot der Spezialisierung von vielen Schülern als Möglichkeit zur Reduzierung des Einsatzes aufgefaßt wurde – ganz abgesehen davon, daß gerade eine zusammenfassende Grundbildung viel höhere Anforderungen an die geistige Kompetenz stellt als jede noch so spezielle Beschäftigung.

Auch eine nur scheinbar spezielle Frage wie der Streit um das Fach LER (Lebenskunde – Ethik – Religion) in Brandenburg mit der Entscheidung für LER, bei der die konfessionelle Prägung des Religionsunterrichts abgewiesen wurde, als könnte der Staat auf diesem Wege eine inhaltliche Neutralität durch Abstinenz in anthropologischen und religiösen Fragen gewährleisten, hat symptomatischen Wert. Diese nur von einer Spezialöffentlichkeit wahrgenommene Diskussion hatte für die mit der Sachlage in der ehemaligen DDR vertrauten Personen eine eigenartige Färbung insofern, als der Staat in diesem Fall wiederum auf dem Weg der Bildungsinhalte eine weltanschaulich relevante Frage entschied, und zwar *ex negativo:*

Ein evangelischer Pfarrer fragte dabei erstaunt: „Sind wir

schon wieder so weit, daß der Staat in Fragen der Weltanschauung den Ton angibt – wie in der ehemaligen DDR?" Er lag mit dieser Äußerung allerdings nur im Blick auf die Vergangenheit der DDR richtig, die in der Bildung auch inhaltlich explizit vom Staat diktiert wurde. Strukturell paßt dieses von der Sozialdemokratie durchgesetzte Ergebnis eher zu den Reformprogrammen in Westdeutschland, weil auf inhaltliche Prägung ein weiteres Mal verzichtet wird.

Die linksliberale Bildungsprogrammatik ist seit den 1968er Zeiten auf eine kritische Analyse, d. h. Auflösung aller inhaltlichen, als konservierend-konservativ verdächtigten Positionen fixiert; sie gibt sich dabei keine Rechenschaft darüber, daß eine solche kritische Haltung unvermeidlich gleichfalls eine Position bezieht und einen Standpunkt verfestigt, der allerdings inhaltlich nicht mehr expliziert werden kann, weil grundsätzlich alle Inhalte obsolet geworden sind. Dieser Trend läßt sich neuerdings auch aufzeigen an jener bemerkenswerten Redewendung des Generalsekretärs der SPD 2002, Olaf Scholz aus Hamburg, im DLF von der „Lufthoheit über den Kinderbetten", die die sozialdemokratisch geführte Regierung erringen wolle, und von der „Kultur-Revolution", die ins Werk zu setzen sei.

Zwar entsteht vordergründig der Eindruck, als sollten bestimmte weltanschauliche Inhalte vermittelt werden, wie seinerzeit in der DDR, aber der Ansatz bei der Ganztagsbetreuung macht im Gegenteil wahrscheinlich, daß der Disput über Inhalte weiterhin nur mit dem Ziel geführt wird, alle bestimmten Einflüsse auf die junge Generation abzubauen, um eine allgemeine und gleiche, als Emanzipation und Handlungsfreiheit angepriesene Verfügbarkeit von Männern und Frauen als arbeitende Bevölkerung herbeizuführen; bestimmte Bildungsinhalte werden jedenfalls nicht zur Diskussion gestellt, genausowenig wie gesellschaftspolitische Ziele jenseits von Marktgesichtspunkten wie Wachstum und Beschäftigungszahlen zur Sprache kommen.

Schwamm drüber? oder Bildung ohne „Ein-Bildung"

Mit dieser Ausstattung, also ohne inhaltliche Orientierung, können PISA-Touristen, kann eine bayrische SPD-Delegation auf Finnlandreise (H.-P. Kastenhuber, Das erklärbare Wunder, Nürnberger Nachrichten, 30.3.–1.4.2002) dort kaum etwas anderes als Grundlage des Erfolges entdecken als das, was sie selbst fasziniert: die Gesamtschule. Seit 1972 werde in Finnland die Differenzierung innerhalb eines einheitlichen Schulsystems bis zur neunten Klasse praktiziert – und das alles ohne „Sitzenbleiben" und „Relegation"; die Zuwendung der Lehrer zu den einzelnen wird gepriesen und die deutsche Schulpraxis angeschwärzt, die man nun endlich reformieren wolle, obwohl es in Deutschland Gesamtschulen ähnlich lange gibt mit – mindestens – durchwachsenen Erfahrungen und das Stichwort ‚Reform' gewiß nicht erst von der jetzigen Generation der Bildungspolitiker erfunden wurde. Daß – ganz nebenbei – die evangelisch-lutherische Kirche in Finnland, eine der stärksten Kräfte im europäischen Luthertum, als gewichtiger Bildungsfaktor wirkt, muß von diesen PISA-Touristen natürlich übersehen werden.

In der PISA-Debatte werden aber auch andere gewichtige Faktoren geflissentlich ausgeklammert, die die Vorstellungen von der Gleichheit aller Bildungsvorgänge stören, wie sie eine Elite pflegt, die sich aus den kritischen 68ern gebildet hat:

Daß Deutschland als Einwanderungsland eine Fülle verschiedener Kulturen beherbergt und in den Schulen nach Kräften, aber nicht ohne Einbußen an Qualität berücksichtigt, daß Deutschland vor kurzem zwei verschiedene Bildungssysteme vereinigt hat, daß es in seiner mitteleuropäischen Zentrumslage und als wirtschaftliche und kulturelle Weltmacht mit ganz anderen Ansprüchen und Belastungen zurechtkommen muß als ein Staat am Rande Europas mit einem Drittel der Einwohnerzahl von Nordrhein-Westfalen und mit einem ganz anderen Klima, davon hört und liest man wenig.

Welcher Sozialwissenschaftler würde einen Test unter derart

ungleichen Ausgangsbedingungen akzeptieren? Jedenfalls lenken solche Beobachtungen an Finnland, und was einige daraus lernen wollen, auf Gegebenheiten hin, die das „Auswischen" der Erinnerungsspuren offenbar erschweren, das Erinnern aber erleichtern: die relative Einheit einer regionalen Kultur, die Überschaubarkeit von Lerngruppen, die Ermutigung der Lehrenden durch die Öffentlichkeit und die Schulbehörden, auch der Zwang, den besonderen klimatischen Lebensbedingungen (kurzer Sommer/langer Winter) standzuhalten – und last but not least die Profilierung der eigenen kulturellen und sozialen Position auch und gerade unter den Bedingungen einer pluralen europäischen Weltkultur mit ihren multilateralen (viel-webseitigen) Informationsmöglichkeiten.

Nota bene: In Finnland wurde die Gesamtschule offenbar eingerichtet, um eine Kleinteilung des Bildungswesens zu überwinden und auf der Grundlage der größeren Einheit erneut Differenzierung zu ermöglichen. In Deutschland mit den ungleich größeren Schülerzahlen läuft das Diktat der Gesamtschule aber auf die Homogenisierung – und Sterilisierung – einer ehemals als sinnvoll erachteten Differenzierung des Schulwesens hinaus.

4. Deiche gegen die Informationsflut

Geht man von diesen Beobachtungen aus, so liegt aus bildungstheoretischer und psychologischer Sicht ein anderer Schluß nahe: Der Informationssturmflut und ihren Folgen kann nur mit dem Eindeichen von Sinnbereichen und einer entschiedenen Stabilisierung der Grundlagen dieser Deiche erfolgreich begegnet werden. Daß diese Auffassung, intuitiv gefühlt oder rational überlegt, viele Eltern motiviert, zeigt sich an der Konjunktur der Privatschulen verschiedener weltanschaulicher Prägung.

Schwamm drüber? oder Bildung ohne „Ein-Bildung"

Man schickt seine Kinder statt auf staatliche Schulen lieber auf kirchliche Grundschulen oder Gymnasien oder auf eine Waldorf-Schule, weil man dort mit einem besonderen Einsatz für die Kinder in einem relativ stabilen Milieu rechnet. Schon diese Selektion und das Engagement von Eltern erleichtert die Bildungsarbeit an solchen Schulen, aber auch die verbindlich-verbindende Philosophie ist durch die Darbietung bestimmter Inhalte ein Beitrag zur Förderung der Grundlagen für eine allgemeine Bildung.

In der evangelischen Theologie wird gelegentlich zwischen einem harten Pluralismus, der Position bezieht, ohne anderen Positionen deswegen ihr Existenzrecht abzusprechen, und einem weichen Pluralismus unterschieden, der eine inhaltliche Vereinbarkeit aller möglicher Positionen behauptet. Die Privatschulen institutionalisieren den – religionspolitisch–sachgemäßen – harten Pluralismus im Gegenüber zum weichen Pluralismus der Gesamtschulen.

Der Entwurf einer Stellungnahme des Rates der Evangelischen Kirche in Deutschland (EKD) zur „Bildung in der Wissens- und Lerngesellschaft", der im Frühjahr 2003 erschienen ist, bezieht nur sehr vorsichtig, aber dann doch eindeutig Stellung. Der Rat kritisiert das naive Modernisierungsdenken im allgemeinen Bildungsdiskurs, für das Erinnerung keine Rolle mehr spielt und dadurch dem nötigen Geschichtsbewußtsein den Boden wegschwemmt. Damit, so die Stellungnahme, werden die fundamentalen Lektionen menschlichen Versagens nicht gelernt: im Blick auf die Vergangenheit das Gedenken an die Opfer, im Blick auf die Gegenwart die Auseinandersetzung mit dem Fremden und im Blick auf die Zukunft die Verantwortung für die lebenden und die noch ungeborenen Nachkommen. Mit anderen Worten: Bildung kann nicht auf das Erfahren und Erlernen von Grenzen des Menschseins verzichten, deren Verletzung die Menschlichkeit des Menschen auslöscht (bei 4.7).

Nicht von ungefähr verlangt die Stellungnahme der EKD eine stärkere Orientierung an inhaltlichen Maßstäben und Qualitätsgesichtspunkten (bei 5.)

5. „Ein-Bildung" als Vertrauensbildung

Einigermaßen versteckt in der Situationsanalyse, aber letztlich unübersehbar wird der Erfolg von Bildung in dieser kirchlichen Stellungnahme zurückgebunden an die Möglichkeit, Vertrauen zu bilden. In einer knappen Skizze der Lebensbedingungen von Kindern in der modernen Gesellschaft wird dieser Aspekt zurückhaltend, aber klar benannt. Die Familie wird als die Institution gewürdigt, die zwischen Individuum und Gesellschaft vermittelt und es vermag, Gefühle der Zugehörigkeit und des Vertrauens zu erzeugen. Daß die Familie in dieser Funktion auch gestört werden kann, wird beklagt; allerdings wird die Chiffre „Familie" differenziert dargestellt; das ist ein wichtiger, nicht selbstverständlicher Dienst für diese gefährdete und teilweise umstrittene Institution.

Mit dem Plädoyer für Vertrauen als Lebensgrundlage ist im allgemeinen eine zentrale Lebensbedingung moderner Gesellschaften überhaupt angesprochen; gerade ein komplexes Wirtschaftssystem funktioniert ausschließlich auf der Grundlage von Vertrauen, z.B. in die Verläßlichkeit der Währung, auf die Stabilität der Existenzgrundlagen; die gegenwärtig mißliche Wirtschaftslage hat viel mit mangelndem Vertrauen in die Stabilität der Lebensbedingungen zu tun.

Vertrauen ist aber, individuell betrachtet, eine zentrale Voraussetzung dafür, daß Interesse und Mut zur bildenden Auseinandersetzung mit der Umwelt entstehen. Ohne Vertrauen in die Lebensgrundlagen und ohne Selbstvertrauen bildet Bildung keine Wurzeln aus.

Schwamm drüber? oder Bildung ohne „Ein-Bildung"

Mit einem doppelsinnigen, aber deshalb zugleich doppelt bedeutungsvollen Begriff aus der Frühzeit der deutschen Bildungsgeschichte könnte man sagen: „Ein"-Bildung ist die wahre Bildung, denn nach der Überzeugung der Mystiker des Mittelalters, insbesondere Meister Eckeharts, ist die Grundlage allen Lernens jene Bildung, bei der sich dem Individuum – keineswegs selbstverständlich – ein positives Bild vom Menschen einprägt, so wie Gott den einzelnen Menschen zu ungetrübter Humanität bestimmt hat. Die Vorstellung vom Menschen als einem Abbild Gottes (imago Dei) könnte in moderner, pluralitätsfähiger Ausgestaltung das Fundament der Bildungsprozesse derart stabilisieren, daß es auch durch größere Datenströme nicht weggeschwemmt wird; mit anderen Worten: Kompetenz wächst auf dem Humus personaler Sinngewißheit und verantwortungsvoll hervorgerufenen Vertrauens. Dazu aber braucht es überschaubare Räume, verläßliche Verhältnisse und individuelle Anregungen zur Entfaltung der persönlichen Möglichkeiten und Gaben.

Manfred Fuhrmann, geb. 1925 in Hiddesen bei Detmold. Studium der Musik in Detmold und Basel, dann der Klassischen Philologie und des Römischen Rechts in Freiburg/Breisgau.
1962 Berufung nach Kiel, 1966 an die neugegründete Universität Konstanz. 1990 Emeritierung.

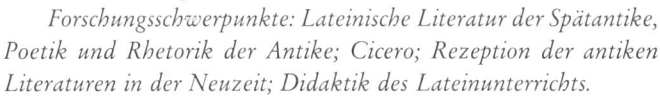

Forschungsschwerpunkte: Lateinische Literatur der Spätantike, Poetik und Rhetorik der Antike; Cicero; Rezeption der antiken Literaturen in der Neuzeit; Didaktik des Lateinunterrichts.

Etwa 25 Bücher, 50 Editionen und Übersetzungen (darunter ‚Sämtliche Reden Ciceros', 7 Bände) sowie 150 Aufsätze. Bibliographie (bis 1994) in: Europas fremdgewordene Fundamente, Zürich 1995, S. 237 ff.

Bücher der letzten Jahre: Der europäische Bildungskanon des bürgerlichen Zeitalters (1999, 2000³); Latein und Europa – Geschichte des gelehrten Unterrichts in Deutschland von Karl dem Großen bis Wilhelm II. (2001, 2002²); Bildung – Europas kulturelle Identität (2002).

Manfred Fuhrmann

Allgemeinbildung in der heutigen Schule

Das Wort „Bildung" ist eine deutsche Spezialität. Allein das Deutsche unterscheidet zwischen „Bildung" und „Kultur". Die Westeuropäer kennen nur den Begriff „culture", „cultura" (der „education", „éducation", „educazione" entspricht die „Erziehung"). Man pflegt die beiden Ausdrücke in der Weise voneinander abzugrenzen, daß man unter „Bildung" eine Befindlichkeit einzelner Personen versteht, deren Fähigkeit, am Kulturganzen teilzuhaben, und daß „Kultur" ebendieses transpersonale Ganze bezeichnet: einen Inbegriff ererbter und stets zunehmender und sich vervollkommnender Kulturgüter.

„Bildung" und „Kultur" werden erst seit dem 18. Jahrhundert in dem jetzt üblichen Sinne verwendet: sie setzen die Aufklärung, die Säkularisierung des gesamten öffentlichen und privaten Lebens in Europa voraus. Im Mittelalter, in der ganz und gar von der christlichen Religion durchdrungenen Ära, gab es „Geistliche" und „Gelehrte", aber keine „Gebildeten", und wenn man heute von der „Kultur des Mittelalters" spricht, dann betrachtet man diese „Kultur" von einem modernen, außerhalb des einstigen Selbstverständnisses befindlichen Standpunkt aus. Der Begriff „Kultur" umfaßt zwar auch die Inhalte, die einst religiös verbindlich waren; doch die Haltung, die der „Gebildete" ihnen gegenüber einzunehmen pflegt, ist überwiegend „weltlich", auf eine ästhetische oder moralische Betrachtungsweise reduziert.

Man hat die in Westeuropa unbekannte Doppelheit „Bildung" und „Kultur" als „semantischen Sonderweg" der Deutschen bezeichnet und für negative mentalitätsgeschichtliche Erscheinungen verantwortlich gemacht – sie habe insbesondere einem Bildungsideal Vorschub geleistet, das, allzu sehr „inneren Werten" verpflichtet, die Tauglichkeit für die politische und soziale Praxis aus dem Blick verlor. Dem sei entgegengehalten, daß die deutsche Unterscheidung durchaus einen objektiv gegebenen Sachverhalt spiegelt: der einzelne Mensch ist gebildet und bildet sich („Bildung" umfaßt beides) durch sein Verhältnis zum spezifisch Menschlichen der Menschheit, zur Kultur. Daß die Hitler-Katastrophe durch deutsche Besonderheiten ermöglicht oder gar vorbereitet wurde, steht auf einem anderen Blatt.

„Kultur" im soeben angedeuteten, weitesten Sinne schließt alles ein, was die Menschen treiben und hervorbringen – die gesamte Zivilisation, Industrie und Technik, die Welt der Spezialisten, der Berufe. Die „Bildung" pflegt sich indes auf einen

Allgemeinbildung in der heutigen Schule

engeren Kulturbegriff zu beziehen: auf die Dinge, die nicht bestimmten Zweigen der Daseinsbewältigung dienen, an denen jenseits der Berufe mehr oder weniger alle Angehörigen einer Gruppe oder Schicht, eines Volkes oder einer Völkergemeinschaft partizipieren. Bildung in diesem Sinne hat einen Kernbereich der Kultur zum Gegenstand: die Religion und die Moral, die Philosophie und die Grundlagen der Wissenschaften, die Politik und die Geschichte, die Sprachen, die Literaturen und die Künste. Die Bildung, die auf einer repräsentativen Auswahl aus alledem, auf einem hieraus abgeleiteten „Kanon", beruht, ist identisch mit Allgemeinbildung – im Gegensatz zur beruflichen, zur Fachbildung und der hierfür je erforderlichen Ausbildung.

Am soeben umschriebenen Kernbereich der Kultur hätten, wurde behauptet, alle Mitglieder einer Großgruppe mehr oder weniger intensiv Anteil. Die Worte „mehr oder weniger" sollen andeuten, daß es bei aller Gemeinsamkeit der Bildung unterschiedliche Bildungsgrade gibt. Jede Kultur, und vor allem unsere hochentwickelte moderne europäische, besteht aus vielerlei Dingen von je verschiedener Zugänglichkeit – hieraus resultieren Differenzen im Bildungsgrad; deshalb gibt es sowohl die „höhere" als auch die gewöhnliche, die volkstümliche Bildung. Dieses Merkmal aber kommt allen Bildungsgraden zu, und seien sie noch so weit voneinander entfernt: sie beziehen sich stets auf das Kulturganze außerhalb der Berufe, auf dessen universellen Kernbereich. Bildung ist somit stets enzyklopädisch: der Inhaber von Bildung verfügt nicht nur über bestimmte Sektoren, sondern über einen Zyklus, einen vollständigen Umkreis des Wissens. Daher kann man sich die verschiedenen Grade dieses Wissens als konzentrisch ineinanderliegende Ringe vorstellen.

So gesehen ist kein Angehöriger einer Gemeinschaft gänzlich ungebildet. Und Bildung ist auch nicht an die Voraussetzung geknüpft, daß man eine bestimmte Schule besucht oder gar das Abitur bestanden haben muß. Die hierauf beruhende

Scheidung von „gebildet" und „ungebildet" entstammte einem Kastendenken, das mit den Kasten selber untergegangen ist. Bildung ist jetzt ein Habitus des Einzelnen, ein ständiges Verhalten, sie ist sowohl ein Prozeß des Sich-Bildens als auch ein Zustand des Gebildetseins, und beides hat hauptsächlich in der Person des Inhabers von Bildung seinen Ursprung, nicht in äußeren Bedingungen.

Trotzdem besteht der Ausdruck „Volksbildung" zu Recht, und ebenso der Ausdruck „Volksschulbildung". Beides ist ja deswegen wahre Bildung, weil es allgemein und nicht berufsbezogen, weil es universell und enzyklopädisch ist. In dem soeben verwendeten Gleichnis der konzentrisch ineinanderliegenden Ringe nimmt die durch die Volksschule vermittelte Volksbildung den Platz des innersten, kleinsten Ringes ein. Jetzt mag zwar der verbreitete Drang zum Spezialistentum auch in diesem Bereich Einbußen verursacht haben. Im ersten Drittel des 20. Jahrhunderts jedenfalls pflegte ein guter Volksschullehrer seinen Zöglingen das Ideal enzyklopädischer Volksbildung vorzuleben. Er konnte malen und begleitete das Singen mit seiner Geige oder auf einem Klavier; er war gründlich mit der Geschichte und Geografie der Region vertraut, in der er unterrichtete; er kannte die Namen aller einheimischen Blumen und Vögel; er beherrschte die Orthographie und Grammatik des Deutschen und ließ nicht ab vom Einüben des kleinen und großen Einmaleins.

Auf diese erste Enzyklopädie der Volksschule folgt das Gymnasium mit einem Lehrplan, der – im Unterschied zur Volksschule in ihrer herkömmlichen Form – die höhere Mathematik und die Fremdsprachen einschließt. Dieser zweite konzentrische Ring standardisierter Bildung hatte bis zum Beginn des 20. Jahrhunderts im strengen Sinne das Allgemeine zum Gegenstand: Die Bildung war „humanistisch', d.h. sie vermittelte mit den alten Sprachen, mit Latein, Griechisch und ursprünglich auch Hebräisch, die Grundlagen der europäischen Kultur, und jedwede

Allgemeinbildung in der heutigen Schule

Beschränkung auf bestimmte Berufsziele – wie Recht und Verwaltung, Bankwesen und Handel, Technik und Industrie – war verpönt. Dieses Ideal oder, vorsichtiger, diese Konzeption von Bildung hat im Laufe des 20. Jahrhunderts schwere Verluste erlitten. An die Stelle des einen Lehrplans traten Zweige mit je verschiedenen Lehrplänen, und zu Beginn der siebziger Jahre wurde die gymnasiale Oberstufe in ein Kurssystem aufgelöst, das die Wahl der Fächer weithin den Schülern überließ. Der für alle Gymnasiasten obligatorische Bereich der Allgemeinbildung muß sich jetzt mit einigen stark eingeengten Reservaten begnügen, mit Deutsch, Geschichte und Mathematik als den Hauptbestandteilen.

Die dritte Institution des gegliederten Schulwesens, die Hochschule, die Universität, steht, oberflächlich betrachtet, außerhalb der Bildung im Sinne einer Enzyklopädie von Wissen: Sie soll ja gerade auf bestimmte, besonders anspruchsvolle Berufe, wie den des Arztes, des Richters, des Ingenieurs usw., vorbereiten. Gleichwohl ist es erlaubt, auch die Universität für eine Stätte der Allgemeinbildung zu halten und ihr somit den Platz des dritten und äußersten der konzentrischen Ringe zuzuweisen. Diese Auffassung konnte sich früher auf das Programm des Studium generale, auf eine stattliche Anzahl von Vorlesungen und Vorträgen „für Hörer aller Fakultäten" berufen. Da hiervon im Zeitalter der Massenuniversität nicht viel übriggeblieben ist, kann für das Allgemeine nur noch eine abstrakte, aber sehr wichtige Komponente der akademischen Studien in Anspruch genommen werden: die allen Disziplinen inhärente Wissenschaftlichkeit, die Bindung an die Wahrheit und an rationales Argumentieren.

Drei Erscheinungsweisen der Allgemeinbildung wurden skizziert: die volkstümliche, elementare, für jedermann zugängliche und vorgeschriebene; die höhere, vor allem durch das Gymnasium und überdies durch das Elternhaus vermittelte, und schließlich die akademische, die sich indes fast nur noch an einer bestimmten Haltung ablesen läßt. Den drei Formen ist gemeinsam, daß sie, obwohl sie in Opposition zur Fachbildung, zur Vorbereitung auf einen Beruf stehen, hierfür die unerläßliche Voraussetzung sind: ohne Lesen, Schreiben und Rechnen kommt kein Facharbeiter oder Handwerker aus; ohne jahrelangen Umgang mit Regelsystemen und komplizierten Sachverhalten, wie sie der Sprach-, der Mathematik- und der Physikunterricht des Gymnasiums vermitteln, kann der Student an der Universität oder an der Technischen Hochschule nicht leisten, was er dort leisten können muß: sich selbständig mit Hilfe von Vorlesungen und Lehrbüchern sein Fachgebiet zu eigen machen.

Dies ist also die erste Funktion der Allgemeinbildung, und hierauf muß bei der oft gestellten Frage nach deren Zweck und Nutzen sogleich hingewiesen werden: von dem Ausmaß, in dem jemand mit dem Kernbereich der europäischen Kultur vertraut ist, hängen in der Regel auch seine Erfolge bei der Erlernung und Ausübung eines Berufes ab. Vor allem anderen kommt es hierbei auf die Beherrschung der Muttersprache an, in Wort und Schrift, in freier, improvisierter und in vorbereiteter Rede, auf eine Fähigkeit im Umgang mit dem Deutschen, wie sie nicht durch die Lektüre von Zeitungen und sonstigen Alltagstexten, sondern allein durch intensive Beschäftigung mit anspruchsvoller Literatur erworben werden kann. Weiterhin vermittelt die Allgemeinbildung das Lernen des Lernens: sie schult das Konzentrationsvermögen und den Gebrauch des Gedächtnisses, das Erarbeiten von Stoffen und die Fähigkeit im Kombinieren – mit dem Effekt, daß das Fachstudium, das Bemühen um eine berufliche Qualifikation von diesen formalen Voraussetzungen entlastet ist und sich ganz auf die Inhalte der je gewählten Disziplin beschränken kann.

Man verführe sehr einseitig, wenn man die Allgemeinbildung nur unter dem Aspekt ihres Verhältnisses zur beruflichen

Allgemeinbildung in der heutigen Schule

Bildung betrachten wollte. Man sähe sie dann lediglich in ihrer Rolle für das Leben des Individuums, als ob die allgemeinen Voraussetzungen, deren jedes Individuum für sein Leben bedarf, eine friedliche, nach Gesetz und Recht kommunizierende Gesellschaft, von selbst und auf immer garantiert wären. Das sind sie aber nicht; sie sind vielmehr ständig gefährdet: durch Korruption, durch Gewalt, durch vielerlei Formen regelwidrigen Strebens nach Vorteilen. Es genügt also nicht, die beruflichen Chancen des Einzelnen und deren Basis, ein ausgewogenes Verhältnis von Allgemein- und Spezialbildung, isoliert zu betrachten: man muß den gesamten gesellschaftlichen Kontext berücksichtigen. Denn was nützt die beste berufliche Qualifikation, wenn die Gemeinschaft sich auflöst, innerhalb derer sie sich bewähren soll, wenn heillose Verwirrung im öffentlichen Leben die Bemühungen um eine bürgerliche Existenz, um geregeltes Einkommen und eine anerkannte Position vereitelt?

Jede Gesellschaft bedarf des Zusammenhalts ihrer Mitglieder, der wechselseitigen ‚Vernetzung‘, der Integration, und hierzu ist seit eh und je über die Sicherung der physischen Subsistenz hinaus so etwas wie ein ideologisches Bindemittel erforderlich. Dieses Bindemittel wurde in Europa über tausend Jahre lang hauptsächlich von der christlichen Religion beigesteuert, von der christlichen, durch den Unsterblichkeitsglauben dringlich gemachten Moral, und weiterhin, für eine gelehrte Oberschicht, von der Tradition des Humanismus, vom Studium der aus der Antike überkommenen Literatur. Christentum und Humanismus waren vom frühen Mittelalter bis zum Beginn des 20. Jahrhunderts die wichtigsten Integrationsagenturen Europas. Die europäische Schule, die diesen Zustand spiegelte, bereitete somit ihre Zöglinge nicht nur auf die Lebenspraxis vor, sondern vermittelte ihnen auch Sinnzusammenhänge, d.h. Werte oder Ideale, die vorgegeben waren, die sich aus der jeweiligen Wirklichkeit nicht ableiten ließen. An diesem permanenten

Integrationsprozeß durch das Christentum und den Humanismus hat sich schließlich auch die bürgerliche Allgemeinbildung des 18. und 19. Jahrhunderts als die Erbin und zeitgemäße Form der gesamten Überlieferung beteiligt.

Die christlichen und humanistischen Werte haben nicht nur die gleichzeitig Lebenden einander zu verpflichten gesucht und gewissermaßen horizontal gewirkt; sie waren auch der Kitt, der die Menschen über die Generationen hinweg, in vertikaler Richtung, miteinander verband – sie sorgten für ein erhebliches Maß von Kontinuität, von Fortdauer kultureller Errungenschaften über die Jahrhunderte hinweg. Im Schulwesen waren die beiden Hauptsäulen der Kontinuität, wie erwähnt, die christliche Religion und die humanistische Gelehrsamkeit; sie wiesen dort bis zum 18. Jahrhundert die Gemeinsamkeit auf, daß sie in lateinischer Sprache gelehrt wurden. Die auf Jenseitigkeit verpflichtete christliche und die eher diesseitig gesinnte humanistische Tradition verhielten sich während dieser ganzen Zeit so zueinander, daß die humanistische Tradition der christlichen untergeordnet war – die Sprachgelehrsamkeit diente als Vorbereitung auf die höchste aller Wissenschaften, die Theologie. Und so sehr auch die humanistische, auf die klassische Antike zurückgreifende Tradition in der Epoche an Terrain gewann, die im prägnanten Sinne die humanistische genannt wird, so unverkennbar blieb die angedeutete Hierarchie auch damals noch erhalten.

Erst das Zeitalter der Glaubenskriege und deren Folge, die Aufklärung, änderten die Rangfolge: die Religion verlor beträchtlich an Prestige, und für viele stieg die autonom gewordene Philosophie zur leitenden Wissenschaft auf. Im Schulwesen gewann nunmehr die humanistische Tradition die Oberhand: das nach ihr benannte Gymnasium rückte die alten Sprachen und Literaturen ins Zentrum ihrer Lehrpläne. Mit dieser Verlagerung der inneren Gewichte ging ein tiefgreifender organisatorischer Wandel Hand in Hand: während im ganzen Mittelalter und großenteils

Allgemeinbildung in der heutigen Schule

bis zum 18. Jahrhundert Schule und Universität eine Angelegenheit der Kirche gewesen waren, mit Theologen als Lehrkräften, wurde jetzt das Unterrichtswesen weithin verstaatlicht, wobei im Gymnasium ein neuer Berufsstand, der Philologe, die Nachfolge des Theologen antrat.

Die durch die Schule vermittelte Bildungstradition Europas zeichnete sich also bis an die Schwelle des 20. Jahrhunderts (um nochmals die Summe zu ziehen) dadurch aus, daß dort ein teils christliches, teils humanistisches – von der Aufklärung an allerdings überwiegend humanistisches – Lehrprogramm im Mittelpunkt stand. Sie ließ sich demgemäß nicht nur, indem sie elementare Fähigkeiten einübte, die Vorbereitung auf die berufliche Praxis jedes einzelnen angelegen sein, sondern auch die Weitergabe der je gültigen, für das menschliche Zusammenleben bedeutsamen Grundsätze. Diese Grundsätze oder Werte wurden durch Institutionen verbürgt: bis zum 18. Jahrhundert hauptsächlich durch die Kirche und hernach, im bürgerlichen Zeitalter, durch den Staat.

Wenn man nun versucht, in Analogie hierzu eine grobe Charakteristik des gegenwärtigen Schulwesens, insbesondere des Gymnasiums in seiner heutigen Form, zu entwerfen, dann ergibt sich etwa Folgendes:

1. Die einst überaus lebendige, die Lehrpläne maßgeblich prägende geistige Kontinuität ist bis auf geringe Reste dahingeschmolzen: weder die lateinische Sprache noch der christliche oder der humanistische Bildungskanon sind noch Gegenstand des allgemeinen Bewußtseins.

2. Die gegenwärtige Schule ist ziemlich einseitig darauf fixiert, ihre Zöglinge für das praktische Leben, zumal für den künftigen Beruf zu rüsten; die Lehrgegenstände müssen sich heutzutage oft die Frage gefallen lassen, wozu sie von Nutzen sind, wobei unter „Nutzen" der direkte, in Geldeswert ausdrückbare Ertrag für den Einzelnen verstanden wird.

3. Die Kirche wurde aus dem Bildungswesen ausgeschlossen, weil sie sich durch die Glaubenskriege kompromittiert hatte; der Staat wurde zum bloßen Organisator des Bildungswesens degradiert, weil seine Idee, die Nation, im Zeitalter der Weltkriege zu nationaler Hybris verkommen war.

Diesen Verlusten, die ja großenteils nicht von selbst eingetreten, sondern geplant und gewollt sind, steht ein nicht unbeträchtlicher Gewinn gegenüber: die Freiheit des Individuums, die Freiheit von Bindungen, die Freiheit der Wahl. Im heutigen Schulwesen kann jeder Einzelne in einem so noch nie dagewesenen Ausmaß direkt seinen Fähigkeiten und Neigungen, kurz seinem persönlichen Glücksstreben nachgehen – er kann sich die Umwege sparen, Umwege über schwierige Sprachen und allerlei religiöse und literarische Inhalte, mit denen er sich in früheren Zeiten jahrelang hätte befassen müssen, ehe er sein Berufsziel anvisieren durfte.

Zurück zur Allgemeinbildung, zu ihrer Integrationsfunktion, zu den heute noch obligatorischen, nicht der freien Entscheidung des einzelnen Schülers unterliegenden Reservaten. Soviel steht wohl fest und kann nicht ernstlich angefochten werden: die großen orientierungsspendenden Mächte, die einst Schutzdächern gleich das Gemeinschaftsleben überwölbten, die christliche Religion und die humanistische Bildung, sind dahin und lassen sich nicht mehr aus dem Totenreich der Vergangenheit in die Gegenwart zurückrufen. Die heutige Schule kann keine umfassende Orientierung mehr geben, kann die geheimen Wünsche danach, die in vielen unter der zweckrationalen Oberfläche ihres Denkens schlummern mögen, nicht zufriedenstellen. Doch ein bestimmtes Minimalprogramm, das um der Erhaltung unserer politischen Gemeinschaft willen vonnöten ist, muß sie ihren künftigen Mitgliedern in verbindlicher Form auferlegen; mit Rücksicht auf diese eiserne Ration von Zusammengehörigkeitsgefühl muß sie den allzu

Allgemeinbildung in der heutigen Schule

individualistisch sich gebärdenden Tendenzen unserer Zeit zu steuern suchen.

Es trifft sich günstig, daß ein wesentlicher Teil der Allgemeinbildung nicht nur der Vorbereitung auf einen Beruf, sondern auch der Stärkung des Zusammenhalts unter den Angehörigen derselben Gemeinschaft dienlich ist. Dies gilt vor allem für die Landessprache, so daß hier eine Wiederholung dessen gestattet ist, was soeben im Hinblick auf die beruflichen Chancen des Einzelnen zugunsten der Beherrschung des Deutschen ins Feld geführt wurde: unsere Schulen dürfen nichts für wichtiger erachten, als allen Kindern und Heranwachsenden, die in unserem Lande leben, seien sie unsere Nachkommen, seien sie die von Zugewanderten, eine möglichst gründliche Kenntnis unserer Sprache zu vermitteln, in Wort und Schrift, durch Alltagstexte und durch Werke der Dichtung. „Was haben wir denn Gemeinsames als unsere Sprache und Literatur?" hat Jacob Grimm einmal gesagt, und er fügte hinzu, daß sie ein Volk auch dann noch zusammenhalte, wenn andere Stützen brächen.

Das Deutsche als präzises Verständigungsmittel für alle ist seit einiger Zeit in zunehmendem Maße durch zweierlei bedroht: durch die Immigranten und deren Abkömmlinge, die als für sich lebende Gruppen oft nur über geringe Kenntnisse im Idiom ihrer neuen Heimat verfügen, und durch die Alteingesessenen selber, die zu einem nicht geringen Teil sehr nachlässig mit ihrer schönen und zugleich schwierigen Sprache umgehen und sie überdies durch die Mode unnötiger Anglizismen zu einem abstoßenden Flickenteppich verkommen lassen. Die korrekte Handhabung der Orthographie und Syntax des Deutschen muß daher in allen Schulgattungen und -klassen oberstes Gebot sein, wobei zugleich – vor allem durch die Lektüre guter Autoren – für einen hinlänglich differenzierten Wortschatz zu sorgen ist. Mag die Präponderanz des Deutschen im Lehrplan der Schulen einst, unter Kaiser Wilhelm II. und in den Jahrzehnten danach, der Übersteigerung des Nationalbewußtseins förderlich gewesen sein: jetzt ist sie nichts als ein Gebot der Selbstbehauptung.

Zu den obligatorischen Bestandteilen der Allgemeinbildung muß weiterhin das Gebiet zählen, das sich direkt mit unserer Staatlichkeit und deren Herkunft befaßt: der Geschichtsunterricht. Für das berufliche Fortkommen des Einzelnen mag dieses Fach von geringerer Bedeutung sein; für das Wohl und Wehe der Gesamtheit hat es desto größeres Gewicht. Durch Gesetze allein läßt sich keine Gemeinschaft auf die Dauer erhalten; hierzu bedarf es der inneren Zustimmung des größten Teils der Bürger, es bedarf einer hinlänglich stabilen Staatsgesinnung, und dafür steht dem Staat kein wirksameres Mittel zu Gebote als ein gediegener Unterricht in den Schulfächern Geschichte und Politik.

Man muß bedenken, daß sich unsere gegenwärtige Staatsform, die Demokratie, durchaus nicht von selbst versteht. In ganz Europa hat es mehr als anderthalb Jahrtausende lang – in grober, Ausnahmen nicht berücksichtigender Einschätzung: von Kaiser Augustus über die Völkerwanderungszeit hinweg bis zur Französischen Revolution – nur monarchische und ständisch-aristokratische Herrschaftsformen gegeben; erst vom 18. Jahrhundert an hat zumal der Westen in einem langwierigen Prozeß vom Absolutismus über die konstitutionelle Monarchie zur Republik, zur Demokratie gefunden. Der deutsche Beitrag zu diesem großen Staatsumbau war sehr bescheiden; die Demokratie wurde zweimal, in den Jahren 1918 und 1945, jeweils infolge eines verlorenen Krieges, importiert. Desto nachdrücklicher sollte hierzulande darauf geachtet werden, daß die Schule die je Heranwachsenden in das Wesen und die Geschichte dieser Staatsform – die neben Vorteilen auch Risiken birgt – einführt.

Die Völker Europas haben die jetzt bei ihnen zur Norm gewordene Verfassung, den demokratischen Rechtsstaat, nicht aus sich selbst hervorgebracht; sie hatten hierfür Vorbilder in der Antike. Die Griechen und Römer waren – ebenfalls in

Allgemeinbildung in der heutigen Schule

einem langen, mehrere Phasen durchlaufenden Prozeß – von der ursprünglichen Monarchie zu Herrschaftsformen vorgedrungen, welche die Staatsmacht auf viele verteilten und strengen Kontrollen unterwarfen: zur Adelsrepublik oder, im Falle Athens, zur alle männlichen Bürger an der Herrschaft beteiligenden Demokratie. Die beiden antiken Völker wußten sehr wohl, daß ihre staatliche Ordnung, die Polis, die Res publica – eine menschheitsgeschichtlich gesehen einmalige Leistung –, etwas Besonderes war; sie führten sie auf ihren Freiheitsdrang zurück, und als weiteres Charakteristikum ihrer Gemeinwesen, als das notwendige Pendant zur Freiheit, galt ihnen das von den Bürgern selbst beschlossene Gesetz und die Gleichheit der Bürger vor dem Gesetz. Die Europäer der Neuzeit konnten den Inbegriff von leitenden Ideen, Normen und Institutionen, aus dem antike Staatlichkeit bestanden hatte, lückenlos übernehmen, wobei sie nur *ein* Merkmal hinzufügen mußten, das die Antike allenfalls in Ansätzen gekannt hatte: die stellvertretende Ausübung der Legislative, die Repräsentation, das Parlament. Der Geschichtsunterricht der allgemeinbildenden Schulen berücksichtigt zur Zeit nicht ausreichend, daß den Europäern die Zeit der antiken Polis, das halbe Jahrtausend von der Entstehung der attischen Demokratie bis zum Untergang der römischen Republik, in staatlich-politischer Hinsicht nähersteht als das gesamte Mittelalter einschließlich der frühen Neuzeit. Es genügt nicht, durch die Erklärung heutiger politischer Termini wie Konsul oder Volkstribun, Hegemonie oder Asyl, Patriziat oder Provinz, auf die ferne antike Vorgeschichte unserer Staatlichkeit zu verweisen; Athen und Rom sind es wert, daß die von ihnen geschaffenen Institutionen ausführlich behandelt werden: sowohl historisch, in ihrer durch die jeweiligen politischen und sozialen Kräfte bedingten Entwicklung, als auch systematisch, in repräsentativen Querschnitten des Aufbaus und Zusammenspiels der Staatsorgane.

Die Allgemeinbildung, d.h. die Kenntnis eines Kernbereichs der Kultur jenseits des Spezialistentums, ist, nachdem die einst richtungsweisenden geistigen Instanzen, das Christentum und der Humanismus, mitsamt ihren inhaltlichen Vorgaben weggefallen sind, mehr denn je zur Sache, zur Aufgabe und Chance des Einzelnen geworden. Die Bereiche aber, die vor allem zur Integration in das Ganze der Gesellschaft beitragen, die Sprache und das politische System des Landes, müssen der Wahlfreiheit der Schüler entzogen bleiben; hier obliegt dem Staat um seiner selbst willen die Sorge für die Wahrung von Kontinuität.

Vor dem Haupteingang des alten Kollegiengebäudes der Universität in Freiburg im Breisgau befinden sich zwei Sitzstatuen, die einerseits den griechischen Dichter Homer und andererseits den griechischen Philosophen Aristoteles darstellen. Kunst und Wissenschaft, repräsentiert durch die alten Griechen, die Gründer: schon dies ist ein Programm, und erst recht müssen die beiden griechischen Sätze als programmatisch gelten, die den beiden Gestalten beigegeben sind. In dem einen kündet Homer: „Immer der erste sein und den anderen überlegen". Der Vers ist der „Ilias" entnommen und enthält ein Stück Adelsethik: das Prinzip des Wettbewerbs. Der Spruch brachte im 19. Jahrhundert, zur Zeit der Errichtung des Freiburger Universitätsgebäudes, die Leistungsbereitschaft des humanistisch gebildeten Bürgertums zum Ausdruck.

Aristoteles, die andere Statue, die das Portal der Freiburger Universität ziert, wartet mit folgendem Leitspruch auf: „Alle Menschen streben von Natur nach Wissen". So lautet der erste Satz der Aristotelischen „Metaphysik", der Lehre von den ersten Ursachen alles Seienden. Der Philosoph begründet seine Behauptung mit dem Hinweis, daß der Mensch gern von seiner Fähigkeit zu Sinneswahrnehmungen Gebrauch macht, und zwar um ihrer selbst willen, nicht nur des Nutzens wegen. Aristoteles

Allgemeinbildung in der heutigen Schule

hat auch sonst solche menschlichen Grundbefindlichkeiten namhaft gemacht. So enthält seine „Poetik", seine Lehre von der Dichtkunst, den Satz, daß das Nachahmen, der Kunsttrieb, dem Menschen angeboren sei.

Wir blicken als soziale Wesen auf unsresgleichen und lassen uns dadurch zu Höchstleistungen anspornen, und wir sind von der Natur mit Wissensdrang und Neugier beschenkt worden – so etwa könnte man das Programm des Freiburger Universitätsportals resümieren. Es will die Bildung, den Drang zur Teilhabe an der Kultur, als Ausdruck der Freiheit des Menschen, als Merkmal seiner Fähigkeit, sich über die physischen Bedingungen seiner Existenz zu erheben, aufgefaßt wissen. Es deutet die Bildung als ein allgemeinmenschliches Phänomen: Mögen die Begabungen und auch die ökonomischen Bedingungen verschieden sein, so hat doch jedermann Freiheit genug, sich durch Fleiß und Anstrengung mit einem gewissen Umkreis von Bildungsgütern vertraut zu machen.

Die anthropologische Begründung des Wissens, wie sie Aristoteles gegeben hat, und nach ihm viele andere, gilt heutzutage als „idealistisch" und pflegt mit Achselzucken beiseite geschoben zu werden. Die Berufung auf die Freiheit des Menschen, auf die schöpferischen Möglichkeiten, die ihm der eingeborene Wissenstrieb und ebenso der eingeborene Kunsttrieb eröffnet, ist nach der jetzt vorherrschenden Auffassung weltfremd – der Mensch lernt nun einmal und bildet sich nur um handgreiflicher Vorteile willen. Die alten Griechen bezeichneten diese Haltung des ängstlichen Fixiertseins auf das materielle Dasein als banausisch. In unserem Zeitalter eines ungewöhnlichen Wohlstands ist sie ein Rätsel, ein Paradox; man sollte annehmen, daß die gesicherte Existenz gerade der Bildung um ihrer selbst willen zustatten kommt. Und vielleicht tut sie das auch in höherem Maße, als die heutigen Meinungsführer wahrhaben wollen.

Hier sei jedenfalls festgehalten, daß Bildung im Sinne von

Allgemeinbildung nicht nur die Voraussetzungen für jegliche Art von beruflicher Ausbildung vermittelt und daß sie – als Nachfolgerin der großen Orientierungsmächte von einst, des Christentums und des Humanismus – nicht nur die für das menschliche Zusammenleben erforderlichen Kenntnisse und Einstellungen an die je nachfolgende Generation weitergibt, sondern daß sie auch und vor allem Selbstzweck ist: Wesenserfüllung des Menschen.

Wolfram Ellinghaus, Jahrgang 1930. Realschullehrer i.R., Fächer: Englisch und Französisch, später nach Zusatzausbildung evangelische Religion.

Erweiterungsstudium in Philosophie als Hauptfach. Vorsitzender des Vereins Lernen für die Deutsche und Europäische Zukunft e.V. (LDEZ) mit dem Kuratorium Deutscher Schulbuchpreis. Herausgeber von „Wozu Ethikunterricht?" (1997) und „Universelle Werte" (1999). Verschiedene Buchbeiträge und Zeitschriftenartikel.

Wolfram Ellinghaus

Christliche Glaubensbindung als Grundlage einer menschlichen Bildung

Der Bildungsverfall in Deutschland und seine Ursachen

Unvoreingenommene Realisten sehen schon seit langem, daß unsere Schulabsolventen schwerwiegende Defizite in Kompetenzen aufweisen, die in einem in Wissenschaft, Technik und Wirtschaft hochentwickelten Land wie Deutschland lebensnotwendig sind. Sein einziger naturgegebener Reichtum liegt in der Lern- und Arbeitsfähigkeit und -willigkeit seiner Menschen; ansonsten ist es im Vergleich zu vielen anderen Ländern von Natur aus bettelarm.

Deshalb ist es besonders verwerflich, wenn sogenannte Intellektuelle, „Künstler", auch Journalisten, besonders im Fernsehen, und vor allem zahlreiche lautstarke und skrupellos geld- und machtgierige Politiker genau diesen großen Reichtum

Deutschlands schwer geschädigt haben und auch jetzt noch weiter am Werk sind, bis sie Deutschland geistig-moralisch und in der Folge auch wirtschaftlich völlig ruiniert haben.

Die wenigen, die schon lange mit offenen Augen die schweren Defizite bei den Schulabsolventen feststellten, waren z.B. Handwerksmeister und industrielle Ausbilder, die unzureichende Rechen- und Rechtschreibfähigkeiten ihrer Lehrlinge beklagten und ein Umdenken in der Schul- und Bildungspolitik forderten. Ihnen wurden jedoch Ideologien und asozialer Klassenegoismus unterstellt. Populistische Politiker redeten und reden z.T. immer noch den Menschen wirklichkeitswidrig ein, daß sie alle gleich begabt seien und daß jeder alles werden könne, auch ohne eigene Anstrengung. Einfältige Gemüter glauben das, und bei Parlamentswahlen kommt es darauf an, wie hoch deren Anteil an die Gesamtbevölkerung ist und andererseits, wie zahlreich, rhetorisch geschickt und kämpferisch die klarsichtigen und geradlinigen Parlamentskandidaten sind. Und schließlich kann bei besten Voraussetzungen die oben umschriebene Gruppe mit Hetze, unklaren fragwürdigen Andeutungen und üblen Nachreden, die sich nach der Wahl als falsch erweisen, die Chancen des besten Kandidaten zerstören. Ein besonders übles Beispiel dafür war die böswillig zerstörte Präsidentschaftskandidatur des mit großer Urteilskraft begabten, aufrechten und charakterfesten Demokraten Steffen Heitmann.

Die gleichmacherische und daher menschenfeindliche sozialistische Ideologie hat einen starken Verbündeten im sogenannten Sozio-Liberalismus, der den Menschen einreden will, daß es richtig und gut sei, wenn jeder das tue, was ihm gerade Spaß macht, was natürlich völlig asozial ist. Diese Verbindung von Lust- und Spaßideologie mit sozialistischer Gleichmacherei dringt wie ein Krebsgeschwür mit seinen Metastasen in alle menschlichen Bereiche ein. Dabei spielen die Massenmedien eine verheerende Rolle.

Christliche Glaubensbindung als Grundlage der Bildung

Gefördert wird dieses Zerstörungswerk durch „Erziehungswissenschaftler" (die Anführungsstriche sind von Josef Kraus übernommen, einschließlich der damit verbundenen Bewertung – natürlich gibt es auch andere, aber nicht so lautstarke Erziehungswissenschaftler). Sie haben, meist als Professoren, bei der Ausbildung der Studenten zu Lehrern einen ungeheuren Einfluß auf deren Mentalität und damit auf deren künftige Schüler, zumal die Urteilskraft und Studierfähigkeit dieser Studenten erheblich gesunken ist durch Niveausenkung im Gymnasium und beim Abitur.

Eine verheerende Rolle bei diesem Zerstörungswerk spielen auch evangelische Landeskirchen und Theologen mit ihrer Bibelkritik, weit mehr als die katholische Kirche und evangelikale Gemeinschaften. Wenn ein Theologieprofessor wie Andreas Lindemann (Bethel), der in der Aus- und Fortbildung von Religionslehrern besonders aktiv ist, in einem Interview mit dem „Spiegel" (50/1999) behauptet, wesentliche Aussagen Jesu wie „die Worte, mit denen er seinem Sterben Heilsbedeutung zuschreibt, sind ihm nachträglich in den Mund gelegt worden", dann wird der Bibel jede Authentizität genommen und mit beliebigen Aussagen, die sinnwidrig als „Exegese" bezeichnet werden, die christliche Religion zerstört. Wenn ein von Lindemann belehrter Religionslehrer seinen Schülern in bezug auf die Evangelienberichte etwa sagt: „Natürlich sind das keine Tatsachen, aber ich glaube das!", dann können sie diesen „Glauben" wie Rudolf Augstein nur als Schizophrenie ansehen und sich kopfschüttelnd abwenden. Damit verschwindet für diese jungen Menschen die religiöse Basis unserer Moral, und das, wo selbst der Atheist Sigmund Freud z.B. in „Die Zukunft einer Illusion" (Fischer Taschenbuch 10452, S. 124) feststellt, daß die religiösen Vorstellungen „als der kostbarste Besitz der Kultur eingeschätzt" werden, und zwar als Grundlage unserer Moral. Allerdings glaubte er – es war Anfang der zwanziger Jahre – an den

„Primat des Intellekts" und daß eine konsequent irreligiöse Erziehung sowohl in der Wissenschaft als auch auf dem Gebiet der Moral bessere Ergebnisse hervorbringen werde, was in Versuchen nachzuweisen sei (a.a. O. S. 154 ff.). Ein fast die halbe Welt umfassender Großversuch hat stattgefunden und ist in einer Katastrophe zusammengebrochen.

Der hohe Rang der deutschen Schulbildung früherer Jahre im internationalen Vergleich kann mangels entsprechender Vergleichsstudien nur rekonstruiert werden, allerdings mit vielen diese Bewertung nahelegenden Indizien. Nachdem aber nun in internationalen Vergleichsstudien durch unverdächtige neutrale Stellen einer weltweiten Öffentlichkeit der massive Leistungsverfall an deutschen Schulen vorgeführt worden ist, kann er nicht mehr totgeschwiegen oder weggeredet werden. Nun springen plötzlich die für diesen Verfall verantwortlichen und immer noch amtierenden Entscheidungsträger auf zu hektischer Betriebsamkeit und wollen mit kosmetischen Maßnahmen, die den Steuerzahler viel Geld kosten, aber wenig bewirken, ihre verfehlte Schulpolitik retten. Gern vergleichen sie neuerdings die einzelne Schule mit einem Wirtschaftsunternehmen. Dann müßte aber vor allem die schulpolitische Führung eines Bundeslandes mit der Führung eines privaten Wirtschaftskonzerns verglichen werden, und da würden alle Führungskräfte, die beim Herunterwirtschaften des Unternehmens mitgewirkt haben, entlassen (in der Regel) und nicht trotz erwiesener Inkompetenz weiter mit der Leitung des Unternehmens betraut. Leider werden in letzter Zeit ungerechtfertigt hohe Abfindungen für abgewirtschaftete Manager immer häufiger. Aber das dürfte wohl eine vorübergehende Fehlentwicklung sein.

Politiker können abgewählt werden, sofern die Wähler von anderen, ideologiefreien und realitätsbewußten Politikern und Publizisten hart und immer wieder mit der Nase auf diese Fehlleistungen gestoßen werden. Schwieriger ist der Personalwechsel

Christliche Glaubensbindung als Grundlage der Bildung

bei den einflußreichen beamteten Pädagogikprofessoren, die mangels konstruktiver, die Pädagogik weiterführender und empirisch begründeter Untersuchungen sich in einer geradezu lächerlich wirkenden Euphorie für den Unterricht mit dem Computer begeistern.

So fordert der Münchner Pädagogikprofessor Heinz Mandl in den „Materialien der Bund-Länder-Kommission für Bildungsplanung und Forschungsförderung" Heft 66 das „selbstgesteuerte Lernen" der Schüler mit dem Computer. Danach soll der PC nicht zur Verbesserung des herkömmlichen Unterrichts eingesetzt werden, vielmehr hält er einen totalen „systemischen Wandel", wie er das nennt, für erforderlich. Nach Mandl soll der Schüler nicht im Laufe seiner Schulzeit Schritt für Schritt dazu befähigt werden, mit Hilfe des PC selbstgesteuert zu lernen, wie es z. B. bei der späteren beruflichen Weiterbildung unerläßlich ist. Vielmehr soll das selbstgesteuerte Lernen als schulisches Lernprinzip von Anfang an das Lernen bestimmen, und das fordert Mandl ohne jegliche empirische Grundlage. Wenn die Pädagogen orientierungslos sind, dann sollen sich die Kinder ihre Orientierung selber erarbeiten. Das Bildungs- und Erziehungsziel wird weit treffender durch eine Bezeichnung charakterisiert, die vor einiger Zeit in einem Aufsatz in der FAZ (B 6, 14. 2. 99, Astrid Mai) erschien, nämlich der „mündige Lerner". Der Mensch wird nicht mündig geboren, sondern er muß durch Bildung, die noch ganz anderes als die Fähigkeit, mit dem Computer umzugehen, einschließt, nämlich die Schaffung personaler Grundlagen, dazu gemacht werden. Das Bildungsziel bleibt bei Mandl völlig offen. Das kann zu verheerenden Ergebnissen führen.

Es ist noch auf einen weiteren Aspekt hinzuweisen, der den Wandel der Lebensumstände betrifft und sich durch die rasante wissenschaftlich-technische und wirtschaftliche Entwicklung im Berufsleben besonders auswirkt. Das gilt für die spezifische

Arbeit innerhalb desselben Berufs, die sich erheblich ändern kann und den Berufstätigen vor große Herausforderungen stellt. Aber viele Menschen können nicht einmal sicher sein, ihr ganzes Arbeitsleben lang den ursprünglichen Ausbildungsberuf ausüben zu können. Da ist die Fähigkeit und Bereitschaft zu lebenslangem Lernen unerläßlich. Das betonen in der letzten Zeit auch immer wieder Politiker, ohne aber inhaltlich anzugeben, was im Schulunterricht vermittelt werden muß, um den Menschen sein Leben lang zu immer wieder neuem Lernen zu motivieren.

Um die durch die technisch-wissenschaftlichen, wirtschaftlichen und sozialen Veränderungen lebenslang immer wieder neuen Herausforderungen bestehen zu können, ist die in sich stabile Persönlichkeit erforderlich, die in dem wirren Wechsel und Wandel der jeweiligen Trends und Moden und auch im beruflichen Wandel ihrer selbst gewiß in sich selbst Halt findet und anderen Halt geben kann. Für kompetente Flexibilität ist eine dauerhafte Substanz unerläßlich.

Der Sozialpsychologe Gerhard Schmidtchen hat in einer Untersuchung „Ethik und Protest", die auf Interviews mit 15–30jährigen aus den westlichen Bundesländern im Jahre 1986 basiert, festgestellt, daß glaubens- oder kirchenferne junge Leute in grundlegenden sittlichen Fragen wesentlich ungünstiger abschneiden als religiös gebundene.

So ergab sich bei der für die Sittlichkeit wichtigsten Orientierung, nämlich der Frage nach der altruistischen Einstellung (im Gegensatz zur Selbstbezogenheit), bei 57 % der kirchlich gebundenen Protestanten ein positives Ergebnis, bei den kirchenfernen 9 % (S. 145 des Ergänzungsbandes). In bezug auf die Lebenszuversicht ist der Unterschied nicht ganz so kraß, dennoch deutlich genug, nämlich 56 % zu 32 % (S. 126).

Natürlich gibt es in psychosozialen Statistiken aus verschiedenen Gründen nie einen Gegensatz von 100 % zu 0 %, aber wenn wir diese prozentualen Unterschiede bei einer Gesamtzahl aller 15–30jährigen von vielleicht 15 Millionen hochrechnen und die Betroffenen aus den anderen Altersgruppen hinzufügen, dann sind es sicherlich einige Millionen, die hoffnungslos im Leben stehen, mit all den schlimmen Folgen, weil Elternhaus und Schule es versäumt haben, ihnen eine religiöse Bindung zu vermitteln.

Der von Schmidtchen ermittelte Prozentsatz von 9 % Kirchenfernen mit altruistischer Orientierung zeigt, daß Altruismus, Nächstenliebe, Mitleid zwar ein religionsunabhängiger Wesenszug des Menschen ist, die christliche Bindung ihn aber gegen konträre Einflüsse festigt. Eine Untersuchung der Qualität der kirchlichen Bindung und des Glaubens würde differenzierte und genauere Ergebnisse hervorbringen, aber unter regelmäßigen Kirchgängern sind gläubige Christen sicherlich häufiger als unter Kirchgangabstinenten.

Es wird gesagt, die religiöse bzw. weltanschauliche Erziehung sei ausschließlich Elternsache. Dieser Standpunkt wird aber oft von denselben Personen vertreten, die mit ihrer Forderung nach mehr Kinderkrippen, Krabbelstuben, Kindergärten, Ganztagsschulen die spirituelle Erziehung durch die Eltern eliminieren, und das Kindergartenpersonal muß sich da natürlich auch wieder völlig heraushalten wegen der weltanschaulichen Neutralität staatlicher Einrichtungen. Wie sieht aber der Tages- oder besser Abendablauf für die Kinder zu Hause aus, wenn beide Elternteile oder die Alleinerziehenden voll berufstätig sind? Da bleibt meist keine Zeit für Besinnlichkeit; Hektik herrscht vor.

Wolfram Ellinghaus

Die amtliche deutsche Bildungspolitik:
Die Kultusministerkonferenz, das Forum Bildung und seine Nachfolgegremien

Schulpolitik ist in Deutschland Ländersache, und die Länder wachen genau darüber, daß ihnen diese Kompetenz nicht beschnitten wird. In der ständigen Konferenz der Kultusminister (KMK, Sekretariat in Bonn) kommen die in den Ländern für Schulpolitik zuständigen Kultusminister zusammen sowie die in einigen Ländern für die Hochschulpolitik im besonderen zuständigen Wissenschaftsminister, um länderübergreifende Fragen zu besprechen und, falls notwendig, Entscheidungen zu treffen. Dabei herrscht das Einstimmigkeitsprinzip, das dieses Gremium bisher sehr unbeweglich gemacht und zu abwertenden Charakterisierungen in der Öffentlichkeit geführt hat.

Die Bund-Länder-Kommission für Bildungsplanung und Forschungsförderung (BLK, Sekretariat ebenfalls in Bonn) ist als ständiges Gesprächsforum aller den Bund und die Länder gemeinsam berührenden Fragen des Bildungswesens und der Forschungsförderung gemäß Art. 91b GG errichtet worden. Unter ihrem Dach ist nach dem schlechten Abschneiden deutscher Schüler in internationalen Vergleichsstudien Ende 1999 das „Forum Bildung" eingesetzt worden.

Am 14. Juli 2000 war sein öffentlicher Start mit einem ersten Kongreß und einer Ansprache des Bundespräsidenten. Im ersten Heft der Materialien des Forum Bildung (S. 57) wird es mit seinen Aufgaben vorgestellt:

„Bund und Länder haben das Forum Bildung eingesetzt, um Qualität und Zukunftsfähigkeit des deutschen Bildungssystems sicherzustellen. Unter dem gemeinsamen Vorsitz der Bundesministerin Edelgard Bulmahn und dem bayerischen Wissenschaftsminister Hans Zehetmair arbeiten im Forum Bildung

Christliche Glaubensbindung als Grundlage der Bildung

Bildungs- und Wissenschaftsministerinnen und -minister des Bundes und der Länder sowie Vertreterinnen und Vertreter der Sozialpartner, Wissenschaft, Kirchen, Auszubildenden und Studierenden zusammen.

Das Forum Bildung wird bis Ende 2001 Empfehlungen zu Bildungszielen, -inhalten und -methoden erarbeiten. Im Mittelpunkt stehen bildungsbereichsübergreifende Querschnittsfragen, die nach der Verfassungslage Bund und Länder gemeinsam berühren. Ziel dieser Empfehlungen wird es sein, Jugendliche und Erwachsene besser auf die Herausforderungen der Wissensgesellschaft vorzubereiten und sie zu Übernahmen von Verantwortung im persönlichen und gesellschaftlichen Leben, in Arbeit und Beruf, in Kultur und Politik zu befähigen.

Ziele und Strukturen des Bildungssystems sollen so weiterentwickelt werden, daß sie vor allem folgenden Anforderungen gerecht werden:
- den Veränderungen in Gesellschaft und Arbeitswelt
- dem Ziel der Chancengleichheit von Frauen und Männern
- unterschiedlichen Begabungen und deren spezifischen Lernbedürfnissen
- der europäischen Einigung und den wachsenden internationalen Verflechtungen
- den ökologischen Erfordernissen sowie
- den Umwälzungen durch neue Informations- und Kommunikationstechnologien.

Dazu führt das Forum einen breiten nationalen Diskurs."

Der letzte Satz dieses Arbeitsauftrags des Forum Bildung wird in Heft 2 seiner „Materialien" (S. 26) genauer ausgeführt:

„Gleichzeitig führt das Forum eine breite öffentliche Debatte über Bildung, um die Anregungen und Ideen derjenigen einzubeziehen, die an Bildung teilnehmen, an Bildung interessiert sind oder Bildung gestalten. Bildungsreform kann nur erfolgreich sein, wenn die Bedeutung von Bildung öffentlich wahrgenommen wird."

Anfang 2002 erschien ein Heft mit 41 Seiten „Empfehlungen des Forum Bildung" und im Verlauf des Jahres drei weitere umfangreiche Bände mit weiteren „Ergebnissen des Forum Bildung" auf zusammen rund tausend Seiten. Die Hefte und Bände der 2000 bis 2001 erschienenen „Materialien" umfassen rund zweitausend Seiten mit Vorträgen, Podiumsdiskussionen, Berichten aus zahlreichen Arbeitsgruppen usw. Es gibt viele Wiederholungen.

Sowohl Edelgard Bulmahn für den Bund als auch Hans Zehetmair für die Länder betonten in ihren Ansprachen auf dem Abschlußkongreß des Forum Bildung die grundlegende Bedeutung seiner „Empfehlungen" für die weitere amtliche Bildungspolitik in Deutschland (Bd. IV der Ergebnisse des Forum Bildung, S. 34 bzw. S. 50).

Doch zunächst ein Lichtblick:

Schule soll aus Fehlern lernen

Im letzten der 12 Abschnitte der „Empfehlungen" (S. 39 ff.) ist von „Lernen aus Evaluation" (Erfolgskontrolle) die Rede. „Interne und externe Evaluationen sind zugleich wichtige Instrumente der Selbststeuerung von Bildungseinrichtungen" (S. 39). D.h., die eigentlich für jedermann selbstverständliche Lebensregel, aus Fehlern zu lernen, gilt auch für die sich selbst steuernde Schule. Sie muß Lehren aus den Ergebnissen ihrer Lernerfolgskontrollen ziehen, und es scheint so – explizit wird das nicht gesagt –, daß auch vom einzelnen Lehrer die „Bereitschaft zur Rechenschaft nach außen sowie zum Vergleich mit anderen, vor dem Hintergrund geeigneter Referenzrahmen" (S. 41) wie von seiner Schule verlangt wird. „Der Gefahr, daß sich Bildungseinrichtungen (gemeint sind vor allem die sich selbststeuernden Schulen) qualitativ auseinanderentwickeln, ist durch eine Neuorientierung der staatlichen Aufsicht entgegenzuwirken"

(S. 39). „Rechenschaftslegung dient der Sicherstellung von Standards, der Transparenz und der Weiterentwicklung von Qualität. (...) Großangelegte Vergleichsstudien bedürfen einer entsprechend entwickelten Wissenschaft und der Hilfe kompetenter Wissenschaftler" (S. 40). – Auch eine Selbstverständlichkeit.

Wenn Bundesländer von Schulen und Lehrern „Rechenschaft nach außen und Vergleich mit anderen" verlangen, dann muß diese Forderung auch für jedes Bundesland selber und den Vergleich mit anderen Bundesländern gelten. Das wäre allerdings ein gewaltiger Fortschritt gegenüber der bisherigen Blockade solcher Vergleiche durch manche Bundesländer. Diese Vergleiche sollen doch dazu dienen, die optimale Bildung für unsere Kinder zu ermitteln. Die Ergebnisse solcher vergleichender Lernleistungskontrollen müssen so öffentlich sein wie z. B. die Arbeitslosenzahlen.

Verschwendung pädagogischer Arbeitskraft durch schulinterne Lehrplanarbeit

Allerdings legt die Empfehlung der „Selbststeuerung von Bildungseinrichtungen" (S. 39) in Verbindung mit der Entwicklung eines „schulinternen Curriculum" („Materialien" Bd. 10, S. 55) die Vermutung nahe, daß schuleigene Lehrpläne zu entwickeln sind, daß also die gleiche Arbeit vieltausendfach parallel und gleichzeitig gemacht werden soll, ohne die „Hilfe kompetenter Wissenschaftler" (s.o.). Vernünftiger ist aber, wenn auf der Grundlage umfassender Daten und tabufreier didaktischer, methodischer und psychologischer Forschungen, die der einzelne Lehrer gar nicht so umfassend berücksichtigen kann, klare und optimale Lehrpläne für alle Schulen und Fächer verfaßt werden, zumindest landesweit, entsprechend den für alle geltenden, landesweit, ja sogar länderübergreifend festzulegenden „Standards" und „Referenzrahmen". So kann die Gefahr, „daß Bildungseinrichtungen sich qualitativ auseinanderentwickeln" von vornherein minimiert werden.

„Aus Fehlern lernen" heißt, jede Schule soll zunächst ihre eigenen Fehler machen und dann daraus lernen. Daß mit diesen Fehlern erst einmal bundesweit einige Milliarden Euro in den Sand gesetzt werden, ist dabei relativ bedeutungslos. Schlimm ist es, wenn die Schulpolitik es in Kauf nimmt, wenn Kinder durch fehlerhaften Unterricht weniger lernen, falsch erzogen und unzureichend gebildet werden. Die früheren „Richtlinien und Lehrpläne" enthielten viele methodische und didaktische Empfehlungen, die von kompetenten Erziehungswissenschaftlern, bekannten Methodikern und Didaktikern, Psychologen, Soziologen, Bildungs- und Erkenntnistheoretikern usw. mit ihren jeweiligen Instituten und Arbeitsgruppen zu erarbeiten waren – was allerdings häufig nur unzureichend der Fall war. Bei allen Mängeln waren diese Ergebnisse aber immer noch eine Hilfe und unvergleichlich besser als das, was deutsche Bildungspolitiker usw. gegenwärtig ins Auge fassen – zum Unglück für die Schüler. Wenn ein Haus in Einzelheiten Mängel aufweist, dann ist es in der Regel vernunftwidrig, es abzureißen und ein neues zu bauen. Was macht man in der Zwischenzeit? Und Erfahrungen mit dem neuen Haus kommen erst hinterher. Das in Generationen gewachsene System mit Richtlinien und Lehrplänen ist wie ein lebendiges Wesen in der Lage, neue Entwicklungen zu integrieren.

Unterschiedliche lernpsychologische Auffassungen der Lehrer, z. B. ob die englische Sprache besser behavioristisch oder unter Verwendung metasprachlicher Kategorien aus der lateinischen Grammatik zu vermitteln sei, können bei konstruktivem pädagogischem Umgang damit zur Bereicherung der Schüler beitragen.

Regionale oder auch lokale Besonderheiten, z. B. die

schulischen Probleme in sozialen Brennpunkten, sind auch wieder in vielerlei Hinsicht untereinander ähnlich und können in den Lehrplänen eines Landes berücksichtigt werden.

Lokale Besonderheiten können zur Bereicherung der Schularbeit beitragen, z. B. wenn eine kleine Stadt eine international bekannte Hochburg für eine bestimmte Sportart oder von einem bestimmten Wirtschaftszweig geprägt ist. Aber das wurde ohnehin immer schon praktiziert, weil solche Möglichkeiten einer lebendigen Schule immanent sind.

Für singuläre Besonderheiten kann es bei einiger Flexibilität der Schulaufsichtsbehörden Einzelregelungen oder schließlich in bezug auf einzelne Schüler Ermessensspielraum für Einzelmaßnahmen der Schule oder auch des einzelnen Lehrers geben. Schulinterne Lehrpläne können der Individualität jedes einzelnen Schülers genausowenig gerecht werden wie Lehrpläne für ein ganzes Bundesland.

Im übrigen sollte ein kontinuierlicher Dialog zwischen Schulaufsicht und Schule bzw. Lehrerschaft selbstverständlich sein wie auch „der intensive Dialog zwischen Kindergarten oder Schule und Eltern". Letzterer wird gefordert, seit es die Schulpflicht gibt, aber selten praktiziert, heute leider auch aus Zeitmangel der Eltern wegen außerhäuslicher Erwerbsarbeit. Die meisten Empfehlungen sind alt und selbstverständlich, dafür brauchen wir keine Revolution unseres Schulsystems mit dem Ziel Autonome Schule.

Die hier als „sich selbst steuernde Einrichtung" bezeichnete Schulform ist weitgehend identisch mit der Autonomen Schule. Diese Schule wird besonders in Wirtschaftskreisen begrüßt und mit der Autonomie von Wirtschaftsunternehmen und dem Wettbewerb zwischen ihnen verglichen. Unvermeidlich aber hat das einzige Gymnasium einer kleineren Stadt eine Monopolstellung, die es für Wirtschaftsunternehmen kaum irgendwo gibt. Es ist heute kein Problem, die Produkte eines Tausende Kilometer entfernten Herstellers zu kaufen, wenn sie besser sind als die vor Ort hergestellten. Aber auf die Schule vor Ort sind die Schüler meist angewiesen. Wenn jemand ein schlechteres Auto gekauft hat, dann hat er einen vergleichsweise geringen materiellen Schaden. Wenn junge Menschen schlecht gebildet werden, dann erleiden sie einen lebensbestimmenden Schaden. Auch im Ländervergleich können unterschiedliche Schulleistungen nicht hingenommen werden, weil ein Hafenarbeiter nicht einfach im Interesse seiner Kinder von Hamburg nach München umziehen kann, wenn dort bessere Schulleistungen nachgewiesen werden.

Den „Empfehlungen" fehlen Evaluationen

Die vielfach propagierte „Öffnung der Schule" entbehrt jeder Evaluation, jeglicher wissenschaftlichen Grundlage, wie Henning Günther in seiner „Kritik des offenen Unterrichts" nachgewiesen hat. Die auf S. 38 der „Empfehlungen" des Forum Bildung angeregte schulische Kooperation mit Organisationen, Betrieben usw. ist beim bestehenden Schulrecht außerunterrichtlich möglich, und dabei können auch Schüleraktivitäten durch die Schule zertifiziert werden. Auch etwaige Lernerfolge der wiederholt empfohlenen Ganztagsschulen, „daß Ganztagsschulen, (...) – zumindest für jüngere Kinder – bessere Bedingungen für eine individuelle Förderung bieten" („Empfehlungen" S. 13), sind nicht belegt. Im Gegenteil: In „Pisa 2000" (Leske und Budrich 2001 Kap. 2, besonders S. 73–76) wird sehr genau die überragende Bedeutung der häuslichen Erziehung für den Erwerb der muttersprachlichen Kompetenzen aufgezeigt. Vielfach fordern dieselben Personen den Fremdsprachenunterricht für alle Schüler in der Grundschule, ja für den Kindergarten und die Ausweitung der Ganztagsbetreuung und damit die Verminderung der häuslichen Erziehung und Vermittlung der Muttersprache, zugunsten der staatlichen Erziehung durch Ganztagseinrichtungen. Sie berücksichtigen auch nicht den Verlust für die elterliche Erziehung, die für die psychisch gesunde Entwicklung der Kinder notwendig ist.

In Nordrhein-Westfalen gibt es umgerechnet auf gleiche Einwohnerzahlen 13mal soviel Ganztagsschulen wie in Bayern. Die Schulleistungen sind aber laut TIMSS und PISA in Bayern deutlich besser als in Nordrhein-Westfalen.

In den „Materialien" empfiehlt die Expertin Heidemarie Sarter in ihrem Beitrag, „Je früher desto anders!" (Bd. 13, S. 10–23), den Fremdsprachenunterricht der Grundschule auszuweiten zu Lasten der anderen grundschulischen Bildungsbereiche, wobei sie ausdrücklich den Erwerb von Rechenkompetenzen erwähnt. Das ist eine sehr merkwürdige Reaktion auf die TIMSS-Studie und auf das Sprachenchaos in vielen Grund- und Hauptschulklassen. Sonderfälle, z. B. Aufwachsen in einer fremdsprachigen Umgebung bei elterlichem Auslandseinsatz oder sprachliche Sonderbegabungen, denen entsprechende Möglichkeiten angeboten werden sollten, können nicht zur verpflichtenden Norm für alle gemacht werden.

Die Schulsysteme anderer Länder, auf die bei Ganztagsschulen hingewiesen wird, können nicht einfach übertragen werden wegen der unterschiedlichen psychosozialen Bedingungen, unter denen die Kinder leben. Die undifferenzierte Übertragung eines einzelnen Merkmals auf ein fremdes System kann dort sogar zu Verschlechterungen führen. Für manche Kinder kann der Zwang, täglich ganztägig in der Gruppe zu sein, zu personaler Deformation führen. Wahrscheinlich braucht jeder Mensch beides: Abgeschiedenheit und Geselligkeit, aber in unterschiedlichen Maßen.

Wolfram Ellinghaus

Es fehlt die Hauptsache: die Persönlichkeitsbildung

Unter den sieben Zielen der Bildungspolitik, die auf Seite 7 der „Empfehlungen" aufgelistet werden, geht es ausschließlich um Kompetenzen und Qualifikationen, also die Effekte, die der zu Bildende in den Vergleichskontrollen und auch im Leben produzieren soll, sowie um gesellschaftliche Bedingungen des Schulsystems. Auf einer ganzen Seite mit Belanglosigkeiten und Selbstverständlichkeiten verschwindet beinah das Wichtigste im letzten der sieben Punkte, in dem als einzigem die Bildungsaufgabe genannt wird, die die Persönlichkeit des Schülers betrifft, nämlich Motivation und „Freude am Lernen" zu vermitteln. Unser Bildungssystem kann optimal sein. Wenn die Schüler nicht motiviert sind zu lernen, dann hilft alles nichts. Ein Beispiel aus einem ganz anderen Bereich kann das vielleicht verdeutlichen: Wenn Zuwanderer sich nicht integrieren wollen, dann helfen die aufwendigsten Angebote von Integrationshilfen nichts. Wenn Zuwanderer aber gewillt sind, sich zu integrieren, dann werden sie sogar ohne staatliche Hilfe die zur Integration erforderlichen Bildungsmaßnahmen selber anpacken. Bei allen Bildungsmaßnahmen – auch Integrationsaktivitäten der aufnehmenden Gesellschaft sind Bildungsmaßnahmen – kommt es in erster Linie auf das zu bildende Subjekt an. Auch der Schüler ist ein Subjekt und nicht ein Objekt, etwa wie ein rohes Stück Stahl in einer Drehmaschine.

Wer die personale Dimension aus der Bildung beseitigt, beraubt den Schüler seiner Menschenwürde. Wenn die Leistungen der Schule lediglich an den kulturtechnischen Leistungen der Schüler, deren entsprechenden Kompetenzen gemessen werden, dann bleiben deren soziale Kompetenzen, die im besonderen gesellschaftlichen Interesse liegen, sich aber eher in der späteren Lebensgestaltung der Schüler zeigen, unberücksichtigt, z.B. deren Ehe- und Familienfähigkeit und soziales Verantwortungs-

Christliche Glaubensbindung als Grundlage der Bildung

bewußtsein. Daher ist es unverständlich, auftragswidrig und gesellschaftswidrig, daß das in Bd. 5 der „Materialien" beschriebene Freiburger „Compassion"-Projekt (s.u.) in den „Empfehlungen" völlig ignoriert wird. Es ist jedoch zu betonen, daß die Persönlichkeit und ihre Entwicklung die Grundlage bildet sowohl für den Erwerb der kulturtechnischen wie der sozialen Kompetenzen.

In Bd. II der „Ergebnisse des Forum Bildung" (S. 54) wird die „dreifache Zieldimension" der „Empfehlungen" (S. 6) klarer gefaßt: „Bildung und Qualifikation zielen immer auf Entwicklung der Persönlichkeit, Teilhabe an der Gesellschaft und Beschäftigungsfähigkeit. Diese drei Zieldimensionen lassen sich nicht voneinander trennen." Das ist zwar richtig als Zielsetzung, aber eine Definition, wie die erstrebte Persönlichkeit beschaffen sein sollte, und Empfehlungen, durch welche Bildungsinhalte dieses Ziel erreicht werden kann, fehlen fast völlig.

Natürlich tragen außer der Umwelt im weiteren Sinne auch die verschiedenen Unterrichtsinhalte und die Methoden ihrer Vermittlung zur Persönlichkeitsentwicklung bei; die Ergebnisse sind jedoch eher zufallsbedingt. Aber gerade die Persönlichkeitsbildung als Grundlage jeglicher Bildung erfordert klare, auf dieses Ziel gerichtete Unterrichtsinhalte, und zwar nicht nur in einem besonderen Fach, sondern in vielen Fächern müssen die Unterrichtsinhalte auf ihren Beitrag zur Persönlichkeitsbildung gesichtet werden, besonders z.B. in den Lesestoffen im mutter- und fremdsprachlichen Unterricht. Es gibt nicht einmal einen Hinweis darauf, daß jeder Unterricht durch seine Inhalte und seine Gestaltung zur Persönlichkeitsbildung beiträgt. Aber danach würde der Leser konkrete Hilfe durch Informationen erwarten. Da aber nichts Derartiges in den „Materialien" oder in den „Ergebnissen" zu finden ist, kann daraus nur der Schluß gezogen werden, daß das Forum Bildung die Persönlichkeitsbildung bewußt ausschließen wollte.

Beim „lebenslangen Lernen" geht es nur um das Finanzierungskonzept, „tarifvertragliche Finanzierung", „Lernzeitkonten" („Empfehlungen" S. 8: ein geradezu lächerlicher Bürokratismus). Wenn in dem Zusammenhang von „biografischen Notwendigkeiten" die Rede ist, so klingt das wie ein Hinweis auf eine fremde Welt, hinter einer geschlossenen Wand. Die zu lebenslangem Lernen motivierte Persönlichkeit kommt nicht in den Blick.

Darüber hinaus ist bei der Bildung ein ganz anderer Aspekt als die Vermittlung von Kompetenzen und Orientierungswissen zu berücksichtigen. In den Nürnberger Prozessen konnte, laut „Focus"-Bericht vom 20.8.99, ein amerikanischer Richter nicht verstehen, daß der nach seiner Meinung hochgebildete Nazi-Jurist und Parteifunktionär Otto Ohlendorf 90.000 Menschen erschießen ließ. Ohlendorf aber war nicht gebildet. Er besaß lediglich die heute vielberedeten Kompetenzen und ein umfangreiches Orientierungswissen.

Vor einigen Jahren versuchte ein damals bekannter Politiker die sogenannten Sekundärtugenden verächtlich zu machen, indem er sagte, daß mit ihnen auch ein Konzentrationslager geführt werden kann. Damit hatte er sogar im spezifischen Sinne recht, aber es wäre schlimm, wenn diese nützlichen Instrumente nur für verbrecherische Projekte benutzt würden und gute Projekte wegen des Fehlens der unverzichtbaren Sekundärtugenden von vornherein zum Scheitern verurteilt wären. Entweder war dieser Politiker zu dumm, diesen Zusammenhang zu erkennen, oder zu böse, um guten Projekten Erfolg zu wünschen. Platon gibt sogar der umfassendsten seiner vier Kardinaltugenden, der Gerechtigkeit, instrumentellen Charakter, indem er feststellt, daß selbst innerhalb einer Bande von Räubern Gerechtigkeit herrschen müsse, wenn sie erfolgreich sein wollen (Politeia I, 351 c).

Jener Ohlendorf war wahrscheinlich fleißig, sorgfältig, pünktlich usw., aber was ihm fehlte, war eine sittlich hochwertige

Christliche Glaubensbindung als Grundlage der Bildung

Persönlichkeitsbildung, und die wurde im liberalistisch-permissiven öffentlichen Klima der zwanziger Jahre des 20. Jahrhunderts, das bereits von postmoderner Haltlosigkeit geprägt war, abgebaut. Und auch heute wird im Forum Bildung Persönlichkeitsbildung zwar gefordert, aber ohne jede auch nur angedeutete inhaltliche Angabe, so daß es sich um eine leere, sinnlose Vokabel handelt, lediglich mit Alibifunktion. Die einzige, im riesigen Rahmen des Ganzen nur als winzige Randerscheinung und Fremdkörper anzusehende Ausnahme ist das in den „Empfehlungen" völlig ignorierte „Compassion"-Projekt, auf das weiter unten zurückzukommen ist.

Symptomkosmetik statt Kausaltherapie

Auch die Dauerhaftigkeit der Lernergebnisse wird in der Arbeit des Forum Bildung nicht untersucht. Bloße Symptomtherapie bringt keinen nachhaltigen Erfolg. Symptome sind wichtig als Signale für die Notwendigkeit einer tiefergehenden Ursachenforschung. Bei dieser Betrachtungsweise wird es völlig ignoriert, daß die Ursachen für fachliche Defizite bei Schülerleistungen möglicherweise nicht nur in Defiziten des Fachunterrichts oder der Schulorganisation, sondern auch in der unzureichenden Persönlichkeitsbildung der Schüler liegen können.

Die „Empfehlungen" – wie die „Materialien" – berücksichtigen nicht die zwei Bereiche und Verfahren des Lernens: Da sind einerseits die unabdingbaren Kompetenzen und Qualifikationen sowie das Orientierungswissen mit der größten Dauerhaftigkeit und interdisziplinären Bedeutung – andererseits ist ein möglichst großer Freiraum notwendig, den der Schüler ganz nach Neigung gestalten kann, wofür ihm die Schule offene Angebote machen sollte, weil sie in der Regel die besseren materiellen Möglichkeiten hat, z. B. eine Bibliothek, einen Lesesaal

(Silentium) usw., die den Schülern auch außerhalb der Unterrichtszeiten offenstehen, unter Umständen in Zusammenarbeit mit außerschulischen Einrichtungen. Dazu müßten die Schüler streng zur Ordnung erzogen werden, um Schwierigkeiten zu vermeiden, die schließlich zur Abschaffung dieser Möglichkeiten führen würden. Gerade geistig lebendige Kinder brauchen diesen Freiraum. Aber für das Forum Bildung findet individuelle Förderung am besten im Kollektiv statt, es hält es wohl nicht für möglich, daß ein personal und kulturtechnisch vorgebildetes Kind bei seiner Suche z.B. in einer umfassenden Schülerbücherei Stoffe findet, die gar nicht auf seinem schulischen Unterrichtsprogramm stehen, aber sein besonders Interesse wecken. Dieses inhaltliche Spektrum ist beinah unendlich, und es kann gar nicht alles im Lehrplan stehen. Allerdings sollte ein Lehrer gelegentlich beraten und so über die Aktivitäten des Kindes im Bilde sein.

Im Abschnitt II der „Empfehlungen", „Individuelle Förderung" (S. 12 ff.), könnte man über den individuellen Bereich der Bildung ihrem Kern näher kommen: „Die gezielte Förderung von intellektuellen, künstlerischen, kreativen, sozialen und psychomotorischen Begabungen ist notwendig für die individuelle Persönlichkeitsentwicklung."

Die in der Präambel (S. 6) erwähnten „Haltungen" können auf diesen Bildungsfeldern beiläufig miterworben werden. Es wird aber weder hier noch an anderen Stellen gesagt, welche Haltungen denn gemeint sind. Sie werden nicht als Bildungsziel durch die Vermittlung eines bestimmten Ethos ins Auge gefaßt.

Hier wäre eigentlich der Bereich für den besagten Freiraum, für das „Wachsenlassen" mit einer allmählich zunehmenden „Selbststeuerung von Lernprozessen durch den Lernenden". Statt dessen aber soll selbst dieser Bereich kollektivistisch von außen gesteuert werden: „Ganztagsschulen helfen, bessere zeitliche Bedingungen für eine individuelle Förderung aller

Christliche Glaubensbindung als Grundlage der Bildung

Begabungen zu schaffen" („Empfehlungen" S. 12). Ein innerer Widerspruch. Das Erziehungsrecht und die Erziehungspflicht der Eltern werden ausgehöhlt, und der mündige junge Mensch wird entmündigt.

Die von Abraham H. Maslow vertretene Auffassung, daß Kinder am besten selber beurteilen könnten, was sie lernen sollen, ist in dieser Einseitigkeit wirklichkeitsfremd. Viele Kinder werden sich für den bequemsten Lernstoff entscheiden. Maslow behauptet das auch von der Ernährung („Motivation und Persönlichkeit", Rowohlt Taschenbuch 1999, S. 314), obwohl viele Kinder ausgesprochen ungesunde Nahrungsmittel bevorzugen. Obendrein spielen Gruppendruck und viele andere sachfremde Impulse eine Rolle, bei der Ernährung wie beim Lernen.

Diese „Empfehlungen" befassen sich ausschließlich mit Phänomenen und versuchen, diese durch äußerliche, häufig bloß organisatorische Maßnahmen in einer gewünschten Richtung zu ändern. Die auf S. 11 empfohlene „Definition von Bildungszielen" muß erst einmal derjenige selber vornehmen, exemplarisch vorschlagen, der Empfehlungen für Bildung geben will, im Sinne des eingangs zitierten Auftrags des Forum Bildung. Und da gilt doch wohl trotz unseres föderativen Bildungssystems für alle Länder, daß die sittlich hochwertig, d.h. in Richtung auf Altruismus, Kardinal- und Sekundärtugenden, motivierte stabile Persönlichkeit ein höheres Bildungsziel ist als der gute Rechner oder Textverarbeiter. Letzteres ist zwar wichtig, aber sekundär und ohne das erstere nur erschwert zu erreichen.

Die Persönlichkeitsbildung zu einem hohen Ethos hat also zwei unschätzbare Vorteile, einen pädagogischen und einen sozialen: Sie verbessert die Bereitschaft zu arbeiten und zu lernen, und zwar auf Dauer, und sie fördert die sittlich verantwortbare Anwendung der durch das Lernen erworbenen Fähigkeiten und Kenntnisse und hochwertiges sittliches Verhalten in allen Lebensbereichen.

Wolfram Ellinghaus

Wenn das Forum Bildung sich wegen der vorrangigen schulpolitischen Verantwortung der Länder unterrichtsinhaltlicher Empfehlungen enthält, dann muß diese Abstinenz auch für andere, z.B. schulorganisatorische Bereiche gelten, wie der bereits erwähnten, ohne Evaluation empfohlenen Ganztagsschule, der „sich selbst steuernden Schule" und dem frühen Fremdsprachenunterricht. Da es sich aber lediglich um Empfehlungen, Anregungen, Informationen handeln soll, ohne jegliche Verbindlichkeit, wird die schulpolitische Kompetenz der Länder nicht beeinträchtigt. Wissenschaftlich begründete (!) Informationen und Ratschläge müssen eigentlich jedem Bundesland zur Optimierung seiner Schulbildung hochwillkommen sein, von welcher Seite sie auch kommen mögen, erst recht aber von einer Institution, an der die Länder selbst beteiligt sind: der Bund-Länder-Kommission.

Es ist nicht sinnvoll, wenn in mehreren Bundesländern mit jeweils großem Aufwand das gleiche pädagogische Problem untersucht wird, während zugleich andere wichtige pädagogische Fragen wegen der begrenzten Mittel überhaupt nicht angegangen werden.

Kein Hinweis auf christliche Werte

Einerseits werden schulpolitische Ideen ohne Evaluationen vom Forum Bildung empfohlen. Andererseits werden wissenschaftlich belegte Erkenntnisse völlig ignoriert, z.B. die positiven sittlichen Auswirkungen christlicher Glaubensbindung, nachgewiesen u.a. durch die sozialpsychologischen Untersuchungen von Gerhard Schmidtchen („Ethik und Protest") und durch die Materialsichtung von Andreas Püttmann („Ziviler Ungehorsam und christliche Bürgerloyalität"), der u.a. die Felduntersuchungen des Emnid Instituts, für die „Gewaltkommission

Christliche Glaubensbindung als Grundlage der Bildung

der Bundesregierung" Ende der achtziger Jahre durchgesehen und darin die deutlich seltenere Gewaltbereitschaft bei überzeugten Christen festgestellt hat. Dieses positive Faktum ist aber 1990 nicht in das Endgutachten eingegangen und nicht in die öffentliche Diskussion gekommen.

Selbst wenn man dieser positiven Bedeutung christlicher Glaubensbindung skeptisch gegenübersteht, so handelt es sich doch zumindest um eine allein schon durch die beiden genannten Autoren wohlbegründete Hypothese, die weitere Untersuchungen rechtfertigt. Darüber hinaus handelt es sich bei der unterrichtlichen Darstellung des christlichen Glaubens um das freie Angebot eines Identifikationsmodells, auf das auch das Kind des Atheisten Anspruch hat im Interesse der Vollständigkeit seiner Bildung. „Religionskunde", die Darstellung einer ganzen Reihe von Religionen kann das nicht leisten, allein schon wegen der begrenzten Zeit, die pro Religion zur Verfügung steht. In einem Projekt müßten auch die sittlichen Auswirkungen der verschiedenen christlichen Theologien auf die Persönlichkeitsbildung und die Moral als Grundlage des Religions- oder auch Ethikunterrichts ermittelt werden, ob also den Schülern rationale Argumente dargelegt werden sollen, die für die Realität Gottes sprechen und es sich in den Evangelien bei den gemeinsamen und wesentlichen Grundaussagen um Tatsachenberichte handelt, oder ob es sich bei „Gott" um eine „denkbare Hypothese" handelt, einen problematischen Gedanken oder um eine reine Offenbarungsreligion, bei der jeder auf seine persönliche Erweckung warten muß.

Der Nachweis des Nutzens des christlichen Glaubens für den einzelnen und für die Gesellschaft ist zwar für den Schüler ein weniger gewichtiges Argument für die Wahrheit seiner Inhalte. Für Politiker, Bildungs- und Wirtschaftsfunktionäre und Unternehmer muß es aber ein entscheidendes Argument für die Notwendigkeit sein, den christlichen Glauben zu fördern.

Wolfram Ellinghaus

In den „Empfehlungen" wird nicht einmal mit einem Stichwort auf die Beiträge der Arbeitsgruppe 4, „Erwerb von Wertorientierungen", über die in den „Materialien" Bd. 3, S. 254–316 berichtet wird, hingewiesen, obgleich in der Beschreibung des sozialpraktischen Projekts „Compassion" in einer Reihe von meist katholischen Schulen der Erzdiözese Freiburg von dem Berichterstatter Adolf Weisbrod deutlich die Möglichkeiten gezeigt werden, das Projekt auch in anderen Bundesländern durchzuführen, gemäß dem Text auf dem Rückendeckel von Band 1 der „Materialien", und in den Unterricht verschiedener Fächer zu integrieren. Obendrein handelt es sich um den einzigen Beitrag, der sich wenigstens mit einer Seite der Persönlichkeitsentwicklung des Schülers, nämlich der Entwicklung seines sozialen Bewußtseins befaßt. Und schließlich ergab sich bei den statistischen Erhebungen im Rahmen dieses Projekts sehr deutlich, daß christlich gebundene Jugendliche in größerer Zahl von vornherein zu sozialem Einsatz bereit waren als andere (Materialien" Bd. 3, S. 289 ff.), was die Ergebnisse von Schmidtchen und Püttmann bestätigt. Dieser Beitrag wird in den Empfehlungen völlig übergangen, obgleich die deutlich sichtbaren positiven sittlichen Effekte des Projekts aufgezeigt und belegt werden.

In Band II der „Ergebnisse des Forum Bildung" werden auf 220 Seiten (S. 140–360) 95 Projekte kurz anonym skizziert, darunter auch eine anonyme Kurzbeschreibung des „Compassion"-Projekts. Es wird aufgezählt, von welchen Faktoren die Ansprechbarkeit der Jugendlichen für sozialpraktische Aufgaben angeblich abhänge. Der einzige stichhaltige Faktor, der genannt wird, ist das geschlechtsspezifische Moment (Mädchen waren weit häufiger zu sozialem Engagement bereit als Jungen), das aber ideologisch auf Erfahrungen, also auf Erziehung zurückgeführt wird. In völlig unwissenschaftlicher, tendenzieller und ideologischer Weise wird die christliche Glaubensbindung, die sich in dem Projekt mit dem geschlechtsspezifischen Moment

Christliche Glaubensbindung als Grundlage der Bildung

als die stärkste motivierende Kraft erwies, unterschlagen. Dagegen werden Faktoren genannt, „soziale Integration" und „Qualität der Elternbeziehung", die sich in dem Projekt aber als abhängig von der christlich-kirchlichen Bindung erwiesen.

Diese beliebige Manipulation der Öffentlichkeit durch ein staatlich eingesetztes Gremium ist ein weiteres Beispiel für Unmoral in der Politik, besonders schlimm nach dem verheerenden Ereignis in Erfurt. Die Politik will nun mit einigen Reparaturen an Äußerlichkeiten Aktionen vorweisen, ohne grundlegend etwas zu bewegen. Einige wenige fragen nach den wirklichen Ursachen und sind ratlos. Dabei hat, wie bereits erwähnt, Ende der achtziger Jahre das Emnid-Institut in seinen Felduntersuchungen die deutlich höhere Ablehnung von Gewalt bei christlich gebundenen Menschen festgestellt. Aber auch damals wurde das pro-christliche Ergebnis im Endgutachten unterschlagen.

Eckhart Marggraf, Direktor des Religionspädagogischen Instituts der Evangelischen Landeskirche in Baden, weist in seinem Beitrag „Keine Bildung ohne ethische Orientierung" (Bd. 3, S. 263–270) auf Niklas Luhmann hin, für den „Moral in der modernen Gesellschaft ohnehin obsolet sei". Marggraf möchte anders als die überwiegende Mehrheit des Forum Bildung die menschliche Person, die Frage nach den handelnden Subjekten, nicht ausschließen. Er meint, „die Lösung könnte in der Suche nach einem auf rationalem Weg zu begründenden universalen Ethos liegen, das den Pluralismus der ethischen Positionen überwindet". Dieser Ansatz ist konstruktiv und durchaus wirklichkeitsgemäß, wie die weltweiten Untersuchungen von I. Eibl-Eibesfeldt sowie die rechtshistorischen und naturrechtlichen Überlegungen von Wolfgang Waldstein, beide in „Universelle Werte" (Hrsg. W. Ellinghaus), deutlich zeigen.

Solche konstruktive Ansätze und das „Compassion"-Projekt mit seinen statistisch aufgezeigten positiven Ergebnissen bilden eine kleine Besonderheit in den umfangreichen „Materialien". Aber in dem Bericht über die abschließende Diskussion dieser Arbeitsgruppe „Erwerb von Wertorientierungen" heißt es: „Die Frage, welche Werte zu vermitteln seien, und wie dies geschehen soll, konnte nicht einmütig geklärt werden" (S. 314). D. h., es gab verfassungsfeindliche Teilnehmer in der Arbeitsgruppe, die unsere verfassungsrechtlichen Werte und Bildungsziele nicht akzeptieren wollten. Die anderen Teilnehmer der Arbeitsgruppe, mit dem damaligen Leiter der Zentralstelle Bildung Eckhard Nordhofen als Moderator, haben dieses destruktive Ergebnis stillschweigend hingenommen.

Dieses Resultat und auch die „Empfehlungen" zeigen, daß positive Effekte von der Mehrheit der Teilnehmer des Forum Bildung nicht erwünscht sind, wenn sie sich aus christlicher Orientierung ergeben. Dabei ist von der Schaffung einer christlichen Orientierung nicht einmal die Rede.

Keine Unterscheidung von Werten und Tugenden

In Band 5 der „Materialien" gibt es einen – leider sehr kurzen – Abschnitt, der mit „Wertorientierung" (S. 25–27) überschrieben ist. Zunächst heißt es auf Seite 20 dieses Bandes: „Bildungstheoretiker und Philosophen sind sich einig darüber, daß es in einer offenen, pluralistischen und sich schnell ändernden Welt keinen geschlossenen Kanon allgemein akzeptierter Bildungsziele gibt und geben kann." Damit wäre eigentlich das Thema des Bandes 5 („Bildungs- und Qualifikationsziele von morgen") erledigt. Diese Aussage ist aber sachlich falsch; es ist lediglich eine bestimmte Gruppe von „Bildungstheoretikern und Philosophen", die das behaupten, vor allem postmoderne. Postmoderne können aber schon vom eigenen Ansatz her keine Wissenschaftler sein, weil sie jegliche intersubjektive, also eigentlich objektive

Christliche Glaubensbindung als Grundlage der Bildung

Erkenntnis für unmöglich erklären mit Ausnahme dieser eigenen Behauptung selber. Außerdem ist das obige Zitat unmoralisch. Sind etwa Toleranz und Gerechtigkeit keine allgemein akzeptierten Bildungsziele in unserer Gesellschaft? Zum Glück handelt es sich um eine im Zusammenhang unlogische Behauptung. Gleich im Anschluß an die behauptete Einigkeit von „Bildungstheoretikern und Philosophen" wird die Suche nach universellen Werten empfohlen, und auf Seite 25 wird das genaue Gegenteil von jener angeblichen Philosophen-Meinung gesagt. Dort werden (mit Recht) u.a. Toleranz und Gerechtigkeit als „universelle moralische Normen" bezeichnet. Im übrigen fällt dabei auf, daß die Autoren den trotz aller Bedeutungsüberschneidungen bestehenden Unterschied zwischen Werten und Tugenden offensichtlich nicht sehen. Als Beispiele für Werte werden lauter Tugenden benannt. In dem ausdrücklich „Werteorientierungen" (S. 25 ff.) betitelten Abschnitt wird kein einziger Wert benannt. Nach einer verbreiteten Definition von Paul Menzer und anderen ist ein Wert ein von den Menschen gefühlsmäßig Anerkanntes, dem man verehrend, strebend zugewandt ist. Um eines Wertes willen verhält ein Mensch sich tugendhaft.

Für den in Band 9, S. 73, der „Materialien" kritiklos mit seiner Bedürfnispyramide anerkannten Abraham H. Maslow (a.a. O., S. 232) ist die Liebe ein Wert, nicht etwa der geliebte Mensch, mit der Folge, daß es bei Beziehungsproblemen oder wenn die sexuelle Begierde nachläßt und sich auf einen neuen Partner richtet, die bisherige Bindung am besten zu lösen ist. Seit Paulus (1. Kor. 13,13), systematisiert bei Thomas von Aquin (Summa theologiae II-II, 108, 2), gilt die Liebe als eine der drei christlichen Kardinaltugenden Glaube, Liebe, Hoffnung. Die Einigkeit in der sprachlichen Konvention ist zur wissenschaftlichen Kommunikation unerläßlich, aber zugleich ein Indiz für die Stimmigkeit des Sachverhalts mit der Realität.

Auch in Band 9, in dem es um „Lernen – ein Leben lang" geht, herrscht eine ähnliche Konfusion wie im Band 5. Die Bedeutung der lebenslangen Motivation wird gesehen, und es wird zwischen intrinsischer und extrinsischer Motivation unterschieden (S. 74 f.). Aber gerade der Begriff der extrinsischen Motivation erfordert die Darlegung eindeutiger Werte, die außerhalb des eigentlichen Lernprozesses liegen. Statt dessen folgt die Aussage: „Der dritte Motivationsaspekt ist derjenige der Belastbarkeit" (S. 75). Es ist schlecht nachvollziehbar, wie „Belastbarkeit" eine gemeinsame Klasse dreier Begriffe mit extrinsischer und intrinsischer Motivation bilden kann. Belastbarkeit ist eine Tugend, die in allen möglichen Situationen notwendig sein kann, also auch beim Durchhalten einer Motivation trotz Widerständen. Sie ist aber nicht selber eine Art Motivation.

Auch hier, S. 79, wird wieder, wie in Band 5, S. 20, eine haltlose Allgemeinbehauptung aufgestellt, die also für alle (!) mit der Sache befaßten Fachleute gelten soll: „So ist etwa unbestritten, daß die extrinsische Lernmotivation nur bedingt dazu geeignet ist, selbstorientiertes Lernen zu fördern."

Natürlich ist die Bedingung das Vorhandensein externer Werte; andernfalls kann von „extrinsischer Motivation" ohnehin keine Rede sein, ist der Begriff sinnlos. Wie in Bd. 5, S. 20 und 26, gibt es auch hier in Bd. 9 einen massiven Selbstwiderspruch. Auf S. 80 heißt es nämlich: „Es stellt sich darüber hinaus die Frage, inwiefern Motivationen zum lebenslangen Lernen überhaupt intrinsisch erfolgen können."

Diese Frage ist berechtigt. In der Tat sind intrinsische Motivationen in der Regel zeitlich begrenzt. Ein Problem oder eine Aufgabe ist meist irgendwann gelöst, eine Erkenntnis gewonnen, das von Kant „Vernunftinteresse" genannte Bedürfnis der Vernunft an „Vollendung ihres Kreises" (Kritik der reinen Vernunft B, 825) weitgehend befriedigt. Darüber hinaus richtet sich die Arbeitswelt mit ihrem heutigen schnellen Wandel nicht nach den Neigungen und speziellen Fähigkeiten des Individuums. Wer aber Ehe und Familie als hohen Wert schätzen gelernt und die Tugenden verinnerlicht hat, die notwendig sind, um eine gelingende Ehe zu führen, und seinen Ehegefährten und seine Kinder wahrhaft liebt, ist dadurch sicherlich motiviert, ein Leben lang zu arbeiten und bei dem schnellen Wandel in der Arbeitswelt immer wieder neu dafür zu lernen.

Die Familie: Ein Raum für Lebenssinn und Erziehung

In einer Zeit, in der die Familie immer seltener ihre eigene Lebensform den Kindern im Lebensvollzug als Selbstverständlichkeit vermittelt und zusätzlich die Medien Ehe und Familie in Frage stellen oder gar verantwortungslos systematisch zerstören, ist es um so notwendiger, daß die Schule den Schülern die Familie als Möglichkeit darstellt, einen großartigen Lebenssinn zu verwirklichen.

Worauf können Menschen, wenn sie alt geworden sind, als ihr persönliches Lebenswerk zurückblicken? Bleibende wissenschaftliche oder technisch-wirtschaftliche Werke, z. B. Gründung und Entwicklung einer erfolgreichen Firma, schafft nur eine Minderheit. Der größte Teil der Erwerbsarbeiten ist aufgelöst in den anonymen Produktions- und Dienstleistungsprozessen größerer Einheiten oder gar der ganzen Gesellschaft und insofern völlig entpersönlicht, selbst anspruchsvollste Programmierarbeit. Aber eine Familie mit vier Kindern (zum demographischen Mindestausgleich für ein kinderloses Ehepaar) und den daraus hervorgegangenen Enkeln ist ein großartiges Werk, das ein Mann und eine Frau in ihrem Leben mit den verschiedenen arbeitsteiligen Aufgaben gemeinsam zustande gebracht haben und auf das sie mit berechtigtem Stolz hinblicken können, auch bei gelegentlichen Problemen im einzelnen.

Dazu kommt noch ein anderer psychischer Aspekt: In der Regel ist jeder Mensch im Erwerbsleben durch einen anderen ersetzbar, austauschbar. In der Liebesgemeinschaft der Familie dagegen ist jedes Mitglied unvertauschbar. In eingeschränkter Form gilt das auch für etwas größere Personengemeinschaften, z. B. Nachbarschaften, die ein ganzes Leben dauern können. Deshalb ist mentale Flexibilität noch wichtiger als physische Mobilität. Diese Unersetzlichkeit und Unvertauschbarkeit gibt dem Menschen zusätzlich zu dem Glauben an Gott das Gefühl, in dieser Welt gut aufgehoben zu sein, und damit die Kraft, Belastungen auszuhalten und aufrecht zu bleiben. Die dauerhafte Liebe zu den Mitgliedern der Familie motiviert den Menschen, das ganze Leben lang zu lernen und zu arbeiten, und das Bewußtsein geliebt zu werden macht ihn zu einer starken Persönlichkeit, die gefestigt ist gegen destruktive, menschenfeindliche Ideologien.

Auf die Frage: Was hast du aus deinem Leben gemacht? können gerade heute viele Menschen nur sagen: Ich habe regelmäßig gearbeitet, vom Erlös tolle Reisen gemacht und mir schöne Luxusgüter erlaubt. Das dem Menschen angeborene Bedürfnis nach Sinn wird nach Viktor Frankl erfüllt durch den Dienst an einer Sache und die Liebe zu einer anderen Person, ist aber heute mehr und mehr frustriert und dann Ursache für viele psychische Störungen. Im selbstvergessenen Aufgehen in der Familie fallen beide Sinngebungsmöglichkeiten – Dienst an der Sache, nämlich der Familiengemeinschaft, und die Liebe zu anderen Personen – in geradezu idealer Weise zusammen.

Die an sich schon wichtigen Bildungsinhalte Ehe und Familie als wesentliche Formen für die eigene künftige Lebensgestaltung und obendrein als dauerhafte Motivationsfaktoren zu lernen und zu arbeiten sowie der gemäß PISA 2000 unverzichtbare elterliche Erziehungs- und Bildungsbeitrag kommen in der ganzen Arbeit des Forum Bildung nicht vor. Die Bereiche

Christliche Glaubensbindung als Grundlage der Bildung

Persönlichkeitsbildung und Lebenssinn müßten die für ein so großes Unternehmen zur Bildung wie dieses Forum eigentlich bereits äußerlich am Umfang erkennbar einen wesentlichen Teil seiner ganzen Arbeit ausmachen.

In den umfangreichen „Materialien" finden sich außer dem Bericht über das sozialpraktische Projekt in Bd. 3, das aber in den „Empfehlungen" völlig übergangen wird, keinerlei Informationen, Anregungen und Empfehlungen für die inhaltliche Gestaltung des Unterrichts mit dem Ziel, die Schüler in ihrer Persönlichkeitsentwicklung zu sittlich hochwertigem Verhalten zu fördern, wozu auch die Motivation zu lernen und zu arbeiten gehört, auch ein Leben lang und über die naturgegebenen Lernmotivationen hinaus.

Pragmatische Bewertung der christlichen Religion

Unsere ganze Kultur, Literatur, Philosophie, Musik, Baukunst, Rechts- und Gesellschaftsordnung, ist derart mit christlichen Vorstellungen durchsetzt, daß sie ohne tiefere Kenntnis des Christentums in weiten Bereichen nicht zu verstehen ist und Schüler ohne sie z. B. im deutschen Literaturunterricht benachteiligt sind.

Es gibt wohl keine Religion in der Welt, die moralisch höher zu bewerten ist als das Christentum, in dem Sinne, daß die Einstellungen, die als Merkmal des sittlich hochwertigen Menschen angesehen werden, religiöse Gebote sind, wie die Nächstenliebe, die in der Bergpredigt bis zur Feindesliebe gesteigert wird. Dazu gehört auch das Gebot der Brüderlichkeit, z. B. Matth. 23,8 und 25,40 und an vielen Stellen in den Apostelbriefen, das im Gegensatz steht zum Kastenwesen der indischen Religionen, besonders zu der menschenverachtenden Klassifizierung der Parias.

Es leuchtet ein, daß jemand, der sich in Gott geborgen und vor Gott verantwortlich weiß und seinem Schöpfer dankbar ist für die wunderbaren Gaben, die er empfangen hat, sich anders im Leben und auch beim Lernen in der Schule verhält als jemand, der davon nichts wissen will.

Für die christliche Religion und ihre Sittlichkeit spricht auch ihre Übereinstimmung mit dem Naturrecht, wie z.B. das von Paulus genannte Gesetz im Herzen der Heiden oder die Goldene Regel Jesu zeigen.

Die Übereinstimmung der christlichen Moral mit intersubjektiv vernunftgemäßen Lebensregeln und eine realistische Welt- und Lebensauffassung zeigen sich z.B. in der Tatsache, daß unter den in Wissenschaft, Technik, Wirtschaft führenden G 7-Ländern nur ein einziges nicht-christliches Land ist, nämlich Japan. Unter den kleineren Ländern, die in den drei genannten Bereichen ganz oben stehen, ja z.T. noch besser zu bewerten sind als die G 7-Länder, sind außer Israel ebenfalls nur christliche Länder; unter den 20 Ländern mit dem höchsten Bruttosozialprodukt pro Kopf ist außer Japan kein einziges nicht-christliches Land – Deutschland ist allerdings in den letzten Jahren von einem Spitzenplatz auf Platz 14 zurückgefallen, wahrscheinlich auch eine Folge des Verfalls christlicher Gesinnung unter Managern wie Gewerkschaftlern. In den islamischen Staaten lebt das Volk trotz des extremen Ölreichtums mancher von ihnen in größtem Elend; technisch-wirtschaftliche Fortschritte werden praktisch vollständig von christlichen Staaten geliefert sowie von Japan und Israel. Gleichnisse wie das von den anvertrauten Talenten und vom Barmherzigen Samariter zeigen die umfassende christliche Spannweite von Verantwortung aus realistischer Vernunft und aus Mitleid.

Schließlich ist die christliche Religion die in Deutschland alteingesessene und überlieferte, die zu der das Gefühl der Geborgenheit vermittelnden Heimatgebundenheit der jungen

Christliche Glaubensbindung als Grundlage der Bildung

Menschen beiträgt. Diese Seite ist gerade in der heutigen Zeit, in der sie aus allen Bindungen herausgebrochen und entwurzelt werden, eine große, Lebenssicherheit gebende Kraft.

Um so unverständlicher ist es, wenn dieses wertvolle Erbe amtlicherseits völlig aus der Bildung beseitigt wird. Am Religionsunterricht braucht kein „religionsmündiger" Schüler (ab 14 Jahren) teilzunehmen. Außerdem müssen auch andere Fächer diese christlichen Grundlagen berücksichtigen; sie dürfen sie zumindest nicht zerstören.

Das Grundgesetz fordert keineswegs die Beseitigung der christlichen Bildungsgrundlage im Schulunterricht. Im Gegenteil: Mit der „Verantwortung vor Gott" in der Präambel und mit der Möglichkeit der religiösen Bekräftigung bei den verschiedenen Amtseiden, auch der Lehrer, stellt das Grundgesetz der Schule die Aufgabe, den Schülern nachvollziehbar zu machen, was damit überhaupt gemeint ist.

Es ist daher sehr zu wünschen, daß die Arbeitsergebnisse des Forum Bildung nicht als der Weisheit endgültiger Schluß angesehen werden, sondern als Beginn einer der jungen Generation gewinnbringenden, faktenbezogenen wissenschaftlichen Auseinandersetzung.

Wie geht es weiter?

Trotz der hier aufgezeigten schweren Defizite ernten die „Empfehlungen" und die ganze Arbeit des „Forum Bildung" uneingeschränktes Lob von Bund und Ländern, das Edelgard Bulmahn und Hans Zehetmair in ihren Ansprachen auf dem Abschlußkongreß im Januar 2002 zum Ausdruck gebracht haben. Im Laufe des Jahres ist laut KMK-Pressemitteilung vom 18. 10. 2002 eine „Steuerungsgruppe berufen worden, die die Organisation von Fachkommissionen" übernimmt zur konkreten

Umsetzung der Empfehlungen des Forum Bildung. Diese Arbeitsgruppen haben am 18. Oktober 2002 ihre Arbeit aufgenommen – und schließen sie zwischen 2003 und spätestens 2004 ab.

In dem amtlichen Statement der damaligen KMK-Präsidentin Dagmar Schipanski anläßlich der Vorstellung und Bewertung der PISA-E-Studie am 25. Juni 2002, in dem sie die weitere Bundespolitik gemäß den sieben Handlungsfeldern der Empfehlungen des Forum Bildung inhaltlich zusammenfaßt, ist ausschließlich von kulturtechnischen Kompetenzen, schulorganisatorischen Fragen und Lehrerbildung die Rede. Die Persönlichkeitsbildung der Schüler kommt nicht vor, ganz zu schweigen von christlicher Orientierung als wesentlicher persönlichkeitsbildender Kraft und als Basis unserer ganzen Kultur. Soziale Kompetenzen und die Vermittlung von Werten werden außerhalb der sieben Schwerpunkte beiläufig, aber völlig inhaltsleer, mit klarer Alibi-Funktion erwähnt.

Diese sieben Themen sind die Aufgabenbereiche der neugebildeten Arbeitsgruppen, die im einzelnen die Basis für die deutsche Bildungspolitik erarbeiten sollen. Die bisherigen Defizite sollen also beibehalten werden.

Es ist daher dringend geboten, daß alle verantwortungsbewußten Bürger sich an die für sie besonders erreichbaren Politiker wenden mit der nachdrücklichen Bitte, doch dafür einzutreten, daß Persönlichkeitsbildung, christliche Orientierung sowie die Familie als Erziehungs- und Bildungsinstitution den ihrer Bedeutung entsprechenden hohen Rang in der deutschen Bildungspolitik wieder einnehmen. Aussagen in persönlichen Gesprächen sind völlig unverbindlich, Appelle aus großen Kongressen sind kleine Mosaiksteinchen im öffentlichen Klima – aber im großen und ganzen vor allem bei denen, die es besonders angeht, ziemlich wirkungslos. Durch die persönliche Anfrage, vor allem von Wirtschaftsführern, Verbandspräsidenten u.a.

müssen die entscheidenden Politiker genötigt werden, öffentlich Farbe zu bekennen. Verfassungsfeindliche Aussagen von Politikern, wie „Küche, Kirche, Kinder und so'n Gedöns", müssen geahndet werden.

Nur wenn durch den massiven Druck vieler einzelner auf die entscheidenden Personen und Gruppen Persönlichkeitsbildung, christliche Werte und die Familie in der Bildungspolitik den ihnen gebührenden Platz wiedergewinnen und gestärkt werden, wird sich der geistig-moralische – und in der Folge auch wirtschaftliche – Niedergang Deutschlands umkehren lassen, so daß wir wieder unsere früheren Spitzenpositionen in der Welt erlangen – auch in Schulleistungsvergleichsstudien.

Donate Kluxen-Pyta, Jahrgang 1961, hat Philosophie studiert und mit einer ethischen Arbeit promoviert. Nach Tätigkeiten in der CDU-Bundesgeschäftsstelle und im Büro eines Bundestagsabgeordneten arbeitet sie seit 1997 bei der Bundesvereinigung der Deutschen Arbeitgeberverbände (BDA). Seit 2002 ist sie stellvertretende Leiterin der Abteilung Bildungspolitik, Gesellschaftspolitik und Grundsatzfragen. Ihre Schwerpunkte sind die Schulpolitik und der Dialog mit den Kirchen. Sie ist mit einem Historiker verheiratet und hat vier Kinder.

Donate Kluxen-Pyta

Bildungsauftrag Werteerziehung

Morgens um 7 Uhr steht das Team der Gärtnerei Flora abmarschbereit vor dem Betrieb. Alle warten, daß endlich der „Azubi" kommt, damit man starten kann. Um 7.20 Uhr trudelt der Lehrling endlich ein. Der Chef ermahnt ihn, demnächst pünktlich zu sein. Aber nach zwei Wochen hat sich die Lage noch nicht gebessert. Das eigentlich Erschreckende ist aber: Der junge Mann begreift gar nicht, was er falsch gemacht hat. Die Zusammenarbeit mit ihm wird unmöglich.

Ist Pünktlichkeit so wichtig? Pünktlichkeit heißt Rücksichtnahme, steht für Kooperation, Teamgeist und Respekt. Auch hohe moralische Werte wie Nächstenliebe, Toleranz, Freiheit, Gerechtigkeit sind zunächst einmal sehr abstrakte Ideale, die erst noch konkret werden müssen. Aus allgemeinen Werten müssen persönliche Einstellungen und Verhaltensweisen werden.

Früher hießen sie Tugenden, heute spricht man gerne von persönlichen und sozialen Kompetenzen. Betriebe erwarten von ihren Auszubildenden und Mitarbeitern nicht nur Fach- und Methodenkompetenzen, sondern auch – und besonders – solche persönlichen und sozialen Kompetenzen, Haltungen und Fähigkeiten. Denn für die Effizienz der Arbeit im Unternehmen sind Wissen und Verhalten der Mitarbeiter entscheidende Faktoren. Pünktlichkeit ist dabei nur ein kleiner Teil eines weit größeren „Bedarfs" der Betriebe an bestimmten Einstellungen und Verhaltensweisen. Dabei geht es keineswegs um so etwas wie „optimale Anpassung" an gegebene Abläufe: Immer mehr Unternehmen sind durch dezentrale Entscheidungsprozesse und flexible Abläufe charakterisiert, und diese Strukturen erfordern in wachsendem Maße Mitarbeiter, die eigenständig denken und verantwortlich handeln können. Selbständigkeit und Offenheit, Lern- und Leistungsbereitschaft, Zuverlässigkeit und Gemeinsinn, Verantwortungsbewußtsein und Rücksichtnahme sind Tugenden, die in Betrieben unverzichtbar sind – wie in jeder Gemeinschaft, in der Menschen zusammenwirken wollen.

Aber die Unternehmen machen die Erfahrung, daß sie hier immer weniger voraussetzen können. Elementare Fähigkeiten wie Eigeninitiative, Kooperations- und Kommunikationsbereitschaft, Zuverlässigkeit, Entscheidungsfähigkeit und Problemlösungskompetenz müssen oft erst zum Gegenstand der Aus- und Fortbildung in den Betrieben gemacht werden. Nicht wenige junge Menschen lernen im Betrieb sogar zum ersten Mal klare Regeln und Verhaltensweisen kennen, stellen Ausbilder mit Erschrecken fest. Diese Erfahrung war Anlaß für die BDA, im Rahmen ihrer Bildungskampagne dieses Thema nach vorne zu schieben und das neue Positionspapier „Bildungsauftrag Werteerziehung – selbständig denken, verantwortlich handeln" zu veröffentlichen, dessen Kernaussagen diesem Beitrag zugrunde liegen.

Bildungsauftrag Werteerziehung

Diese ungute Entwicklung den Jugendlichen anzulasten wäre höchst unfair. In einer pluralen Gesellschaft mit ihren vielfältigen Optionen und Angeboten ist das Leben für junge Leute zwar erheblich freier, aber auch unübersichtlicher und komplexer als für frühere Generationen. Jugendliche heute sind weder dümmer noch schlechter als Jugendliche anderer Zeiten und anderer Länder. Sensationsmeldungen von Jugendkriminalität, Drogenmißbrauch, hohem Videokonsum u.a.m. verdecken zu Unrecht, in welch hohem Maße die Jugendlichen zur Leistung, zum ehrenamtlichen Engagement und zur Übernahme von Verantwortung bereit sind. Sie sehen die Dinge pragmatisch, möchten sich für den Beruf gut qualifizieren, wünschen sich festen Halt in Partnerschaft und Familie und wollen sich mit einem Beitrag aktiv in die Gemeinschaft integrieren.

Die Vermittlung von Werten wird daher um so wichtiger: Werte schaffen Maßstäbe und Kriterien, die Orientierung geben und bei der Entscheidungsfindung helfen. Sie stützen die persönliche und kulturelle Identität. Sie sind das Geländer, an dem entlang der Lebens- und Berufsweg erfolgreich gegangen werden kann. Aber Eltern, Erzieher und Lehrer zweifeln, ob sie überhaupt noch klare Gebote und Verbote aussprechen und Werte vermitteln dürfen. Noch vor einigen Jahren galten Werte als hoffnungslos altmodische Nostalgie, waren als „Sekundärtugenden" oder gar als „Repressionsinstrumente" verschrieen. Mächtige Konkurrenten aus der Jugendkultur sind es heute, die den Eltern und Lehrern die Erziehung und Wertevermittlung schwermachen. Werte ja gerne, heißt es, aber welche bitte?

Auch die pluralistischste und freiheitlichste Gesellschaft braucht eine gemeinsame Basis, braucht Regeln, die das Miteinander und die Vielfalt ermöglichen. In der Bundesrepublik Deutschland bildet das Grundgesetz sehr wohl einen ethischen Grundkonsens, der unsere Gesellschafts- und Wirtschaftsordnung prägt und von allen bejaht wird. Überaus lohnend – und übrigens auch überraschend – ist der Blick in die Schulgesetze der Länder: Sie betonen deutlich die Erziehungsaufgabe der Schule und zählen ganze Wertekataloge auf, die den jungen Menschen von der Schule mit auf den Weg gegeben werden sollen. Es gibt nicht nur PISA: Zum Bildungs- und Erziehungsauftrag der Schule gehört auch die Persönlichkeitsbildung und die Vermittlung eines verläßlichen Wertegerüstes. Bildung gibt es nicht ohne Erziehung, und Erziehung gibt es nicht ohne Werte. Wenn die Schule auf das Leben vorbereiten soll, gehört dazu auch die Ausstattung mit Kompetenzen und Haltungen, die jungen Menschen helfen, an der Gesellschaft teilzuhaben, sich in einer komplexen und globalen Welt zu orientieren, Urteilskraft zu entwickeln und eine eigene Lebensperspektive für sich zu finden.

Die öffentliche Bildungsdebatte wird zur Zeit zu eng geführt – auch die Persönlichkeitsbildung und die Vermittlung umfassender persönlicher und sozialer Kompetenzen müssen dazu gehören. Die Forderung der Wirtschaft, den Unterricht in Mathematik, Naturwissenschaften und Deutsch zu intensivieren, bedeutet keine Absage an andere Aufgaben der Schule: Die Schule muß ihren Bildungs- und Erziehungsauftrag in jeder Hinsicht besser wahrnehmen als bisher. Die „Nebenfächer" können in besonderem Maße die Kompetenzentwicklung und Persönlichkeitsbildung fördern. Der Religionsunterricht – ersatzweise der Ethikunterricht – kann insbesondere die Begründbarkeit von Werten thematisieren und die ethische Urteilskraft der Schüler stärken.

Was kann die einzelne Schule tun? Wertevermittlung in der Schule wird weder durch Moralisieren noch durch unverbindliches Diskutieren gelingen. Jede Schule soll in ihrem Schulprogramm ihre Regeln, Normen und Werte und ein Programm zu ihrer Verwirklichung im Schulalltag entwickeln und verbindlich machen. Im Rahmen der inneren Schulentwicklung muß auch die Werteerziehung Bestandteil des Qualitätsverbesserungsprozesses sein. Dies ist eine besondere Aufgabe für Schulleitung und -kollegium, bei der Eltern und Schüler einbezogen werden müssen. Eine „Corporate identity" der Schule erleichtert die Wertevermittlung nachhaltig. „Jugendliche, die das Schulklima positiv einschätzen, nehmen regelmäßiger als andere am Unterricht teil und neigen seltener zu körperlichen Gewalthandlungen", hat auch die PISA-Studie bestätigt. Respekt im Umgang mit anderen muß das Schulklima prägen.

Selbständigkeit und Eigenverantwortung dürfen nicht nur beschworen werden, sie müssen im Schulwesen erfahrbar und erlebbar sein. Prozesse, in denen Schüler selbst den Sinn von Werten verstehen lernen, sind entscheidend. Gemeinsam in der Klasse Verhaltensregeln zu erörtern, zu beschließen und ihre Einhaltung umzusetzen ist eine gute Möglichkeit, auf die Schulen bereits immer stärker setzen. Auch die Bereitschaft der Schüler zum ehrenamtlichen und sozialen Engagement kann sinnvoll mit der Schulbildung verknüpft werden. Gemeinsame Projekte und Vorhaben mit außerschulischen Partnern machen verantwortliches Handeln konkret; ein Beispiel dafür ist das „Sozialpraktikum" in diakonischen Einrichtungen.

Die Erfolgswahrscheinlichkeit für alle erzieherischen Bemühungen ist am günstigsten, wenn zu einem solchen Programm und Ethos der Schule gute Lehrer hinzukommen. Die Rolle der Lehrkräfte kann kaum überschätzt werden: Sie vermitteln ihren Schülern Werte und Einstellungen sowohl als Vorbilder in ihrem eigenen Verhalten als auch in der Art und Weise des Unterrichtens. Es darf nicht dabei bleiben, daß diese Vorbildrolle in ihrer Ausbildung kaum eine Rolle spielt. Aber auch die Lern- und Unterrichtskultur ist entscheidend: Die immer noch weitgehende Fixierung des Unterrichts auf kleinteilige Lerneinheiten führt zu oft zu einer passiven Haltung der Schüler und zum oberflächlichen „Pauken" für die nächste Klassenarbeit.

Die neuen lernaktiven Methoden sind immer noch längst nicht flächendeckend umgesetzt worden, obwohl sie gezielt die Selbständigkeit und Eigenverantwortung, Kreativität und Problemlösungsfähigkeit der Schüler fördern. Auch hier müssen Leistungsmessungen und Evaluationen greifen: Effektive Lernkontrollen, wie z. B. die Projektprüfung in Klasse 9 der Hauptschule in Baden-Württemberg, sind überall notwendig. Fächer-übergreifendes Lernen fördert vernetztes Denken, Kooperations- und Kommunikationsfähigkeit. Auch die elektronischen Medien bieten völlig neue Möglichkeiten zu einem eigenverantwortlichen Lernen.

Aussagekräftige Zeugnisse müssen auch über den Stand der überfachlichen, persönlichen und sozialen Kompetenzen Auskunft geben. Dies ist für die Arbeitgeber ebenso wichtig wie für die Schüler und ihre Eltern. Ein modernes System von „Kopfnoten" mit klaren und überzeugenden Bewertungsmaßstäben muß erarbeitet und umgesetzt werden. Diagnostische Methoden aus der betrieblichen Personalpolitik können auch für die Erfassung und Beurteilung des Arbeits- und Sozialverhaltens der Schüler genutzt werden. Neue, regelmäßige und persönlichere Feedback-Verfahren für Schüler sind notwendig, in die auch die Eltern stärker einzubeziehen sind. Für eine umfassende Bewertung und Förderung des Entwicklungsprozesses der einzelnen Schüler ist der enge Austausch der Lehrer im Kollegium die notwendige Voraussetzung.

Mehr Ganztagsangebote an den Schulen sind auch deshalb wichtig, um eine umfassendere und gezieltere Betreuung der Schüler zu ermöglichen: Die sozialen Kompetenzen können in der Schulgemeinschaft über den Vormittag hinaus besser gefördert werden, als wenn das Zeitkorsett des 45-Minuten-Takts regiert. Gerade für Kinder mit Lernschwächen und Problemhintergründen hat die Ganztagsschule eine enorme soziale Bedeutung.

Bildungsauftrag Werteerziehung

Was können Betriebe tun? In der beruflichen Bildung können und müssen die persönlichen und sozialen Kompetenzen der Auszubildenden weiter geschult werden. Das Berufsbildungsgesetz nennt ausdrücklich die „charakterliche Förderung" als Lernziel. Die Ausbilder haben – wie die Lehrer – eine entscheidende Vorbildfunktion für die Jugendlichen. Durch die aktive Einbeziehung der Auszubildenden in die Unternehmenstätigkeit, durch Seminare zur gezielten Förderung von Schlüsselqualifikationen, durch gezielte Projekte zur Erprobung von Selbständigkeit, Teamarbeit, Unternehmungen und Arbeitsgemeinschaften wie auch durch das gemeinsame Ausarbeiten von Verhaltensregeln wird die Wertevermittlung im Betrieb gezielt gefördert. Die Förderung der sozialen und persönlichen Kompetenzen ist aber auch schon vorher ein Baustein in der Zusammenarbeit von Schulen und Betrieben. Das Betriebspraktikum stärkt aller Erfahrung nach bei den Schülern das Selbstvertrauen und Verantwortungsbewußtsein erheblich. In Schülerfirmen, Kooperationen mit Auszubildenden und gemeinsamen Projekten von Schulen mit Unternehmen erfahren die Schüler wie von selbst – und ohne pädagogischen Zeigefinger –, daß sie nur mit Offenheit, Entscheidungsfähigkeit, Kooperations- und Kommunikationsfähigkeit weiterkommen.

Auch wenn heute von der Schule ein größeres Maß an Erziehungsleistung erwartet wird, so kann sie doch nicht die Erziehung in der Familie ersetzen: Die Familie ist und bleibt der erste und wichtigste Ort, in dem Kinder Wertehaltungen ausbilden und einüben. Kinder brauchen Liebe und Zuwendung, Vorbilder und Orientierungspunkte, um schließlich selbständig urteilen und verantwortlich handeln zu können. Die Eltern sind primär für die Erziehung der Kinder verantwortlich und müssen dieser Aufgabe mit hohem Verantwortungsbewußtsein nachkommen. Es geht nicht an, daß Eltern ihre Erziehungsverantwortung an die Schule delegieren, aber auch nicht, daß Eltern in der Schule nur das Grillfest organisieren dürfen. Zwischen Eltern und Lehrern ist mehr denn je eine aktive Erziehungspartnerschaft notwendig, um mit vereinten Kräften den pädagogischen Erfolg zu sichern. Inzwischen gibt es Verträge zwischen Eltern und Lehrern bzw. Schulen, in denen sie sich auf gemeinsame Werte und Erziehungsziele einigen (z. B. „Schulvertrag" in Nordrhein-Westfalen). Eltern und Lehrer sollten viel mehr ihre gemeinsamen Ziele – gerade auch in der Werteerziehung – erkennen und angehen, als sich gegenseitig Vorhaltungen zu machen, nur Fehler anzukreiden oder gar den Rechtsweg zu beschreiten.

Allerdings ist es verhängnisvoll, wenn Schulen und Eltern sich um eine moralische Erziehung bemühen und alle ihre Erfolge durch das Umfeld der Jugendlichen wieder aufgehoben werden, weil es eine ganz andere Botschaft ausstrahlt. Wenn das Sportidol Drogen nimmt und dies lediglich als einen „Fehler" einordnet, hat es die beste Drogenprävention schwer. Wichtig bleibt daher vor allem: öffentlichkeitswirksame Personen aus Politik, Wirtschaft, Sport und Unterhaltung müssen ihre Verantwortung als Leitfiguren am Wertehorizont der Jugendlichen viel bewußter wahrnehmen als bisher. Diese Botschaft richtet sich auch an die Führungskräfte der Wirtschaft.

Astrid Luise Mannes ist Historikerin und wurde 1967 in Hilden/Rheinland geboren. Nach ihrem Magisterstudium der Fächer Geschichte, Politische Wissenschaften und Öffentliches Recht an der Universität zu Bonn arbeitete sie viele Jahre als Referentin bzw. Wissenschaftliche Mitarbeiterin im Deutschen Bundestag und anschließend als Pressesprecherin eines Bildungsverbandes.

Astrid Luise Mannes

Kinder brauchen Vorbilder

Man kann – und muß auch – darüber nachdenken, ob und in welcher Weise die Lehrpläne entrümpelt, die Lehrer gestärkt, der Unterricht interessanter und die Lehrerausbildung verbessert werden können. Das alleine reicht jedoch nicht aus, denn lernen muß letztlich jeder Mensch alleine. Wir können niemanden dazu zwingen. Wir müssen Anreize zum Lernen geben. Und wir müssen versuchen, fürs Lernen und für Wissen und Bildung zu begeistern. Wir müssen zudem den Kindern das Gefühl geben, daß diese Anstrengungen belohnt werden.

Kinder orientieren sich stark an Vorbildern, vor allem an ihren Eltern. Sie kopieren das, was ihnen vorgelebt wird. Somit kommt den älteren Generationen eine Vorbildfunktion zu.

Eine zentrale Frage ist, ob wir, die älteren Generationen, den Heranwachsenden ausreichend Vorbild sind. Die sogenannte Spaßgeneration ist ja bereits Elterngeneration. Diese Elterngeneration, die jetzt schulpflichtige Kinder hat, hat selbst auf nichts verzichten müssen; sie hat keine Entbehrungen erlebt. Sie ist eine Konsumgeneration, zudem die Erbengeneration, die zu großen Teilen durch die Arbeit und daraus resultierend durch die Besitztümer ihrer Eltern und Großeltern recht sorglos in die Zukunft schauen kann. Es ist eine Generation, die nicht zurücksteckt. Kinder und Beruf, aber bitte nicht zu Lasten eines hohen Freizeitwertes. „Ich will alles, und zwar sofort" – dieser alte Schlager von Gitte scheint Programm zu sein. Alles geht nicht, doch die Leidtragenden sind meist die Kinder.

Offensichtlich empfinden immer weniger Eltern ihre Kinder als solches Lebensglück und Bereicherung, daß sie bereit wären, dafür Abstriche am bisherigen Lebensstandard und Freizeitverhalten zu machen. Im Beruf kürzertreten hieße, etwas aufzugeben. Das Kind in die Betreuung fremder Hände zu geben und sein Aufwachsen nur sporadisch mitzuerleben, scheint hingegen nicht als Einbuße empfunden zu werden.

Die heutige Lebenswirklichkeit hat etwas Ambivalentes: Auf der einen Seite werden Kinder häufiger abgeschoben und stehen nicht mehr im Mittelpunkt des Lebens ihrer Eltern, sondern sind nur ein kleiner Teil des elterlichen Lebens neben Beruf, Freizeit und Konsum. Auf der anderen Seite wird immer mehr Aufsehen um Kinder und deren Bedürfnisse gemacht.

Weil es in der Gesellschaft immer weniger Kinder gibt, sind diese aus dem Bereich der Selbstverständlichkeit entschwunden. Entsprechend groß ist das Bohei und die Verwöhnungsprozedur, die auch von den Großeltern sowie von Tanten und Onkels zelebriert wird.

Dennoch ist das Geschrei vieler Eltern groß, wenn die Lehrmittelfreiheit angetastet werden soll. Die Kinder mit teurer Markenkleidung auszustatten ist möglich, während man sich durch den Kauf eines Schulbuches in unzumutbarer Weise belastet fühlt. Auch hier gilt es, Werte zurechtzurücken.

Die Konsumorientierung der Elterngeneration hat auf die

Kinder abgefärbt. Die deutschen Schüler liegen zwar nicht mit ihren Leistungen international an der Spitze, dafür aber bei der Höhe des Taschengeldes – geschlagen nur von Luxemburg. Jeder zweite Deutsche im Alter von 12 bis 19 Jahren hat ein Handy, und ein Abiturient ohne Auto ist heute kaum noch vorstellbar. Damit geht eine andere Entwicklung einher: Immer mehr Schüler und Studenten arbeiten in ihrer Freizeit. Nach einer Untersuchung des Instituts für Arbeit und Technik in Gelsenkirchen wuchs die Zahl der „jobbenden" Schüler und Studenten von 1995 bis 1999 um 89 % auf rund 700.000. Dabei stieg die Zahl der arbeitenden Schüler mit 138 % besonders stark.

Die Nachmittage werden zunehmend weniger für die Nachbereitung des Unterrichts, für Hausaufgaben, Musikunterricht oder zum Lesen genutzt, sondern mehr und mehr zum Geldverdienen. Auch dies spiegelt sich in schlechten Schulleistungen wider. Immer mehr Lehrer klagen über übermüdete Schüler.

Ungeachtet dieser Problematik erarbeitete die Bundesregierung wenige Wochen nach Bekanntwerden der PISA-Ergebnisse eine Novelle des Jugendschutzgesetzes, die schon 14jährigen den Besuch von Diskotheken bis 23.00 Uhr erlauben sollte. Heftige Proteste etlicher Bildungsverbände konnten das Inkrafttreten der Novelle verhindern.

Die Elterngeneration der derzeitigen Schulkinder ist vom Machbarkeitswahn bestimmt. Was technisch und medizinisch möglich ist, das will ich auch haben, das steht mir zu – so das Denken. Seit Jahren sind Schönheitsoperationen aus der Welt der Filmdiven in die Welt des Otto Normalverbrauchers herübergewuchert. Die ethischen Hemmschwellen sind dabei in den letzten Jahren stark gesenkt worden. Es ist normal, sein eigenes im Bauch heranwachsendes Kind zu töten, wenn dieses gerade nicht ideal in die Lebensplanung paßt. Ebenso breitet sich zur Zeit ein Gedankengut aus, das menschliche Embryonen als

Forschungsmasse heranzüchten und dann töten möchte, damit Krankheiten geheilt werden können.

Die Gedanken, die diese Generation ausmachen, wie „Ich habe ein Recht auf Gesundheit" oder „Ich habe ein Recht auf Glück", sind nur in einer atheistischen Gesellschaft möglich.

Materialismus statt Religion oder Luxus statt Bildung. Ziel ist in jedem Fall nur der Wohlstand – oder sollte man besser sagen: der Überfluß? – ohne Anstrengung.

Christliche Grundwerte werden leichtfertig aufgegeben und den eigenen persönlichen Bedürfnissen nachgeordnet. Es gibt immer weniger Prinzipien.

Sind wir noch Vorbilder für die Kinder und Jugendlichen?

Wir brauchen nicht mit dem Finger auf die Generation der kleinen, unerzogenen, egoistischen „Konsummonster" zu zeigen. Wir waren und sind vielleicht besser, aber wir haben diese Generation selbst herangezogen. Sie ist unser Produkt.

Nach dem Amoklauf eines Schülers in Erfurt wurde das Thema „Gewalt an Schulen" und „Gewalt bei Jugendlichen" heiß diskutiert. Es wurde viel geredet und wenig gesagt. Auch hier blieb die zentrale Frage, ob wir als ältere Generationen genug Vorbild sind, wenn wir über die Medien Gewaltszenen in Spielfilmen, Krimis und Serien Tag für Tag in die Wohnzimmer hineinstrahlen, außen vor. Längst geht es nicht mehr um die Problematik von Gewaltvideos. Gewalttätige Filmszenen haben unsere Serien und Spielfilme schon lange erobert.

Sind wir Vorbild, wenn wir ungeborenes Leben leichtfertig preisgeben? Können wir Jugendlichen wirklich überzeugend vermitteln, daß sie ihre Mitmenschen achten und wertschätzen sollen, wenn wir ungeborenes Leben – oder in Kürze auch alterndes und sterbendes Leben – nicht achten? Wenn wir bestimmen, und damit haben wir längst begonnen, welchem Leben welche Qualität zukommt und zudem das Recht auf Leben an die Wertigkeit von Leben knüpfen, dann müssen wir uns nicht wundern, wenn auch bei Jugendlichen Hemmschwellen gesenkt werden.

Zudem zeigen sowohl die Gewalttaten als auch die hohen Selbstmordraten der Kinder und Jugendlichen ein weiteres Problem: das fehlende Frustrationspotential der Jugendlichen und Kinder.

Wer immer alles bekam und nie ein Nein gehört hat, der hat es nicht gelernt, mit Niederlagen und Enttäuschungen umzugehen. Irgendwann jedoch kommt der Punkt, wo es nicht mehr darum geht, das tägliche Eis, die neue CD oder das neueste Handy zu bekommen. Da geht es um Enttäuschungen, die das Leben bringt und die nicht durch das Geld der Eltern behoben werden können. Das Leben kann Härten bringen, die ausgehalten werden müssen.

Immer weniger Kinder erhalten Orientierungshilfen durch christliche Erziehung. Immer seltener finden gemeinsame Mahlzeiten in den Familien statt. Tischgebete und Gute-Nacht-Gebete gehören bei vielen Kindern nicht mehr zum Tag. Unser christliches Erntedankfest ist in den Schatten des neuen heidnischen Halloween-Kultes geraten. Diesem können sich Kinder und Familien kaum entziehen. Durch die Kindergärten, in denen Halloween fast durchweg auf dem Programm steht, wird dieser fremde Brauch zwangsläufig und unabwendbar in unser Leben katapultiert.

Generell ist eine Entchristlichung unserer Kinder festzustellen. Der Religionsunterricht an Schulen gerät zunehmend auf den Prüfstand, während gleichzeitig Forderungen nach islamistischem Religionsunterricht immer lautstärker erhoben werden.

Die Erziehung der heutigen Elterngeneration unterscheidet sich fundamental von denen älterer Generationen. Konsumüberfütterung statt Erziehung. Erziehung ist Mühsal. Die Tyrannei unerzogener Kinder täglich durchzustehen, ist allerdings schlimmer. Viele merken dies irgendwann, doch dann ist es zu spät. Nichterfolgte Erziehung läßt sich nicht nachholen.

Lieber Leser! Seien Sie einmal ehrlich: Wann haben Sie in den letzten zehn Jahren ein Kind oder einen Jugendlichen in öffentlichen Nahverkehrsmitteln beobachtet, der einer älteren Person seinen Platz angeboten hat? Oder wann haben Sie den letzten Diener oder Knicks eines Kindes gesehen? Das sind ausgestorbene Höflichkeits- oder Respektsformen, die nur noch den heute über 30jährigen vertraut sind.

Was der Gesellschaft fehlt, ist der Mut zur Erziehung

Kinder brauchen klare Regeln und einen festen Tagesablauf. Mehr und mehr gehen Kinder heute spät ins Bett. Oftmals können sie nicht gut einschlafen, weil sie überdreht sind von den vielen Eindrücken, die sie in einem immer reizüberfluteteren Umfeld aufnehmen. Immer früher trinken Kinder auch coffeinhaltige Getränke wie Cola. Nicht selten wird dieses Getränk schon Kindern im Vorschulalter gereicht. Daß ein kleiner Körper dann überdreht ist und nicht zur Ruhe kommt, ist eine zwangsläufige Folge. Auch wird mit den Kindern mehr unternommen, als das zu früheren Zeiten der Fall war. Für die heutige Elterngeneration gehört es zum Lebensgefühl dazu, das ganze Wochenende Programm zu haben und von einem „Event" zum nächsten zu jagen. Kinder können die Flut der Eindrücke jedoch kaum noch verarbeiten. Zudem haben sie in zunehmender Zahl eigene Fernseher und Computer in ihren Zimmern stehen. Zu Hause fehlen mehr und mehr der Ruhepol und die geregelten Abläufe.

Die Zahl der Kinder, die wegen Überaktivität, Nervosität und Konzentrationsschwächen medikamentös behandelt werden, hat in den letzten Jahren stark zugenommen. Sie hat sich seit 1990 mehr als verzwanzigfacht. Diese Tendenz bekommen auch Lehrer stark zu spüren. Nicht nur, daß die schulischen Leistungen der betroffenen Kinder leiden. Auch die Mitschüler leiden unter der motorischen Unruhe der Mitschüler.

Oder denken wir einmal an den Umgang mit der deutschen Sprache. Die Ausdrucksfähigkeit und die Breite des Wortschatzes der Kinder wird bestimmt durch das, was sie hören oder lesen. Aber was für eine Sprache hören sie heute? Wo finden unsere Schüler denn noch eine gewählte und wortreiche Sprache? In der Literatur und in manchen Zeitungen, aber sicherlich nicht im Fernsehen und schon gar nicht in der Werbung, leider aber auch kaum noch im Elternhaus. Die Eltern gehen mit ihren „kids" zu „events" oder zur „happy hour", haben „fun" oder „relaxen" usw. Und selbst Bundes- oder Landesregierungen sind sich für solche Entgleisungen und Lächerlichkeiten nicht zu schade. Auch sie rufen zum Beispiel einen „Girls' day" ins Leben. Viele Politiker meinen, modern und bürgernah zu wirken, wenn sie dem Zeitgeist folgen und die Zerstörung der deutschen Sprache vorantreiben. Selbst mancher Bildungsverband zieht hier mit.

Untersuchungen und Umfragen des Freizeitverhaltens zeigen: Rund zwei Drittel aller Kinder schauen täglich mehrere Fernsehfilme. Hingegen greift nur ein Viertel der Kinder in Deutschland mehrmals am Tag zu einem Buch oder einer Zeitschrift/Zeitung. Bei Mädchen ist die Lesefreudigkeit dabei noch stärker ausgeprägt als bei Jungen. Diese hingegen sitzen noch lieber als vorm Fernseher vorm Computer. Vor diesem Hintergrund kann das Ergebnis der LAU-Studie (Aspekte der Lernausgangslage und Lernentwicklung), welche Hamburger Schüler seit 1996 durch die weiterführenden Schulen begleitet, nicht überraschen: Bei der Beherrschung der deutschen Sprache gibt es bei männlichen Gymnasiasten nach der 7. Klasse keinen meßbaren Fortschritt zu verzeichnen.

Der Bundesdurchschnitt der deutschen Schüler, die angeben, nicht zum Vergnügen zu lesen, beträgt 42 %. Der OECD-Durchschnitt liegt knapp 10 % niedriger. Die Freude am Lesen kann aber nicht allein durch die Schule vermittelt werden. Auch hier sind Eltern und Gesellschaft gefragt. Deshalb müssen wir Erwachsene uns fragen, ob wir eigentlich noch eine Lesekultur pflegen. Schalten wir, wenn wir abends müde von der Arbeit kommen, nicht auch zunehmend mehr den Fernseher an? Bei Kindern ist es wie bei den Erwachsenen: Die einfachste Art, das Bedürfnis nach Entspannung und Unterhaltung oder auch Information zu befriedigen, ist das Fernsehen. Unbestritten ist, gemessen an der täglichen Nutzungsdauer, das Fernsehen zum Leitmedium geworden – über alle Altersklassen hinweg.

Zudem müssen wir uns fragen, welche Anreize wir den Kinder zum Lernen geben. Vermitteln wir ihnen das Gefühl, daß sich Bildung in unserem Land lohnt? Wenn wir unsere Gesellschaft betrachten, dann müssen wir uns doch selbstkritisch immer wieder eingestehen, daß dies nicht so ist. Bildung wird zu wenig gewürdigt. Werden nicht mehr die „Schaumschläger" und Selbstdarsteller hofiert als die Gebildeten? Viele der heutigen Stars haben sich ihren hohen Bekanntheitsgrad nicht durch herausragende Leistungen erworben, sondern durch billige Auftritte auf Prominentenfesten oder weil sie sich als Ehefrau oder Freundin eines Sängers oder Schauspielers in Szene setzten. Gibt es keine verdienteren, gebildeteren oder sozial engagierteren Menschen, die es bekanntzumachen und in Talkshows einzuladen gilt? Abgerundet wird das Bild durch führende Bundespolitiker, die im „Container" sitzen oder in Seifenopern auftreten.

Leben wir nicht seit langem bereits in einer Gesellschaft, in der man seinen Wert über die Höhe des Gehalts und den Preis des Autos ermittelt?

Fehlt unseren Akademikern nicht häufig die Anerkennung

Kinder brauchen Vorbilder

durch ein höheres Gehalt oder eine leitende Funktion? Die Statistik belegt es eindeutig: vor allem sind es unsere Akademikerinnen, die nach wie vor wesentlich weniger – bis zu 40 % – verdienen als gleichqualifizierte Männer. 46 % der Akademiker sind weiblich – hingegen nur 3 % der Führungskräfte. Und dies in einer Zeit, in der die Familienplanung zunehmend weniger als Erklärungsgrund herangezogen werden kann. Man muß keine Emanze sein, um sich darüber zu wundern, wie laut wir darüber schweigen, daß der große Teil der Akademikerinnen unter Vorgesetzten mit niedrigeren Bildungsabschlüssen arbeitet. Hier ist Deutschland international Entwicklungsland.

Mehr und mehr nivellieren wir Bildungsabschlüsse. In vielen Firmen werden die Angestellten nicht mehr mit ihren akademischen Titeln angesprochen. Mehr und mehr wird die Fachhochschule, deren Besuch ohne Abitur möglich ist, einem Universitätsstudium gleichgesetzt. Ein Dozent, der an der Fachhochschule unterrichtet, darf sich „Professor" nennen – selbstverständlich ohne Habilitation. Eine habilitierte Lehrkraft einer Universität, die keinen Ruf als Professor an die Universität erhalten hat, darf sich nur Dozent nennen und „Dr. habil." als Titel führen. Hier wird der niedrigere Bildungsgrad also sogar bevorteilt.

Diesen Entwicklungen hat unter anderem der inflationäre Gebrauch des Begriffs „Studieren" Auftrieb gegeben. Heute studiert jeder. Der eine studiert an der Universität, der andere studiert an einer Fachhochschule oder sonstigen Schule, und der nächste studiert an der Volkshochschule Kochen. Gleiches gilt für den Begriff „Bildung". Mittlerweile hat sich eingebürgert, von „Bildung im Kindergarten" zu sprechen. Kinder im Kindergartenalter lernen, haben Wissen, entwickeln sich. Gebildet sind sie sicherlich nicht. Bildung ist etwas anderes als Lernen und Wissen. Auch hier steckt hinter der Auflösung und Zweckentfremdung des Begriffs eine Nivellierungsabsicht.

Astrid Mannes

Mit der Juniorprofessur fangen wir zu allem Überfluß nun auch noch an, unsere Professoren, die über viele Jahre geforscht und an ihrer Habilitationsschrift gearbeitet haben, durch junge Akademiker, die gerade ihre Promotion beendet haben, zu ersetzen. Künftig ist der Professor seinen Studenten also wissensmäßig nicht mehr weit voraus – schlechtestenfalls nur um die Kenntnisse aus dem Forschungsbereich seiner Dissertation. Wie eine PISA-Studie an den Universitäten in einigen Jahren aussehen wird, können wir jetzt schon absehen.

Alle notwendigen Reformen und Veränderungen im schulischen Bereich werden sich nur dann leistungssteigernd auswirken, wenn die gesellschaftlichen Rahmenbedingungen stimmen. Der beste Unterricht geht ins Leere, wenn die Schüler übermüdet und unkonzentriert und von daher gar nicht aufnahmefähig sind. Politik und Medien müssen sich daher verstärkt um einen Bewußtseinswandel bemühen. Dies ist schwer, denn elterliche Erziehung läßt sich nicht staatlich regeln, und Freizeitstreß und Konsum – einschließlich Medienkonsum – lassen sich nicht verbieten.

Doch nur wenn die Schule von den elterlichen Aufgaben wie Erziehung freigehalten wird und sich auf ihre eigentliche Aufgabe besinnen kann, wird sich eine allgemeine Verbesserung der schulischen Leistungen erreichen lassen. Die Aufgabe der Schule muß von der gesamten Gesellschaft unterstützt werden. Schließlich steckt in jedem ein potentielles Vorbild.

Literatur:

Susanne Gaschke: Die Erziehungskatastrophe. Kinder brauchen starke Eltern, 4. Aufl., Stuttgart, München 2001.

Jörg-Dieter Gauger, geb. 1947, Studium Klassische Philologie, Geschichte, Politische Wissenschaft, Univ. Bonn.

Promotion 1975, Wissenschaftlicher Assistent in Bonn und München, Habilitation 1996, 2002 apl. Professor, Univ. Bonn.

Seit 1982 Wissenschaftlicher Mitarbeiter der Konrad-Adenauer-Stiftung, derzeit stellv. Hauptabteilungsleiter „Wissenschaftliche Dienste" und Referat „Bildung und Kulturpolitik".

Jörg-Dieter Gauger

Lehrerbild und Lehrerbildung: Beobachtungen zur aktuellen Diskussion

„Wer die Jugend hat, hat die Zukunft"
Karl Jaspers lange vor PISA
„Alles hängt an der Lehrerbildung"
Jürgen Baumert, Direktor des Berliner Max-Planck-Instituts für Bildungsforschung, nach PISA
„Das war kein Mensch, das war ein Lehrer"
Der Kölner SPD-Abgeordnete Konrad Gilges über den früheren Kölner SPD-Schatzmeister Biciste ohne PISA

1931 mokierte sich Karl Jaspers in seinen Betrachtungen zur „Geistigen Situation der Zeit" über den hektischen Aktionismus zugunsten von Bildung und Erziehung, der freilich über deren Substanzlosigkeit nicht hinwegtäuschen könne: „Eine Unruhe bemächtigt sich der Welt; ins Bodenlose gleitend fühlt man, daß alles daran liege, was aus der kommenden Generation werde. Man weiß, daß Erziehung das kommende Menschsein bestimmt; Verfall der Erziehung wäre Verfall des Menschen. Aber die Erziehung verfällt, wenn die geschichtlich überkommene Substanz in den Menschen, welche in ihrer Reife die Verantwortung tragen, zerbröckelt. Symptom der Unruhe unserer Zeit um die Erziehung ist die Intensität pädagogischen Bemühens ohne Einheit einer Idee, die unabsehbare jährliche Literatur, die Steigerung didaktischer Kunst. Es werden Versuche gemacht und kurzatmig Inhalte, Ziele, Methoden gewechselt. Ein Zeitalter, das sich selbst nicht vertraut, kümmert sich um Erziehung, als ob hier aus dem Nichts wieder etwas werden könnte."

So vorsichtig man mit historischen Parallelen oder Analogien auch sein muß, diese Diagnose läßt sich mühelos auf die „Reformer" unserer Tage übertragen. Man weiß zum ersten nicht mehr, was Bildung eigentlich ist und welchen Sinn sie hat: der „Gebildete" ist kein Thema bildungspolitischer Bemühungen. Wenn Nachwuchskräften einer deutschen Großbank eigens beigebracht werden muß, daß Haydn, Mozart, Beethoven zur Klassik gehören und letzterer zwar neun Symphonien, aber nur eine Oper geschrieben habe (FAZ vom 28. Dezember 2002), damit sie einen „Small-talk" bestehen, ist schon gegen Schul-„bildung" Skepsis angebracht: Denn: „Der Lernerfolg hängt nicht nur von der Qualität des Unterrichts ab, sondern auch vom Ansehen, das Anstrengung und Leistung, ja das Lernen selbst in einer Gesellschaft genießen. Zu dieser Bewußtseinsänderung wird Deutschland Jahre brauchen" (Heike Schmoll). Und man hat zum zweiten kein echtes Verhältnis mehr zur Jugend und ihrer Bedeutung für die Zukunft unseres Gemeinwesens, wie sie noch Friedrich Tenbruck so klar auf den Punkt bringen konnte: „Der Jugend fällt die Zukunft immer und automatisch zu. Insofern ist das eine Trivialität. Doch in ihr steckt eine Tatsache, deren Einfachheit nur von ihrer Bedeutung übertroffen werden kann: daß die Zukunft irgendeiner menschlichen Fähigkeit, des kulturellen Besitzes und der inneren Daseinsmöglichkeiten, daß überhaupt die Zukunft eines Volkes wie der Völker immer nur das sein kann, was eine Jugend in diese Zukunft hineinzutragen vermag." Denn dem müßte eigentlich die Wertschätzung derer entsprechen, denen die Aufgabe anvertraut ist, zu bilden und zu erziehen, den Familien und der Schule, und damit auch denen, in denen Schule konkret wird, den Lehrern, müßte man ihrer beider Auftrag als etwas Besonders begreifen und auch besonders pflegen. Während freilich die Familie noch in Wahlkampfzeiten und dann v.a. gewürdigt wird, wenn bislang gesellschaftlich erbrachte Leistungen nach Ersatz verlangen, man daher ihres Integrations- und Opferpotentials wieder bedarf, steht der Lehrer immer wieder unter Dauerbeschuß.

Sadisten, Trottel, Therapeuten

Wenn es eine Berufsgruppe gibt, die es über die Zeiten zu literarischer Ehre bringt, dann ist es die der Lehrer. Natürlich gibt es auch das unschädliche Bild: der Spott über jene skurrilen Originale, die in der „Feuerzangenbowle" lebendig werden, hat eine sympathische Ausstrahlung. Aber es dominiert das negative Bild, die Figur des sadistisch-korrekten preußischen Drillmeisters in Thomas Manns „Buddenbrooks", im „Professor Unrat" Heinrich Manns, in Hermann Hesses „Unterm Rad", im „Vater eines Mörders" von Alfred Andersch. Das mag nicht nur daran liegen, daß Schulerfahrung, v.a. negative, als prägend empfunden wird. Das liegt auch daran, daß sich mit der Figur des Lehrers System- und Gesellschaftskritik mühelos verbinden lassen: was sich im Mikrokosmos der Schule spiegelt, ist gesamtgesellschaftliches Defizit. Daher stellt zwar der Protagonist des 2001 bei Hanser erschienenen Romans „Schule der Gewalt" von

Norbert Niemann, der Geschichts- und Deutschlehrer Frank Beck, einerseits eine „Art Professor Unrat dieser Jahre" dar (Claus-Ulrich Bielefeld); im Zentrum steht jedoch das Scheitern des idealistischen Altachtundsechzigers, des an der Spannung von Idee und Schulrealität zerbrechenden, vergeblich Wärme suchenden, aber nur Aggression provozierenden Lehrers im Verhältnis zu einer autistisch-ich-bezogenen, gewaltbereiten Jugend, die wiederum die seelische Kälte unserer Gesellschaft *in nuce* verkörpert. Von daher läßt sich durchaus eine Brücke schlagen zu jenem Lehrerbild, das uns der deutsche Film und die Lehrerserien des deutschen Fernsehens präsentieren. In den Filmen der späten 60er/frühen 70er Jahre („Hurra, die Schule brennt"; „Wir hauen die Pauker in die Pfanne") erscheinen sie als neurotische, bösartige oder pedantische Dorftrottel, schon am Namen als solche erkennbar („Dr. Knörz"), deren bloße Existenz bereits „Gegengewalt" der Schüler legitimiert, bis hin zu schwerer Körperverletzung und Sachbeschädigung. Was von den Eltern freilich mit nachsichtigem Augenzwinkern zur Kenntnis genommen wird, zumal diese kreativen und teamfähigen Rabauken ja dann doch das Abitur irgendwie bekommen werden. Die klare Message lautete: „Macht kaputt, was euch kaputt macht!" Spiegelte sich daher hier das 68er Antiautoritätssyndrom, so spiegelt sich in den Lehrerserien der späten 90er Jahre der auch gesellschaftlich jetzt im Vordergrund stehende sozialpädagogisch-therapeutische Akzent des Lehrerseins: die zweifellos sympathisch gezeichnete Figur „Unser Lehrer Dr. Specht" wirkt als immer verständnisbereiter, gehobener Sozialarbeiter bei privaten Schülerproblemen (Geschlechterbeziehungen, Drogen, Eltern), die freilich mindestens ebenso intensiv damit beschäftigt ist, ihre eigenen privaten Irrungen und Wirrungen auf die Reihe zu kriegen; nur am Rande wird man „Dr. Specht" unterrichtend, korrigierend oder gar sich vorbereitend erleben, wie ja auch seine Schüler eigentlich keine auf

Lehrerbild und Lehrerbildung

Unterricht und Abschlüsse bezogenen Probleme kennen, sondern Schule als tröstliches Ambiente für ihre privaten Malaisen erfahren dürfen. Die klare Message lautet daher jetzt: Fachliches Können, Unterricht und Lernen sind sekundär, Lehrer sind Sozialtherapeuten, Schulen sind Sozialräume.

Jetzt kommt PITA

Solche Bilder, die deutlich von der Mißachtung der Lehrerrolle und der Lehrerperson geprägt sind, sind sicher überzogen, aber sie bestimmen die Realität, wie sie sie *vice versa* spiegeln, wenn auch die kritischen Akzente sich verschieben: Nachdem man sich keine nationale empirische Schulleistungsforschung leisten wollte, sich international souverän verweigerte, vorliegende Studien erst gar nicht publizierte oder kalt ignorierte oder sich auf ein Strohfeuer beschränkte (TIMSS), haben PISA/PISA-E die Deutschen mit dem Testvirus infiziert, die Leitgurus OECD und Max-Planck-Institut haben Kultstatus: alles will alles testen lassen oder doch andere testen, die HRK die Hochschulen, die Wirtschaft die Berufsschulen. Und natürlich sollen auch die Lehrer auf den Prüfstand (nach PISA kommt PITA); bleibt nur noch offen, wer die Eltern (PIPA 1) und die Kultuspolitik (PIPA 2) testet, nachdem sich letztere im Wahlsommer 2002 dem Thema souverän entzog. Man braucht Sündenböcke, die sich pauschal und kollektiv schuldig gemacht haben sollen, und der simpelste und beliebteste Weg – bei dem sich auch eine bildungspolitisch besonders versierte deutsche Boulevardzeitung (BILD bildet!) gerne hervortut – ist dabei der Zeigefinger auf „den" Lehrer. Und dabei werden immer wieder die wohlbekannten Ressentiments aufgewärmt: Lehrer sind arbeitsscheu („faule Säcke"), Reichsferienmeister, gehen am liebsten lukrativen Nebenbeschäftigungen nach, sind fachlich wie menschlich inkompetent, gar „dumm" (ebenfalls BILD), sind zu alt, haben keinen Sinn für Computer, verstehen nichts von der Wirtschaft, müssen daher „in die Produktion". Der Lehrer als akademische Autorität und als Person öffentlichen Respekts, beides ist in den vergangenen fünfunddreißig Jahren fast systematisch abgebaut worden, und zwar einerseits dadurch, daß ihr Ethos und ihre Kompetenz fast systematisch in Frage gestellt wurden, und andererseits dadurch, daß sich die objektiven Rahmenbedingungen heutigen Lehrerseins deutlich verschlechtert haben, allerdings die Kritik statt zu mildern nur noch verstärken.

Vom Verschwinden konkreten Wissens und Könnens

Das beginnt schon bei jenem bildungspolitischen Denkstil, der seit den späten 60er Jahren bis heute spürbar ist: Bildung als Instrument gesellschaftlicher Veränderung (heute: „Lufthoheit über den Kinderbetten"), Bildung bedeutet automatisch Aufstieg, Quantität ist besser als Qualität, Lernprozesse (Curricula) sind programmierbar, auf die Methode kommt es an, Inhalte müssen lebenskundlich sein, „situativ", es gibt keinen eigenen Bildungswert von Fächern/Inhalten, „Bildung" wiederum muß sich „rechnen" und einsetzen lassen, der Schüler ist *naturaliter* „gut", organisiert sich selbständig, will nur motiviert sein, Unterricht muß daher Event sein, Spaß machen, der Lehrer sei daher Lernmoderator oder -anreger, Erziehung hingegen ist Repression, Regeln hindern Kreativität, Sekundärtugenden sind historisch belastet, Leistung ist strukturelle Gewalt, Fördern ist besser als Fordern, soziales Lernen ist Unterrichtsziel, heterogene Klassen sind daher besser als homogene, frühe Differenzierung ist inhuman, Förderung besonders Leistungsstarker „elitär", der Elternwille ist heilig. Dieser Denkstil hat nur ein unbestreitbares Resultat gezeitigt: den steigenden Verlust konkreten, abrufbaren Wissens und Könnens, und zwar von der Grundschule bis zum Abitur. 20 % unserer Jugendlichen gelten als nicht ausbildungs-, 33 % unserer Abiturienten als nicht studierfähig. Ohne konkretes Wissen und Können ist aber „Bildung" ein Null-Code.

Diffuses Berufsbild

Bestand das Leitbild eines guten Lehrers früher darin, „daß er sachlich kompetent war, auf dieser Grundlage einen anregenden und verständlichen Unterricht darbot und im übrigen die Schüler freundlich und taktvoll behandelte" (Hermann Giesecke), so ist das Berufsbild heute völlig diffus geworden. Das hängt auch mit erweiterten und vielschichtigen Erwartungen an den Lehrer zusammen, die alle gesellschaftlichen Gruppen an ihn herantragen: für Eltern der Erziehungs- und Aufstiegsgarant, für Wirtschaft und Politik der Standort- und Reparaturgarant, für die pädagogischen Wissenschaften der Diskussionsgarant und für alle der Anklagegarant, wenn etwas fehlläuft.

Partnerschaft Eltern-Lehrer?

Heute sind zwei Elterntypen immer mehr im Vormarsch: der zweifellos besorgniserregendere gleichgültig-vernachlässigende laissez-faire-Typ, bei dem der „Mut zu Erziehung" sich darin erschöpft, seine Sprößlinge am Fernsehen oder an der Schultür zu deponieren, und der überbesorgte „Gluckentyp" – „mein Kind das Kunstwerk" –, der dem Lehrer nur Böses, seinem Kind nur Gutes zutraut und bei dem man ggf. sich „gerichtsfest" verhalten muß.

Jörg-Dieter Gauger

Dabei steht außer Zweifel, daß all das, was man mit „Sekundärtugenden" zu umschreiben pflegt (Höflichkeit, Pünktlichkeit, Ordnung, Umgangsformen etc.) und die Voraussetzung ist für ein halbwegs ziviles Miteinander, ohne den Einsatz der Familie nicht gelingen kann.

Nicht minder gravierend ist der Eindruck, daß auch die Bildungswirkung der Familie sich immer weiter abschwächt, und hier spielten soziale Unterschiede offensichtlich eine erhebliche Rolle: 45 % der Deutschen kaufen bekanntlich niemals ein Buch, obwohl der enge Zusammenhang zwischen Bücherzugang oder gar der Lesekultur in der Familie und dem Kompetenzniveau des Kindes und Jugendlichen nicht nur für das verstehende Lesen nachgewiesen ist. Oder wie es Lehrerpräsident Josef Kraus so drastisch wie zutreffend formulierte: „Wer selber vorzugsweise erdnußmampfend vor der Glotze sitzt, kann schlecht ins Kinderzimmer rufen: ‚Nun lies mal ein gutes Buch'!"

Daraus folgt: die Schule, konkret der Lehrer, muß immer mehr erzieherische Aufgaben wahrnehmen, beginnend mit der Grundschule, und sie muß zugleich immer mehr Kompensation bieten für mangelnde Bildungserlebnisse im Elternhaus und um Sozialbarrieren auszugleichen. Statt sich aber darauf wirklich konzentrieren zu können, wird sie immer weiter überfrachtet.

Die Mißachtung der Schule

Wie der Lehrerberuf, so wird auch die Schule mißachtet durch permanente öffentliche und politische Überforderung: die Schüler sind zu wenig polyglott im Verhältnis zu ihren Altersgenossen in Luxemburg (!?) oder Schweden – also mehr Fremdsprachen. Hochbegabte werden zu wenig gefördert – also besondere Förderung. Skinheads verbreiten Angst – also Verbot von Bomberjacken. „Klassenkampf mit Gucci" – also Schuluniformen. Wo immer es brennt, wird Schule zum „Reparaturbetrieb": Gewalt, Jugendkriminalität, Drogen, Gesundheitserziehung, Freizeiterziehung, Ökonomie als Fach, Rechtsradikalismus und Ausländerfeindlichkeit, sogar die Erziehung zum richtigen Umgang mit Geld angesichts wachsender Handy-Schulden unserer Schüler. Oder Zukunftserwartungen: High-Tech ist wirtschaftlicher Standortvorteil, also mehr Mathematik und Naturwissenschaften in die Schule, es fehlen speziell Informatiker, also „Schulen ans Netz", da investiert die Telekom, natürlich nicht aus Altruismus, es winkt der potentielle Kunde. Wo dafür entlastet werden soll, wird nicht gesagt. Diese permanente, zugleich pressewirksame, Druck und Stimmung erzeugende Überfrachtung der Schule erzwingt geradezu die politische, pädagogische und vor allem systematische Diskussion darüber, was eigentlich zu ihren Kernaufgaben gehört. Denn daß „Qualität" unter diesen Umständen niemals zu realisieren ist, liegt auf der Hand. Gerade angesichts der Dynamik der Wissensentwicklung ist vielmehr zu vermeiden, daß Bildung überspezialisiert, ja atomisiert wird. Die Schule kann im Wettlauf der Wissenschaften und Technologien, der Trends und Moden nicht mithalten – und sie muß es auch nicht. Die Schule sollte sich vielmehr darauf besinnen, was „altersunabhängigen" (Hermann Lübbe) Bestand hat, was man aus anderen Quellen üblicherweise nicht lernen kann und was nach dem Prinzip „multum non multa" jene Grundausstattung ist, mit deren Hilfe jede noch so expansive Wissensentwicklung in der späteren Berufsbildung, im späteren Studium oder in der späteren Berufstätigkeit bewältigt werden kann. Nur so wird sie dem pädagogischen Paradox entkommen, auf eine Zukunft vorbereiten zu müssen, die niemand kennt.

Jörg-Dieter Gauger

Die unbeachtete Verantwortung des Staates

Der Lehrer ist heute von einer Flut staatlicher und juristischer Vorschriften eingeengt: er ist Exekutor mehr oder minder uneinsichtiger Lehrplanentscheidungen, muß sich an nicht immer überzeugende Versetzungs- und Notenregelungen halten, die ihm von oben vorgegeben werden, muß im Abstand von Wochen auf irgendwelche „Sonderprogramme" reagieren, muß immer „gerichtsfest" arbeiten und steht beim geringsten Aufsichtsfehler leicht mit einem Bein im Gefängnis. Wenn Defizite zu beklagen sind, berechtigt oder unberechtigt, zieht sich der Staat rasch aus der Verantwortung und schiebt sie auf die ihm anvertrauten Beamten bzw. Angestellten. Daß er es ist, der Besoldung und Aufstiegschancen (man denke hier vor allem an Grund- und Hauptschule) vorgibt, Prämien zubilligt oder zurücknimmt, daß er es ist, der das ganze Korsett von Vorschriften, Rechtsregeln und unterrichtsgestaltenden Vorschriften erläßt, der die Anteile von „Haupt- und Nebenfächern" ebenso festlegt wie Klassenfrequenzen, daß er der Adressat ist, wenn es um Leistung und Konkurrenz geht oder um den Vorwurf, „Kuschelpädagogik" zu betreiben, weil ideologische und/oder quantitative Vorgaben im Vordergrund stehen, wird weder in der Öffentlichkeit noch in der Presse hinreichend gewürdigt. Die politische Ebene muß daher immer mitbedacht und in Qualitätsdebatten eingebracht werden.

Der „neue Schüler" oder der „Kult des Selbst"

Es besteht ein merkwürdiges Paradox: die Hochschulen werden dringend dazu ermahnt, mehr zu beraten, mehr zu betreuen, mehr zu begleiten, obwohl das Ideal gerade der deutschen Universität immer die akademische Freiheit war, was allerdings eigene Anstrengung, Selbstdisziplin und die Fähigkeit erfordert, auch einmal ein Buch selbständig zu lesen. Ebenso müssen die Lehrer betreut, jetzt „evaluiert" und in jedem Falle immer wieder weitergebildet werden. Für die Schüler scheint das Gegenteil zu gelten, hier setzt man gerade auf das „Selbst": die Selbsttätigkeit, das selbstorganisierte Lernen, das selbstbestimmte Individuum. Es wäre sicher sinnvoller, wenn man den Akzent bei Führen oder Wachsenlassen altersgerecht setzte. Denn wir haben es heute mit einer Schülergeneration zu tun, die mehr denn je der „Führung" bedarf, nicht nur, weil sehr viele „Verführer" am Wege lauern, sondern auch deswegen, weil sich ein unrealistisches Verständnis von Lernen und Unterricht eingeschlichen hat.

Der Unterrichtsforscher Franz E. Weinert hat immer wieder darauf hingewiesen, daß die pädagogisch-psychologische Diskussion gegenwärtig in vielen Ländern (z.B. Großbritannien, Deutschland, USA) dazu neige, ein völlig neues Unterrichtsparadigma zu propagieren, dabei aber den Schüler zu idealisieren (kompetente, stets motivierte, selbständig Lernende), das Lernen zu romantisieren (Lehrlingsmodelle, Teamarbeit, freie geistige Tätigkeit (das scheint Teile der Wirtschaft dafür einzunehmen) und die Unterrichtsmethode zu dogmatisieren (offener Unterricht, Projektmethode, Gruppenunterricht: der Schüler als sein eigener „Didaktiker und Methodiker", was ihn naturgemäß überfordert). Dieses Paradigma führe, so Weinert weiter, auch „bei vielen Lehrern zu einer großen pädagogisch-psychologischen und didaktischen Verunsicherung sowie einer persönlichen Beliebigkeit in der Unterrichtsgestaltung". Klaus Westphalen hat die hier letztlich zugrundeliegende „visionäre Formel" wie folgt bestimmt: „Durch Selbsttätigkeit erlangt das lernende Subjekt Selbstbestimmung." Man wird nicht zuletzt aufgrund der Ergebnisse der neuesten Lernforschung schon davor warnen müssen, daß diese „Apotheose des Selbst" (E.E. Geissler) zum gewünschten Erfolg führt. Zumal die Idealisierung des Schülers unrealistisch ist, eher zu Frustration und Enttäuschung führt und wir daher wieder die Mitte finden müssen: „...es ist die Gesellschaft, die der Schule ein idealtypisches Kind oktroyiert: einen verspielten, konzentrationsunfähigen, ewig pubertierenden kleinen Tyrannen, dem man keine Grenzen setzen und nichts zumuten kann und der möglichst lange vor Selbstverantwortung und Pflichterfüllung zu schonen ist. Dieses Bild ist Produkt der libertären Aufhebung von Autoritäten und Macht, aber auch der spekulativen Wissenschaft, die diese gesellschaftlichen Bedürfnisse bereitwillig bedient. Die Umwertung dieses dank eines antibürgerlichen Affekts entstandenen Kindesbildes durch die Gesellschaft wäre ein erster fundamentaler Schritt in Richtung Bildungsreform" (Sonja Margolina).

Unrealistisch ist daher die beliebte Bezeichnung des Lehrers als „Lernmoderator". Denn dabei wird ein „Team" von Individuen unterstellt, die von sich aus und voller Freude lernen, so daß der Lehrer nur noch die Gesprächsführung übernehmen muß, um zum Lernerfolg zu führen. Nicht minder irreführend ist der Begriff des „Coaching", der ebenfalls auch in der Fachliteratur verwandt wird, dem allerdings nicht die englischen Nuancen „Privatlehrer" und „Einpauker" zugrunde liegen, sondern der Trainer im Sport, der eine ebenfalls hochmotivierte (nicht zuletzt finanziell!) Mannschaft durch entsprechende Anweisungen zum Sieg führt. Es mag ja sein, daß Kinder *a priori* lernen wollen, aber ebenso häufig wollen sie auch nicht lernen, und da wird der Trainer zu wenig sein. Zumal dann, wenn es auch noch um Tugenden, Grundwerte und Vorbild geht.

Man wird daher wieder festhalten müssen, daß ein am jeweiligen Bildungs- und Erziehungsziel orientierter „Methodenmix" den besten Weg darstellt: weit überwiegend lehrergesteuerte, aber schülerzentrierte „direkte Instruktion" zum Erwerb

„intelligenten Wissens", Projektmethode, offener Unterricht, Teamarbeit für die lebenspraktische Nutzung von Kenntnissen und Fähigkeiten, Lernen des Lernens und Schlüsselqualifikationen durch Selbständigkeit und Selbstreflexion unter Anleitung des Lehrers.

Die Schule als Arbeitsplatz

Zwar hat der Fiskus mittlerweile bei der Absetzbarkeit von Computer und Arbeitszimmer auch für Lehrer eine gewisse Einsicht gezeigt; was man aber Lehrern häufig an Arbeitsplatzbedingungen am Einsatzort zumutet, würde man einem „normalen" Arbeitnehmer kaum zumuten dürfen – da wäre schon der medizinische Dienst vor. Viele Schulen sind so marode, daß der Unterricht für Schüler wie für Lehrer ein Gesundheits- und Sicherheitsrisiko darstellt. Hier nur das mir geläufige Beispiel NRW: Mehr als drei Viertel der öffentlichen Schulbauten sind älter als 25 Jahre. Der NRW-Städte- und Gemeindebund schätzt den Sanierungsstau im „Haus des Lernens" auf ca. 10 Milliarden ein, aber bekanntermaßen sind die Kommunen als Schulträger noch klammer als das Land, das höchstens Umschichtungen zuungunsten anderer kommunaler Zuweisungen vornehmen kann, also Etikettenschwindel betreibt. Die in diesem Zusammenhang vagabundierenden Ideen, dadurch zu „privatisieren", daß man Leasingmodelle ventiliert, Werbung zuläßt, es als pädagogisch wertvolle Maßnahme ausgibt, wenn Lehrer, Eltern und Schüler gemeinsam den Klassenraum renovieren oder abgeschaffte Putzkolonnen ersetzen, belegen überdeutlich, welchen Stellenwert Bildung wirklich einnimmt; und das merken natürlich auch die Schüler spätestens dann, wenn sie ihr Betriebspraktikum beginnen.

Jörg-Dieter Gauger

Mehr Eigenverantwortung?

Seit dem Gutachten der NRW-Bildungskommission 1996 gehört der Ruf nach der selbständigen (eigenverantwortlichen, extrem formuliert: autonomen) Schule zum bildungspolitischen Standardrepertoire, und nach PISA scheint sich dieses Allheilmittel erneut anzubieten. Es ist hier nicht die Aufgabe, dieses Abwälzen der politischen Verantwortung für Ausstattung und Finanzierung von oben nach unten und der dann dort angesiedelten Mängelverwaltung, ohne die entsprechenden Rahmenbedingungen zu schaffen, zu kommentieren. Sicher ist jedoch, daß mit einem solchen Konzept auch neue Aufgaben auf den Lehrer, insbesondere auf die Schulleitung zukommen, bei denen zu fragen wäre, wo und wie dafür ausgebildet oder weitergebildet werden könnte und wer dafür aus- und weiterbilden sollte. Die damit verbundenen haushaltstechnischen und personalrechtlichen Kenntnisse verlangen jedenfalls neue Qualifizierungsformen.

Wenn man beides zusammenrechnet, Lehrerbild und -ansehen und die Rahmenbedingungen heutigen Lehrerseins, ergeben sich zwei naheliegende Konsequenzen: Frühverrentung und Nachwuchsmangel.

Nach einer im Dezember 2002 veröffentlichten Übersicht des „Instituts der deutschen Wirtschaft" (IW) gingen 2001 gut 54 % aller neu pensionierten Lehrer vor Erreichen der regulären Altergrenze aus Gesundheitsgründen in den Ruhestand, ca. 28 % davon waren jünger als 55 Jahre. Damit nehmen sie den ersten Platz unter den Berufsgruppen des öffentlichen Dienstes ein. Das IW vermutet dafür „sicher viele Gründe", darunter auch, daß „Modelle für Streß- und Konfliktmanagement ... in den Lehrerkollegien kaum verbreitet sind". Ich fürchte, das ist das letzte, woran es liegt. Und wo kommt der Nachwuchs her?

In den kommenden 10 Jahren werden ca. 300.000 Lehrer

aus dem Schuldienst ausscheiden, nach einer im Januar 2002 veröffentlichten Umfrage des IW haben sich im Studienjahr 2000 nur knapp 24.000 Erstsemester für ein Lehrerstudium eingeschrieben – ein Drittel weniger als noch 1990; nicht realisierbar werde daher der Ersatzbedarf von ca. 2000 Junglehrern pro Jahr bis 2010; in den kommenden fünf bis zehn Jahren fehlten 3000 bis 4000 Lehrer, der dadurch verursachte Unterrichtsausfall betreffe insbesondere Mathematik und Naturwissenschaften. Hinter diesen zurückgehenden Zahlen verbergen sich vielfältige individuelle Einschätzungen. Tatsache ist und den Studenten wohlbekannt, daß seit ca. 1985 die Einstellungspolitik der Länder einer Lotterie gleicht. Wenn sie sich daher nicht durch vorgeblich sichere Berufschancen in Naturwissenschaften und Technik locken lassen, dann deswegen, weil sie primär am Fach interessiert sind: sie unterscheiden sehr wohl zwischen Beruflichkeit und Fachlichkeit, sie wollen Geschichte oder Germanistik studieren, nicht auf Geschichtslehrer oder Deutschlehrer hin; zumal sie den Lehrerberuf täglich und hautnah erlebt haben, sie also abschätzen können, was sie dort erwartet und wie sich selbst dazu gestellt haben.

Die Antwort der Politik: „Professionalisierung"
und „Polyvalenz"

„Neue" Lehrer braucht das Land, das gehört zu den Standardforderungen nicht erst seit PISA, aber dadurch erneut verstärkt: er muß so „professionalisiert" werden, daß er endlich allen Wünschen gerecht werden kann. Davon, daß das erneuerte Nachdenken über Lehrerbildung und Lehrerrolle zunächst einmal all die hier nur skizzierten Defizite zu beseitigen habe, kann allerdings keine Rede sein. Vielmehr zeichnet sich nicht nur ein gewisser (!) inhaltlicher, sondern auch ein gewisser (!)

institutioneller Milieukonsens ab, seitdem über Lehrerbildung wieder intensiv debattiert wird, also seit den beginnenden 80er Jahren und dann verstärkt in den 90er Jahren, der sich wie folgt skizzieren läßt: Fachstudium, Fachdidaktik und Erziehungswissenschaft sind enger zu verknüpfen und besser aufeinander zu beziehen, statt mehr oder minder unverbunden nebeneinander zu stehen, mehr Schulpraxis mit darauf ebenfalls konzentrierter Forschung, Lehre und Selbsterfahrung des Studenten und bessere Verzahnung der ersten mit der zweiten Stufe gelten als notwendig. Die Lehrerbildung soll pädagogisiert werden, und das nennt man dann „Professionalisierung". Offen bleibt die Frage, woher angesichts der Auflösung der Pädagogischen Hochschulen, des Stellenabbaus und der Vernachlässigung der damit ja eng zusammenhängenden Nachwuchsförderung gerade im fachdidaktischen und erziehungswissenschaftlichen Bereich all die ganzen schulerfahrenen Kräfte kommen sollen, die die notwendigen Anforderungen an fachdidaktische und schulpraktische Kompetenz erfüllen könnten. Nicht weniger problematisch ist die Begründung. Die 1998 von der KMK eingesetzte Kommission „Perspektiven der Lehrerbildung in Deutschland" (Terhart-Kommission, ersch. 2000) verweist auf „neue Problemlagen und Herausforderungen", auf die der Lehrerberuf sich einzustellen habe. Da mag man sich angesichts warnender Erfahrungen schon fragen, was denn die dafür vorgesehenen Wissenschaften (Fachdidaktik, Erziehungswissenschaften) zur Bewältigung all dieser „Problemlagen" (genannt: Gewalt, Ökologie, Multikulturalität, Geschlechterverhältnisse) wirklich beitragen können, außer in bekannter Weise darüber zu theoretisieren, und was angesichts ihrer ebenfalls bekannt schwachen Ideologieresistenz das Resultat derartiger Bemühungen in den Köpfen derart „professionalisierter" Lehramtsanwärter wäre: pädagogische Allmachtsträume lassen da eher fürchten, wenn man nur an Mengenlehre, ideologisierte Curricula, den üblichen Methodenromantizismus oder die Phantasien deutscher Grundschulpädagogen zurückdenkt! Nun wird niemand etwas dagegen haben, wenn Lehramtskandidaten zukünftig mehr lernen als heute; die Frage ist vielmehr, ob sie das Richtige lernen, und es scheint so, daß durch eine neue Studienorganisation ebendies nicht mehr gewährleistet ist; denn als Ausgleich zur angestrebten Pädagogisierung steht zu befürchten, daß die fachliche Qualität (weiter) absinkt.

Konsekutive Studiengänge?

Ein gravierender Unterschied in den Entwicklungstrends zwischen den A-Ländern und B-Ländern zeichnet sich in der Frage nach der äußeren Struktur des Lehramtsstudiums ab; das trifft zwar insbesondere den Gymnasiallehrer, ist aber ein grundsätzliches Signal gegen die Bedeutung fachlicher Qualifikationen für das Lehramt. Während die CDU/CSU-regierten Länder am Prinzip der grundständigen und schulformbezogenen Lehrerbildung festhalten (unter Aufnahme der oben skizzierten konsensualen Elemente) und damit grundsätzlich die Vorgaben des Terhart-Gutachtens widerspiegeln, schlug NRW, auch hier wieder einmal „Vorreiter" (*con variazioni* gefolgt von Mecklenburg-Vorpommern, Rheinland-Pfalz und Niedersachsen), zunächst als Modellversuch bis 2008 den Weg eines konsekutiven Lehramtsstudiums nach „angloamerikanischem" Vorbild ein, bei dem zunächst einmal in einem 3jährigen Bachelor-Studium (fachliche Phase) ein erster berufsbefähigender Abschluß vorgesehen wird, der dann in der zweiten, der 2jährigen Master-Phase, sofern man sich für den Lehrerberuf entscheidet, entsprechend fachdidaktisch/erziehungswissenschaftlich vertieft werden soll, so daß also am Ende eine Art Master of Education o.ä. entsteht.

Das Tempo, das dafür vorgelegt wurde, und die Gründe, die dafür angeführt werden, haben mit pädagogischen oder gar Qualitätsmaßstäben nichts zu tun. Vielmehr geht es ums Geld, es geht um Einsparungen an den Hochschulen durch Konzentration und Studienzeitverkürzung, um die Entlastung von Einstellungen durch unterstellte „Polyvalenz" (dieser Gedanke geht auf die 80er Jahre zurück, als Konsequenz der damaligen „Lehrerschwemme"; jetzt kann sich der Bachelor ja erst einmal auf dem Arbeitsmarkt umsehen, obwohl die Unternehmen mit diesem Abschluß nachweislich wenig anfangen können und man gespannt sein darf, wie sich etwa der Bachelor-Jurist gegenüber dem Volljuristen positionieren wird, auch finanziell), es geht um die Entlastung, Verkürzung oder gar den Ersatz der 2. Phase. Daraus ergibt sich allerdings das interessante Paradox, daß – gleichgültig, ob sich der Bachelor zu einer echten Zäsur oder nur zu einer praktischer ausgerichteten Form der Zwischenprüfung entwickelt – im Unterschied zum grundständigen beim konsekutiven Lehramtsstudium die Eignung zum Lehramt sowohl in der Fremd- wie in der Selbsteinschätzung erheblich später erfahrbar wird (fraglich, ob und wie man dann noch zurückkann) und die Eignungseinschätzung beim Eintritt in die Master-Phase selbst wiederum auf einer rein fachlichen Basis erfolgt, was zu vermeiden doch wohl der Sinn eines neuen Lehramtsstudiums wäre, wenn man die Reformvorschläge aus dem Fach für sinnvoll hält. Daß der sog. Bologna-Prozeß uns dazu zwingen soll, staatsexamensorientierte Studiengänge entsprechend umzustellen, ist den einschlägigen Dokumenten so nicht zu entnehmen; auch die Hochschulen bleiben offenbar überwiegend skeptisch und setzen lieber auf die bekannten Abschlüsse.

Lehrerbild und Lehrerbildung

Die gravierende Konsequenz: Fachliche Deprofessionalisierung

Mit dem Ansatz, auch den Lehrerberuf in das Prokrustesbett konsekutiver Studiengänge zu zwängen, ist ein alter (deutscher) Streit endlich entschieden, der nämlich über den Sinn und Zweck der Universität und um den von „Bildung durch Wissenschaft": die Universitäten sind gehobene Berufsschulen, universitäre Aus-„Bildung" ist die Fortsetzung von Schulbildung auf etwas höherem Niveau. Nach dem traditionellen Verständnis bestanden zwischen dem Bildungsauftrag der Schule und dem der Universität zwar Schnittmengen, aber auch deutliche Unterschiede, die einerseits eine bessere Verzahnung beider auch unter dem zentralen Aspekt der Bildungsinhalte dringend erforderlich machen, andererseits aber diese Differenzen betonen.

Schulbildung ist weithin ergebnisorientiert-reproduktiv-nachvollziehend; Bildung durch Wissenschaft weiß um das Erkenntnisproblem, die Methodenvielfalt, Wissen zu gewinnen, und deren Grenzen, vermittelt eher die Fragwürdigkeit von Ergebnissen, verweist ins Unbekannte, ins Neue. Schulbildung ist ein begrenzter, Bildung durch Wissenschaft ist ein offener Prozeß, weiß um weiße Flecken, weiß um das Ungewisse, weiß um das Nicht-Wissen; Schulbildung muß sich an den großen Linien orientieren, Bildung durch Wissenschaft muß gerade die Bedeutung des Details zur Kenntnis nehmen.

Die gravierende Konsequenz des konsekutiven Ansatzes für die Lehrerbildung ist die weitere Verschulung der „Wissenschaft" und Hand in Hand damit eine weitere fachliche Deprofessionalisierung v.a. des Gymnasiallehrers. Auf ein Beispiel gebracht: Windelband-Heimsoeths Philosophiegeschichte statt Platon oder Kant im Original. Jeder, der die Hochschule auch nur halbwegs von innen kennt und das Vermassungsproblem, die stetig schwächeren Eingangsvoraussetzungen und die Stellenstreichungen zu einem insgesamt sinkenden Ausbildungsniveau zusammenrechnet, wird drei Jahre Fachwissenschaft, die ja überdies noch mit irgendwelchen berufspraktischen Elementen angereichert werden soll, damit es berufsqualifizierend wirkt, höchstens für ausreichend halten, um gerade (heutiges) Hauptseminar-Niveau zu erreichen; jedenfalls gilt das aller Erfahrung nach sicher in den geisteswissenschaftlichen Disziplinen. Hinzu kommt die simple Vermutung, daß eine rein oder doch weit überwiegend ausgerichtete zweite pädagogische Phase die fachliche Qualifikation schon deswegen weiter verschlechtert, weil die Studierenden das wenige auch noch vergessen. Man kann natürlich einwenden, es bedürfe heute geradezu der „Verschulung", weil die Studierenden mit der „Freiheit" nicht (mehr) umgehen könnten und die Lehrenden ihre „Freiheit" wiederum zugunsten von Esoterik oder persönlichen Vorlieben „mißbrauchten". Ersteres ist im wesentlichen eine Konsequenz der schulischen Voraussetzungen, des von dort gewohnten Anspruchs auf Dauerbetreuung und des Irrglaubens, das wie immer geartete „Absitzen" von Pflicht-Lehrveranstaltungen reiche bereits aus. Aber was, wenn nicht das universitäre Studium sollte eigentlich noch vermitteln, daß „Bildung" wesentlich auf Selbsttätigkeit beruht, und wer, wenn nicht die Schule, sollte dafür die Grundlagen gelegt haben?

Letzteres zu beheben bedürfte es keiner neuen Studienorganisation. Es müßte nur eine Verständigung darüber hergestellt sein, was denn eigentlich zum „Kernbestand" gehören sollte; und das setzt wiederum voraus, daß man sich über einen „Schulkanon" verständigt, dessen Inhalte auch bevorzugte Gegenstände der akademischen Lehre wären.

Wenn man aber vieles von dem, was die Schule leisten sollte, auf die Universität verschiebt, wird die eigentlich akademische Fähigkeit, sich selbständig in nicht eigens behandelte Sachverhalte einzuarbeiten, noch weiter abnehmen; im schlimmsten Falle entsteht der *magister una lectione doctor* als seine Schüler und der „Leser eines Buches", und das kann für Lehrer und Unterricht höchst problematisch werden, weil Schüler sachliche Inkompetenz mit größter Freude zur Kenntnis nehmen. Nur die Weiterbildung wird davon profitieren, was wiederum die Schulverwaltung erfreut. So hat auch Andreas Rosenfelder in der FAZ vom 9. April 2001 in dem Ganzen eine Kampagne gegen die „fachwissenschaftlich geprägte Lehrerausbildung" vermutet, „besonders im Zusammenklang mit den Lobliedern auf eher pädagogisch orientierte Universitäten mit dürftigem Fachprofil", und hervorgehoben: „Damit hätte die erziehungswissenschaftliche Komponente eine steile Karriere von der Hilfswissenschaft zur Königswissenschaft hingelegt. Wem hier eine Lektion erteilt werden soll, ist leicht zu erraten." Sein Resümee: „Wenn der Master-Lehrer tatsächlich Schule machen würde, würde letztere unweigerlich noch weiter in die Universitäten hineinwandern. In den ersten Semestern stünde Oberstufenunterricht auf dem Stundenplan, und der Bachelor wäre womöglich bald das eigentliche Abitur. Die Schüler dürften dann guten Gewissens das Liedchen von den blauen Bergen anstimmen: Endlich sind unsere Lehrer genauso dumm wie wir." Das mag überzogen sein, aber die fachliche Deprofessionalisierung hat sicher zwei weitere Folgen. Zum ersten: der Beruf wird an Attraktivität nicht gewinnen, weil es den Studenten primär um das Fach geht, und zum zweiten: wenn es stimmt, daß das Lernverhalten von Schülern wesentlich von der Begeisterung (gepaart mit der Fähigkeit) abhängt, mit der ein Lehrer die eigene Sache (sprich: sein Fach) vertritt, dann wird fachliche Deprofessionalisierung geradezu kontraproduktiv. Aber auch die möglichen besoldungsrechtlichen Konsequenzen sollten nicht übersehen werden: „Eine Besoldung im höheren Dienst wäre durch den neuen Studiengang nur schwer zu rechtfertigen" (was

Jörg-Dieter Gauger

bei einer Fachhochschulausbildung nach der derzeitigen Rechtslage sicher problematisch wäre), zumal dann, wenn auch die zweite Phase schon jetzt unter dem Aspekt der Verlagerung und Verkürzung gehandelt wird (so der Wissenschaftsrat), was zwar ebenfalls wiederum Geld sparen würde und den Staat in die Lage versetzte, nach Bedarf und rasch Lehrer nachzuproduzieren, aber zur weiteren konstatierten Mißachtung des Berufs insgesamt führen dürfte. Inwieweit schließlich eine so betriebene Lehrerausbildung länderübergreifend anerkennungsfähig wäre, ist derzeit völlig offen. Die Prognose sei gewagt, daß wir auch hier ein Auseinanderdriften zwischen A- und B-Ländern bekommen werden, zwischen einer eher „reformierten" und einer eher „revolutionierten" Lehrerausbildung, soweit sich das eingeleitete Experiment überhaupt als trag- und anerkennungsfähig erweist.

Bilden und Erziehen als Berufung

Der Pädagoge Friedrich Wilhelm Fröbel hat einmal gesagt: „Erziehung ist Beispiel und Liebe, sonst nichts." Wer nicht bereit ist, sich auf Kinder einzulassen, ihnen mit Sympathie zu begegnen, dabei wohl wissend, daß Liebe und Beliebigkeit vom Wortstamm, aber nicht vom Sinn her zusammenhängen, wer nicht bereit ist zu führen – gerade mit Blick auf Schüler aus bildungsferneren Schichten, die diese Orientierung brauchen – und aus Sympathie Grenzen zu setzen, der wird niemals ein „guter" Lehrer, und nur dann entsteht auch die Gefahr nicht, daß dieser Beruf zum widerwillig ertragenen Job verkommt. Ich will Kinder bilden, ich will Kinder erziehen, weil ich darin meine persönliche Berufung und Befähigung und darin zugleich eine ganz zentrale Zukunftsaufgabe unseres Gemeinwesens sehe und weil ich an den Sinn von Bildung und Erziehung glaube, so muß das Credo lauten. Diese Überzeugung und die damit verbundene

Lehrerbild und Lehrerbildung

Sympathie ist die Grundvoraussetzung für das, was wir immer noch mit Lehrer-Ethos umschreiben.

Der Lehrer als Persönlichkeit

Alle Diskussionen über eine sinnvolle Lehrerausbildung leiden letztlich darunter, daß niemand weiß, wie gut unsere Lehrer tatsächlich sind und ob man ihnen durch mehr akademische Pädagogik oder schulpraktisches Schnuppern aufhelfen könnte. Es gibt nun einmal keine Untersuchung darüber, ob erhöhte Semesterwochenstunden in Erziehungswissenschaften die Unterrichtsqualität wirklich verbessern, zumal mit einer Formalverstärkung die Frage noch keineswegs gelöst ist, welche Qualität dort eigentlich geboten wird – eine Frage, die angesichts vieler „wissenschaftlich" induzierter Fehlentwicklungen der vergangenen 30 Jahre so abwegig nun auch wiederum nicht ist. Dahinter steckt letztlich nur die Reprise jenes Gedankens, der sich mit dem Aufkommen der curricularen Revolution ebenfalls nach 1968 (Saul Robinsohn) festgesetzt hat, Lehren sei eine Art Ingenieurs-Kunst, der Lehrer eine Art Lern-Ingenieur für „Lernprodukte", analog zu Produkten in der Industrie. Und das trifft heute wieder den ebenfalls verbreiteten Trend, Schule als eine Art betriebswirtschaftlich zu führenden Betrieb zu verstehen, in dem Unterrichtstechnologen vorgegebene Lernziele mit entsprechender Unterrichtstechnologie umsetzen. Allerdings: ein guter Ingenieur zu werden, kann man sicher lernen, hingegen „guter Lehrer sein"? Fachlichkeit und Methodenerfahrung müssen sich ergänzen um Ethos, Charakter, Vorbild, also die wichtigsten Elemente für das, was man Werterziehung nennt; aber das bleiben Persönlichkeitsmerkmale, die kann man nicht „trainieren", ihre „Professionalisierbarkeit" ist daher höchst begrenzt.

Denn beim Lehrer kommt es mehr denn bei vielen anderen Berufen auf die Persönlichkeit und ihre Vorbildfunktion an. Zu Recht hat sich die FAS über den Ratschlag nach PISA mokiert, Lehrer sollten mehr Kommunikation, mehr Erfahrungsaustausch über erfolgreichen Unterricht „wagen". Das setze aber, so die FAS weiter, voraus, „daß es didaktische Techniken gibt, die man jedem Lehrer zur Nachahmung empfehlen kann. Diese Vorstellung mag für Kochrezepte und andere Technologien zutreffen. Ihre Übertragung an die Schulen scheitert unter anderem daran, daß gerade die Person des Lehrers eines seiner mächtigsten Wirkungsmittel ist – eine diffuse, aber keineswegs unwichtige Größe ... Gerade der Lehrer kann in einem strengen Sinne nicht wissen, was er tut und wie er wirkt. Das heißt nicht, daß er nicht über bewährte Lehrtechniken berichten könnte. Aber bewährt haben sie sich an ihm selbst ... Ebendeshalb sind seine Erfolgsrezepte nur schwer auf andere zu übertragen ...". Im Vergleich dazu ist es zwar keineswegs gleichgültig, welche Persönlichkeit ein Techniker oder Ingenieur besitzt (auch er muß zumindest „team-" und zur ethischen Reflexion seines Tuns fähig sein); daß aber der Bildungs- und Erziehungsprozeß hier besonders und Besonderes fordert, dürfte auch daran abzulesen sein, daß man immer noch eher von „Lehrerbildung" als von „Lehrerausbildung" spricht.

Bernhard Lott

SCHULE AM ABGRUND?

Was unsere Kinder wirklich brauchen

In vier Beiträgen analysiert Bernhard Lott die Situation der Jugendlichen, ihrer Erziehung, ihrer Ausbildung. Lott geht bei seinen Beobachtungen vom Elternhaus aus, als Basis aller Erziehung: Eltern müssen sich wieder mehr Zeit nehmen für ihre Kinder, ihnen gutes Vorbild sein, und ihnen auch einmal Grenzen setzen.

Wie wichtig solche Grenzen sind für die Entwicklung und den Schutz der jungen Seelen – gerade auch beim oft excessiven Fernseh- und Internetkonsum –, zeigt uns mit großem Einfühlungsvermögen der Beitrag „Die Macht der Bilder".

Ein weiterer Beitrag des Autors behandelt die Entwicklung der Sprache der Jugend, die leider nicht selten zunehmend zur Vulgärsprache verarmt und verkommt.

Die Sammlung wird abgerundet durch Lotts Betrachtungen über das fehlende Unrechtsbewußtsein vieler Jugendlicher.

135 Seiten, kart. € 9,80
ISBN 3-931155-21-8

LEIBNIZ VERLAG · ST. GOAR

Friedrich Wilhelm Foerster

LEBENSFÜHRUNG

Ein Buch für junge Menschen

Jedes menschliche Leben erhält seinen Wert und seinen eigentlichen Sinn durch seine höhere Bestimmung. „Lebensführung" bedeutet, daß wir selbst das Leben führen, nicht uns von ihm führen lassen. Wer das Verlangen nach „inwendigem Fortschritt" in sich trägt, wird hellsichtig für den persönlichen Sinn und Wert aller Konflikte, Versuchungen und Aufgaben, die das Leben bringt.

Alle Tugenden menschlichen Verhaltens lassen sich vor allem an den einfachen, schlichten Dingen des Alltags üben. Foerster gelingt es, uns, den unfertigen Menschen, eine auch im Detail überzeugende und tragfähige Grundlage für die Bildung unseres Charakters zu geben – ein Buch, für junge Menschen? Gewiß; sicher aber auch ein Buch für „Erwachsene", die *im Geiste* jung geblieben sind.

ca. 300 S., kart. ca. € 18,–
ISBN 3-931155-03-X

REICHL VERLAG · DER LEUCHTER · ST. GOAR

Theodor Ickler

DAS RECHTSCHREIBWÖRTERBUCH

Sinnvoll schreiben, trennen, Zeichen setzen

Das Ende der Unübersichtlichkeit – nach Jahren eines absurden Massenexperiments mit der deutschen Rechtschreibung sorgt Theodor Icklers Rechtschreibwörterbuch wieder für klare Orientierung. Die gewachsene Rechtschreibung, in vielen Jahrzehnten als außerordentlich lesefreundlich bewährt, erfährt eine überschaubar knappe, sehr praxisnahe Darstellung, die in allen Zweifelsfällen sichere Auskunft gibt.

Wiederhergestellt wird vor allem die vernünftige Liberalität des traditionellen Regelwerks, seine Offenheit für spontane Wandlungen des Sprachgebrauchs, die in zahllosen Auflagen des Duden zunehmend durch allzu rigide Fassung des Wörterverzeichnisses verdunkelt worden war. Die Vorzüge dieser Schreibung treten klarer in Erscheinung; ihre vermeintlichen Ungereimtheiten entpuppen sich als schlichte Fehlinterpretation der Regel. Hätten wir ein solches Wörterbuch schon vor Jahren gehabt, so wäre für jedermann sichtbar gewesen, wie überflüssig eine Rechtschreibreform ist. Die gewaltigen Kosten, die chaotische Verwirrung und die schleichende Sprachzerstörung durch eine „grandios unbrauchbare" (Manfred Krug) Neuregelung wären uns erspart geblieben.

Sobald der Reformspuk vorüber ist, wird Icklers Rechtschreibwörterbuch das unentbehrliche Standardwerk sein. Schon jetzt braucht es jeder, der angesichts des offenkundigen Scheiterns der Reform nach einem Ausweg aus dem Schreibchaos sucht.

516 Seiten, Hln, € 18,- ISBN 3-931155-14-5

LEIBNIZ VERLAG · ST. GOAR